Second Nature

Second Nature

孩子的第二天性

父母、教師如何運用神經科學來幫助孩子發展同理心、創造力與自制力

Erin Clabough 愛琳・柯拉博──著
游綉雯──譯

推薦導讀

小時建立好習慣，孩子一生受用不盡

洪蘭

天性是生而有之，不必教的，但是教養不同，它必須透過學習，使大腦中的神經迴路因反覆活化聯結成習慣。當習慣成自然後，它就像天性一樣，不知不覺的表現出來了。

很多父母都知道教養的重要，卻覺得它太抽象了，不知從何著手。其實，教養和品德一樣，它就是所有生活習慣的總和——一個人的說話習慣、做事習慣、衛生習慣……加在一起時，就是這個人的教養了。

孩子大腦的神經元是每天不斷的在連接形成新迴路，每一次行為的發生都會使這條神經迴路聯結的更緊密。所以《顏氏家訓》中說「教婦初來，教兒嬰孩」。好習慣要從小養成，壞習慣一旦形成了，要改正它比建立一個好習慣辛苦十倍以上，因為神經迴路的形成有「競爭性」，新的好習慣必須和舊的壞習慣競爭大腦的空間和資源。一條迴路形成後，會因為持續不斷的使用而變得更綿密，使新的迴路插不進來，就好像一塊稻田如果先長了野草，稻子就沒有空間去生長了。壞習慣好比地方的角頭，勢力已經形成了，要動搖它不容易，這時要靠毅力，一直去強化好的習慣，使它的迴路夠強壯，能與壞習慣的迴路競爭同一塊資源。我剛從同一棟大樓的十一樓搬到九樓時，回家進電梯常常就不自覺的去按十一樓的鍵，二個禮拜以後才不按錯。所以小時候建立好習慣很重要，它使孩子一生受用不盡。

這本書所討論的教養觀念很先進，例如前一陣子，有個新的實驗出來反駁發展心理學上頗為有名的棉花糖實驗，認為「延宕的滿足」可能有新的解釋。他們認為四歲兒童是不是馬上吃這顆棉花糖跟他的社經地位有關係：環境優渥的孩子可能不稀罕這顆糖，但是家裡沒糖吃的孩子可能就會按捺不住，想要趕快放進嘴裡了。這本書有把新的實驗結果包括進來討論它，表示作者是跟得上新的研究報告的。

書中對很多坊間流行的迷思都有所指正，雖然國內也有學者指出沒有所謂的「左腦人、右腦人」等等，但是報章雜誌還是在談某名人是左腦的、某歌星又是右腦的。我希望透過這本書把這些迷思去除，不再讓父母送孩子去特別發展他的左腦或右腦。

一個觀念的改變一定要知其所以然，改變的才會澈底。這本書最可取的地方是它從大腦的機制來解釋幼兒大腦的發展和學習，例如創造力會活化多巴胺通路，所以孩子做出一個東西來時，都會很高興等不及要拿給大人看。又因多巴胺強化學習效能，所以一個人處在創造發明的喜悅時，常會廢寢忘食。

從一九九〇年布希總統說「這是大腦的十年」匆匆又已經過了三十年了，大腦研究的發現每天都讓我們睜大了眼睛，充滿了驚喜。對於自己擁有的腦，我們要了解它，對孩子的大腦我們更要好好的保護它，使它能正常的發展，造就孩子的一生。

推薦文

培養孩子的同理心、創造力和自制力

馬偕醫院小兒科主治醫師／黃瑽寧

在一九五〇年代，醫學的進步速度，大約相隔五十年才會增加一倍的知識量。換句話說，老醫生執業生涯五十年，就算他從來不進修，到了退休時，仍有一半的知識量，可以跟上時代的腳步。然而到了二十一世紀的今天，醫學進步的速度，是每隔七十三天，知識就會增加一倍！以這樣的速度推算，別說不進修了，就算天天焚膏繼晷，人類的大腦也毫無機會像古人一樣，達到「上知天文，下知地理」的境界。

因此，當世界上的知識量是如此龐大，教育界也開始擔憂，孩子每天在學校，究竟該優先學習哪些技能呢？是背誦古詩詞，強記歷史年代，或是解決數理難題？雖然每個人看法不同，但是與其反覆爭執甚麼內容應該放入課綱的同時，家長或許應該換個角度思考：在這谷歌（Google）可查詢任何資料的現實世界，學習現存的知識內容，或許已不是教育的重點，反而是期望在學習的過程中，孩子能培養出應付未來知識爆炸時代，所必備的素養與技能。

在這本《孩子的第二天性》的書中，作者乃是神經科學博士愛琳・柯拉博（Erin Clabough），提出當今兒童最急迫需要的三大能力：**同理心、創造力和自制力**。她認為這三項能力，正是在人工智能突飛猛進的未來世界，人類所必備的素養與技能。事實上，這三項能力彼此間息息相關，比如說：擁有足夠的同理心，才能啟發人類強烈的創造力；又比如說：一個浸泡在同理心環境下養育的孩子，自然而然自制力也會相對的提升。書中引用了許多神經科學的研究成果，來佐證以培養「同理心、創造力和自制力」為目標的教育理念，不僅簡單可行，而且迫在眉梢。

如果這樣說還太抽象的話，讓我給大家一個簡單的提案：**從今天開始，和孩子一起練習問「為什麼（how and why）」，而非告訴孩子「是什麼（what）」**。既然未來世界人類的競爭對手是電腦，我們就勢必要降低孩子學習「是什麼」的時間，取而代之的是大量問「為什麼」的技能，因為電腦最拿手的功夫就是給人結果與答案，但詢問「為什麼」的強烈好奇心，卻是人類才獨有的創造力。

過去人類學家所指的第二天性，是除了吃飽穿暖之外，人類有異於其他動物的特質。如今在愛琳・柯拉博的詮釋之下，第二天性不只要有異於其他動物，甚至還要有異於電腦、人工智能等等非生物體。作者樂觀的認為，人類大腦因為擁有突觸可塑性（synaptic plasticity），因此可以藉由不斷修改與完善這些神經連結，順應外在環境的改變，永無止境的調整與學習，而這乃是電腦所不能及的。因此，如果未來的人類需要良好生存，並且以超越電腦的方式解決問題，那麼我們就更需要具備「創造力、同理心和自制力」這三種人類所獨有的特質，而且事不宜遲，天天練習。

推薦文

教養的致勝之道：要讓孩子重視自我調整

台北市永安國小校長／邢小萍

我是一位老師，曾經擔任特教班和普通班老師；同時，我也是一位母親，有兩個截然不同的女兒，在她們成長的過程中，我努力將學校教我的「嬰幼兒身心發展理論」，應用在我孩子身上。

從事教育工作超過二十五年，當我看到書名《孩子的第二天性：家長如何運用神經科學來幫助孩子發展同理心、創造力與自制力》真的好像幫我打開了一扇窗戶，完全同意作者所言：如果現代父母能夠更瞭解神經科學，便能掌握獨特不同的育兒法——充滿自信、耐心，且方向明確。所以，我想向您介紹這本從神經科學觀點來談如何把孩子教育成一名成功而優秀的人。這是有方法的！本書以科學依據為基礎、從神經科學視角出發，傳授父母一種新的教養觀。

我們身處的環境一直在改變，回想我自己成長的歲月，當時沒有手機、更沒有網路；但是，現今的社會，我們的孩子是數位原住民，一出生便註定和數位結緣，所以作者說：想要成為一位卓然有成的大人，孩子就必須學會「自我調整」的能力，而這個重要的生活技能是奠基於「同理心」、「創造力」和「自制力」。作者直白地指出：家長們面對的一切教養的難題，都來自於缺乏「同理心」、「創造力」和「自制力」其中的某一項。這點對於第一線的老師而言是無庸置疑的。

作者是一位大學的生物學教授，從事的是大腦如何發育、神經元如何連結，以及我們所經驗的事物如何改變我們……的基礎研究。她也一直思考自己研究的神經科學能不能幫助她教養自己的四個孩子？因此她揭露了神經科學的運作歷程，揭開了「創造力」和「同理心」的神祕面紗，並且把它們解構成可以教導的各個細節，同時讓家長知道大腦的運作也是遵循相同的法則：我們每個人都受到自己所啟動的神經網絡的控管。儘管每個人的行為方式是如此的不同，存在著巨大的個體差異，但是在神經科學的基礎上，人與人之間的相似性卻令人吃驚。而且透過實驗，告訴我們——父母在教養上的努力，的確會永久改變大腦的結構，特別是在孩子發育的初期。

台灣目前正在推動十二年國教新課綱，強調三大核心素養「自主行動」、「溝通互動」「社會參與」。對家長而言，本書作者也恰好提出跟核心素養相近的理念：在〈教養的致勝之道〉中她提到想讓孩子重視自我調整，父母必須先讓孩子相信，且支持孩子自我調整。要做到這一點，父母必須讓自我調整顯得有吸引力、可預測，並且值得一直做。激發孩子的內在動機和外在動機，符合「自主行動」；應用「賽局理論」教孩子「溝通互動」作出好選擇；用服務學習培養「社會參與」……。

當我們理解大腦的「深度學習」是未來發展的趨勢，那麼這本書讓我們看見學習如何在細胞的運作中產生，也讓我們能夠一窺大腦的奧祕。對於父母的成功教養而言，值得您讀一讀並立刻試試用用神經科學發展孩子的「同理心」、「創造力」和「自制力」。

譯者序

教導孩子起而行的人生智慧

游綉雯

教養是個令家長心急的課題，這種焦急反映在一些熟悉的教養口號中：「不要讓孩子輸在起跑點」，或是「孩子，我要你將來比我強」。口號是商人廣告的利器，卻可能誤導當代的教養觀。當達克沃斯博士（Angela Duckworth）提出恆毅力（Grit）對成功人生的重要影響時，的確喚醒許多家長對培養孩子人格素質重要性的意識，並檢討偏重智能與才藝的教養迷思。然而達克沃斯博士也承認，對於培養孩子恆毅力的具體方法，我們所知有限。

神經科學家柯拉博（Erin Clabough）博士同樣注意到個人特質的養成在教養課題上

的重要性。特別是處於人工智慧開始取代越來越多人力資源的時代，家長必須更有智慧地面對教養課題，揚棄過去過度注重填充知識為主的教育方式，多加培育孩子人本的特質，以期能因應人工智慧時代的來臨，而不為之取代。在這些特質中，柯拉博博士認為同理心、創造力、自制力以及自我調整的能力，是打造孩子幸福人生不可或缺的基石。

在孩子的成長過程中培養這些抽象的技能，的確是一大挑戰。柯拉博博士結合自己在神經科學的專業，理解到培養這些能力最有效的方法與管道，乃是借重孩子自身所建構的神經元連結通路。如同美國心理學之父威廉．詹姆斯（William James）所言，「人的一生不過是無數習慣的總和」，這個陳述充分彰顯出神經科學在每個人的生活中無可取代的角色：透過神經可塑性與神經元連結用進廢退及去蕪存菁的原則，每個個體時時刻刻，透過強化與弱化自己所擁有的龐大神經元連結網絡，建立起生活中的各樣學習與習性。第二天性的教養方法，透過反覆的思考與行為鍛鍊，強化相關思維與行為的神經元網絡連結，實質內化前述技能，以奠定長久的學習與改變。

書中針對同理心、創造力、自制力、自我調整的能力，提供了許多參考方法與建議，並強調從小給予孩子選擇及自主空間的必要性。當家長能運用引導、支持，而非硬性強制，的方式，協助孩子建立這些特質的神經元通路，並避免重複不恰當習性的神經元通路，在經年累月的反覆演練下，習慣成自然。當良好的習慣成為孩子的第二天性，自然能教養出獨立自主、成熟自信的孩子，而孩子也自然有能力追求屬於自己的美好生活。這就是培養孩子「第二天性」的教養目標。

本書還引進一個有趣而重要的觀點—表觀遺傳學—來幫助我們理解先天遺傳與後天教養的交互作用。後天的環境（與教養）可以反映在分子細胞的層面，在不改變基因排序，卻調控基因表現的情況下，實質改變孩子的神經元結構與功能。所以教養不僅可以規範孩子的外在行為，教養也可能內化孩子的生理結構與表現。從遺傳的觀點來看，教養的確是人類傳承無可推諉、無可取代的責任。

及早幫助孩子打造同理心、創造力、自制力以及自我調整能力的神經連接網絡，及早確立孩子能夠成長為一個在能夠兼顧他人的情形下，做出成熟決策，擁有良好執行能力，又具變通思維的獨立個體，幫助孩子成為自己人生賽局的贏家。這是家長能為孩子準備的一份好禮物：孩子的第二天性。

雖然及早鍛鍊有助於建立良好的神經通路，然而感謝人體構造運作的奧妙，大腦可塑性並不侷限於幼年時期，生命的每一天都可以啟動可喜的改變。人生的經驗與學習，始於大腦，也成就於大腦，教養工作的目標，也可以透過這種觀點與實踐而加以努力。

祝福閱讀本書的每位家長，都能從柯拉博博士的教養方法中，找到幫助孩子起而行，邁向幸福人生的實踐智慧。

目錄

前言

我的老大八歲的時候對我說：「媽媽，是我的大腦控制我，還是我控制我的大腦呢？」；我六歲大的孩子問我：「酒精是不是一種毒藥？」（我當下順勢把手中的酒杯藏了起來）；我四歲的孩子想知道臉頰有什麼作用；而我兩歲大的孩子會開心地使勁拍打我的臉頰，然後一溜煙地跑掉，好叫我去追他。

他們每個人正處於不同的探索階段，這些階段隨著孩子的成長有所改變，而孩子的大腦則持續發育，繼續邁向成熟。孩子讓我和每天從事的科學工作有了真正的連結。即使我是一名受過分子生物學訓練的人，我還是覺得孩子的遺傳力量十分驚人。他們全都出自於同一個基因庫，怎麼可能卻又各自如此獨特呢？他們每個人處理問題的方式各有不同，各有各的短處，卻也不費力地展現各自的天生本領。身為他們的母親，我開始思索自己如何能夠在教養他們的同時，也滿足每個孩子的個別需求。

於是，我在自己的專業領域裡尋找這個問題的答案。我是一所小型大學的生物學教授，在實驗室從事的是大腦如何發育、神經元如何連結，以及我們所經驗的事物如何改變我們等等的基礎研究。然而，我所教授與研究的神經科學能否告訴我如何教養自己的孩子嗎？

當我探究這個問題時，我發現許多神經科學的知識能夠直接適用於教養課題，這其中包括有關人類在分子生物的層次上如何學習、腦部特定區塊的發展過程與時程、大腦的發展如何與日常所見的行為攸關、反覆練習如何使行為變成習慣，以及做決策的行為如何對父母與孩子雙方造成重要影響等基礎事實。

我的研究顯示，我們的社會強調某些個人品格，卻犧牲其他的特質。我們說重視孩子的創造力、同理心以及自制力，卻言不符實，說一套，做一套。根據我所學，我的確相信上述三種特質是終其一生能成就孩子，讓他們成為良善的人所真正需要具有的品格。我也清楚知道，與一般世俗看法相左的是，這些品格不是與生俱來的特質或才能，而是可以學習的技能。至於身為父母的我們是可以幫助孩子學習這些技能。

建立特定的大腦神經連結

為了要了解如何培養孩子的創造力、同理心與自制力，以及教導孩子如何（透過自我調節的行為）刻意使用這些技能，我們需要了解自己的教養方式如何型塑孩子的大腦。**突觸可塑性**（Synaptic plasticity）或稱為**神經可塑性**（neuroplasticity）是一個高度互動的過程，在這個過程中，**神經元**（neurons，能傳遞訊息的腦細胞）彼此之間的連結會根據這些連結的使用頻率，逐漸退化或是逐漸強化。父母所做的每一件事都會強化孩子大腦某些神經元的連結，同時也讓其他連結無法形成，或不甚發達。

如果希望孩子發展創造力，那我們需要幫助孩子的大腦建立能使他們具有創造力的神經元連結。同理心、自制力和自我調整（self-regulation）也是同樣的道理。建立任何技能神經元連結的關鍵就是練習。神經科學顯示，正如練習可以幫助孩子學習相對簡單的技能，比如：走路、投擲變化球或是背誦《漢密爾頓》（*Hamilton*）歌舞劇中的某一首歌詞；練習也可以讓孩子有能力學習像是具創造力、表達同理心、保持自制力這類更複雜的技巧。學習這些技能的方式並沒有什麼特殊之處，這些技能或許更為繁複，但是大腦運用相同的機制使它們融入我們的自我。（在此同時，可以幫助孩子不要重覆那些我們希望遏止的行為，以使產生這些行為的神經元連結弱化。）

神經科學的美妙之處在於，一旦揭開了諸如創造力和同理心的神祕面紗，並且把它們解構為可教導的各個小節，我們就會明白，大腦的運作其實是遵循相同的法則：我們每個人都受到自己所啟動的神經網絡的控管。儘管每個人的行為方式存在著明顯、有時候甚至是巨大的個體差異，但是在神經科學的基準上，人與人之間的相似性卻令人吃驚。我們明白父母在教養上的努力，的確會永久改變大腦的結構，特別是在孩子發育的初期。

如何使用本書

這本書解釋了為什麼創造力、同理心和自制力這三種技能，再加上屬於全方位技能的自我調整是如此重要，同時也為培養這些技能的教養方法提供指導。在本書的第一部，我分享為什麼我相信上述這些技能，是為了每個孩子短期與長久的幸福，需要去學習且是不可或缺的。我探究了在這些技能背後相關的神經科學，以及它們之間的相關性。接著我會告訴大家如何將這些資訊整合起來，運用既為孩子保留成長空間，又能提供指導的教養技巧，使孩子能夠以既讓父母驕傲，又讓自己開心的方式，獨立成長。

然後我專注於研究每項技能，以及為人父母者可以做些什麼，來幫助孩子經由練習，培養這些技能。本書的第二部探討創造力的重要性（就創造力本身而言，以及以創造力作為更高階思考的平台），還有父母如何設定目標，專注培養創造力。

本書的第三部提供多重方式來檢視同理心的概念，告訴我們培養同理心對孩子的莫大好處。書中也提供幫助孩子練習同理心的活動。

本書的第四部專門討論自制力，以及如何加強自制力，此外也附帶討論一個有點誤導的觀點，那就是把自制力視為孩子成長過程中最重要的技能。雖然良好的自制力或許能使我們不致誤觸法網，但是自我調整才是幸福、成功人生的關鍵要素。因為我們生而為人所需要的不僅僅是不犯錯而已，人生最令人滿足的經歷不是來自不作為，而是來自於在我們需要獨當一面時、在我們朝著目標努力邁進時，以及在我們能夠做到達成自己的目的卻不妨害他人時，把事情妥善處理好。

本書的第五部提供了有關自制力、同理心和創造力如何在大腦中整合的資料、形成自我調整背後的理論和能使孩子充滿幹勁，學習自動自發的教養策略。

本書有兩種使用方法：如果想得到一個概括整體的教養觀，你可以從頭按部就班讀完本書。書中對每項技能，至少有一個快速、初步的測驗，來確定你的孩子在某項技能的發展過程中處於哪個階段。你可以看到孩子已經發展了哪些技能，以及在哪些方面再加以練習會有所助益。另一個做法是，如果你已經知道自己想要在某特定方面訓練孩子，那麼可以直接跳到本書的第二、三或第四部。請記住，自我調整是我們積極努力想要達成的目標，因此第五部對每一個孩子都是重要的。

你的孩子並不需要積極全面性地學習每項特質，因為他們極可能已經擁有上述某些特質，這些特質被我們視為是個性中的一部分。你會看到本書將每項技能都細分出幾個細項：創造力的定義是自我表達（self-expression），或是創新解決問題的方式（innovative problem solving，也就是應用創造力），這兩種定義都很重要。同理心則又分為情緒、認知與應用同理心（applied empathy），這三者的重要性無分軒輊，不過當我們談到富同情心的孩子時，指的是「應用同理心」。自制力是培養良好的自我調節極為重要的一個步驟。這些技能整合成一種能力，是有韌性，善於解決問題者所具有的，而這正是我們期望努力達成的目標。

能夠在這些定義中看見自己孩子身上所具有的特質，有助於更加理解孩子的性格，也能幫助父母明白如何更稱職地教養每一個孩子。例如：我的一個女兒頗有創意，非常善於表達，也極富同情心。和別人發生衝突時，她會有受傷的感受，然後就把自己冰封起來。因此我們特別努力教導她，以應用創意與認知同理心，來作為解決問題的技巧。相較之下，我有一個兒子可以運用創意解決任何大小問題，也具有高度的認知同理心，但他幾乎沒有情緒同理心。我和他每天都會討論，他的某些行為對他人所產生的影響，我們致力於培養他的自制力，好讓他不會在發生衝突的時候魯莽行事。我的孩子各有不同的天賦，但我們做父母的所教養他們的價值則是相同的。

短程收穫與長程目標

儘管在教養孩子時有遠見是很重要的，但要緊的不只是最終的結果，父母還必須處理日常生活上的危機。如果你決心和孩子一起努力，培養創造力、同理心、自制力與自我調整，那麼你就要解決那些對家庭和諧造成直接威脅的狀況：發脾氣、撒謊、爭吵等。為什麼？因為幾乎孩子所有的行為問題都和這些技能有關，也可以說都是因為這些技能還未能發展完全。

更進一步來說，在孩子身上培養這些技能意味著，你正在培養他們對任何情境的預設思考方式。你正在為他們對事物的觀點，發展一個平台，而這和他們因自己所持的觀點所採取的行動，是同等重要的。

從事批判性思考而後做出決策的能力，對一個人如何度過自己所選擇的人生，扮演著至關重要的角色。一個人無論自認有多棒的創造力與同理心，如果不付諸行動，那麼創意和同理心永遠不會產生任何實質影響。如果你不與世界互動，那麼沒有人會知道你內心的想法。

因此，當我們以這三種特定的技能來教養兒女，不僅是為了解決教養上的各項問題，也是為孩子的神經網絡奠基，讓他們成為幸福、成功、有情緒韌性的成年人。這在短期、在長程都對孩子（和我們）有益。換言之，運用神經科學來指導我們的教養方式，不僅可以決定孩子現在的行為模式，也會決定他們將成為什麼樣的成年人。

每一位閱讀本書的家長都是為愛而讀。我們企圖將已知的各種愛護孩子的方法，好好地整合起來，以教養作為推進器，或許能讓孩子朝最佳方向啟航。

每個人都各有與生俱來的資質，但也就僅只於此——那是一個起跑點。教養的工作是透過支持或不支持孩了大腦內部特定的神經連結而成。神經連結就是我們正在為孩子打造的內在地圖，那也正是孩子將來用以導航人生的思維模式。儘管立意良善，但是我們無法告訴孩子該如何生活；我們必須以身作則，而孩子必須親身經歷。正如我們不能指望孩子在沒有先練習走路的情況下開始跑步一樣，更不能指望孩子在沒有練習的情況下會具有創意、善體人意、懂得自制。

神經科學顯示，我們幼年時期經常使用的神經通路在未來更有可能被使用。父母的任務就是協助這類神經連結的過程，確保孩子的某些行為能成為他們的第二天性。

或許孩子並非與生俱來就有這些個人特質，但當他們長大成年，你和他們交談時，會發現這些特質將成為他們既定的生活方式——是他們和世界接軌的平台。

第一部

教養

第二天性

第一章

創造力、同理心與自制力

——孩子為什麼需要這些技能——

我們生活在一個可以利用谷歌（Google）查詢任何資料的世界，身處這樣的世界裡，語音辨別軟體讓我們可以不再擔心字句拼寫的正確性，電腦可以唸書給我們聽。這意味著，為人父母也必須重新思考，什麼才是應該注重的技能。當然，我們希望撫養出良善的孩子，但也希望孩子長大成人後能有維生的技能，在社會中擁有一席之地。我們必須避免讓孩子在未來的就業市場中，變成可被電腦取代的或是成為外派人力。為了讓孩子在電腦主導的世界中為未來生活做好準備，我們需要訓練孩子一些與電腦能夠輕易完成的事務迥異的技能。我們必須將學習懂得變通、制定規則以及解決問題之類的內容，融入學校課程與家庭生活中。我們必須降低學習既定步驟與已知事實的比重，尤其需要讓孩子練習——大量練習——一些電腦仍然做不到，卻是人類獨具的能力，比如：驚喜、同理心、創造力以及愛的能力。

人非電腦

我們的社會熱愛電腦，欣賞電腦，但也因此開始透過科技的視角來看待自己擁有的各種技能，因而有了不同的方式來思考人類的記憶與學習方法。我們把自己類比為電腦，將自己的大腦與電腦互相比較，並且用違反神經科學原理的方式把人腦等同電腦，像是把自己的大腦看成是具有某些技能的硬體設備，或是認為大腦擁有有限的記憶容量。

由於電腦擴展了人類整體能力所能及的範疇，我們也就順勢仰賴科技所提供的好處來規畫自己的生活。我們的價值體系產生變化，因而教養方式也隨之改變。我們培養孩子學習電腦所具有的功能，例如：同時處理多項任務、快速運作、記憶各類資訊，有時甚至犧牲了人類特有的素質。（我們忽略了人類的大腦不能像電腦一樣停止運作。我們的大腦永遠在學習的狀態中，隨時都在工作，甚至連在睡眠中也一樣。）由於培養了錯誤的技能，我們其實是為孩子預設了失敗與挫折的未來，因為他們無法為將來的工作做好準備——那些我們可能都還無法想像到的工作，那些對電腦而言力有未逮的人類的工作。

人類和電腦處理問題的方式截然不同。電腦執行任務需要兩個要素：（1）接收資訊，以及（2）處理所收受資訊的一套規則。電腦執行這套規則，並且可以迅速執行；而人類則會以更靈活的方式處理所接收到的訊息。電腦擅長處理需要快速完成的任務，而人類則對在千頭萬緒中找出解決方案方面，技高一籌。與電腦相比，人類在領導力、團隊合作、設定目標、教學、指導、鼓勵以及銷售方面異常出色。在處理不熟悉的資訊上，人類也比電腦更容易判讀這些資料是否為工作相關的訊息。

這些差異意味著人類比電腦更擅長某些類型的工作，包括無法遵循嚴格規則的職務，例如：編寫新的電腦網頁應用程式的網頁設計師，或是診斷罕見疾病病人的醫生。而以下這些職務則牽涉到需要處理新的資訊時，能不費力地決定這些訊息是否相關，例如：海底探勘，或是說服公司經理人採用新型的人事管理系統會比現有的系統，更符合公司需求。此外，需要與人「面對面」的工作，例如：諮商、客服或提供醫療診斷，人類終究會是首選。

人類比電腦保有更多彈性，因為有了**突觸可塑性**（synaptic plasticity）——一種神經系統可以轉向並因應變化的方式（我們將在本書第二章討論）。電腦藉著增加晶片來擴充記憶體，而人類的記憶則是透過加強神經元之間的連結來增長——無需植入晶片，也無需增加儲存空間。不斷修改與完善這些神經連結，使我們能夠學習、記憶並保存無限量的訊息。透過選擇啟動特定的大腦神經通路，然後以不虞匱乏的適應彈性來鍛鍊這些神經通路的使用方式，我們一直因應環境而調整，這種作為是電腦所不能及的。

如果未來的人類需要以電腦力有未逮的方式解決問題，處理混亂的資訊，那麼我們就需要具備創造力、同理心和自制力——這三種人類所獨有的特質——並且是多多益善。

創造力

創造力是全球經濟市場保有競爭力的關鍵所在。在競爭激烈的職場，運用想像力可能意味著為公司找出下一項創舉。根據二〇一三年《時代》雜誌所做的一份關於創造力在美國職場、學校及政府中所扮演角色的民意調查，十個受訪者中有超過八位認為，在創造力方面，美國應該被視為全球的佼佼者；而那些不認為美國在創造力方面領先全球的人當中，則有許多人認為，美國學校沒有培養學生的創造力（31%），或是美國政府在支持創造力方面做得還不夠（30%）。[1]

創造力和天才的關聯是有事實依據的。阿爾伯特・愛因斯坦（Albert Einstein）能夠思考出相對論；李奧納多・達文西（Leonardo da Vinci）能夠在十六世紀發想出一架直升機；亞歷山大・貝爾（Alexander Bell）是一位多產的發明家；而莫札特（Mozart）永垂不朽的音樂作品，誠然是深具創造力的天才表徵。我們知道天才有家族的遺傳，法蘭西斯・高爾頓（Francis Galton）爵士早在他一八六九年所著的《遺傳的天才》（*Hereditary Genius*）一書中，就提出天才乃是經由基因遺傳的理論。然而，如果想到大多數的創新發明，都來自不知名的發明家，我們就會明白，創造力乃是人類的本質，而非特例。[2]

有些商業期刊專門致力於尋找富創意的人才並有效地管理他。而尋找有創意的人才需要花費時間和金錢，這項任務頗具難度，因為這類的人才很罕見。當我們遇到一位有創意的人，就宛如看到一隻獨角獸般，因為在學校教育的重重考驗下，只有極少數人能讓自己的創造力與想像力絲毫無損。令人納悶的是，這些富有創意的人如何在長大成人後還能擁有這類的靈感巧思呢？他們通常被認定必然是天生就具有創造力，而我們也認為創造力是一種先天的才能，並非後天的技能，絕對無法加以教導或培養。但事實上在我們受教的知識與我們所需要的技能之間卻存在一種斷層：《時代》雜誌調查的兩千零四十名成人中，有大多數（62％）表示，創造力之於職場的成就，比他們當初在校時期所預期的更為重要。[3]

從頭開始培養孩子的創造力具有雙重目的：首先，創造力將為孩子的職業生涯提供助力——不僅限於有藝術傾向的工作，還包括了商業、創業、工程、教學、法律和醫學。甚且，創造力對於有效解決問題也是不可或缺的，無論孩子的職業選擇為何，這都會使孩子的一生更為成功。想像力是同理心與自我調節間的自然連結，更與做決策息息相關。為了讓孩子有把握面對各類狀況，成為有實效的領導者，我們必須教導他們靈活剖析問題，然後根據自己的想法採取行動。我們不可能總是從旁對孩子指出面對衝突時所有可能採行的決策方針，所以在找出衝突的解決辦法上，他們必須自己有創意的發想。為了達成這個目標，他們需要發展出有創意的行動步驟。創造力不是兒童發展的附加好處或做錦上添花之用，創造力應該是孩童核心課程的一環。

創造力的定義

西方和東方文化對創造力的觀念，存在著根本差異，兩種觀點都蘊含重要的概念。西方文化視創造力為擴散性思考（divergent thinking）——一種有別於尋常的思考。西方文化重視創造力是因為它的新意，以及將這些創見運用在特定用途的行為。[4]創造力的定義來自兩種元素的呈現：原創性（originality）與實用性（effectiveness）。在美國，創造力似乎意味著，想知道你的想法，**以及你的想法所能帶來的實際效用**。

另一方面，東方對創造力的定義，帶有自我成就或自我實現的意味。東方文化傳統關乎認識自我、事件及物體的本質：東方的創意比較在乎的是尋找一種新的視角，而不是脫離傳統。我們或許不熟悉這種觀點，但也不應該太急於摒除這種觀點。像瑜伽和正念／冥想這類的操練，可以幫助培養自我調整的能力（我們將在本書第十章中討論）。

不意外的是，父母對創造力的涵義也有迥然不同的看法。有時我們會以西方的思維來思考何謂創造力，比如道格，他將創造力定義為「把概念展現在具體的作品中」，或是凱瑟琳，她將創造力描述為「能夠將你現有的知識結合新知，來找出不同的策略，以解決問題。然後從這些策略中，選擇幾個最佳方案，加以測試。若有必要，則將這些方案再加以調整。」這些定義反映了一種將創造力視為具有目的的獨特思想的思考。羅伯特・法蘭肯（Robert Franken）在他一九九三年所寫的《人類動機論》（*Human Motivation*）這本教科書中，將創造力定義為「一種產生或辨認想法、替代方案與可能性的傾向，而這些想法可能有助於解決問題、與他人溝通或是可以自娛娛人。」[5]他的這種西方式定義觸及其他人性範疇，比如：批判性思考、敏銳的見解、同理心與嫻熟的社交技巧。

其他家長則以較為東方的方式看待創造力：當布蕾說「創造力是在不同層次上的自我表達」時，她更認同的是東方文化，她的見解來自筆法繁複的畫作與風格特異的服飾。和她擁有相似看法的還有凱文，他說創造力是「用發自內心的方式，透過藝術、語言、寫作來表達自我的能力」，以及瑞秋，她認為創造力是「具有藝術氣息——有能力利用任何素材來產生美感」。凱蒂說創造力是「以各式各樣的方式／模式，如同孩童一般地表達自我的能力，並且在這些探索中不受制於形式與結構」。這些都是基於了解自己而有的自我表達。以上觀點說明的是，應該讓孩子成為他們自己希望的模樣。

將創造力定義為自我表達的父母可能會覺得，創造力好似在一頓營養晚餐後的甜點：是一個良好的點綴，但如果沒有，也無妨。有些家長可能認為，培養孩子發掘真實的自我，是教養的首要職責；然而有些家長則可能把培養孩子有創意的自我表達，列為一長串育兒待辦事項的墊底項目。

不同的定義使我們對創造力的內涵，以及重視程度會有所差異，而最終將導致我們在日常生活中，把創造力列為是否優先抑或輕忽。例如，當父母將創造力定義為有目的性的過程，視為一種積極解決問題的方法時，創造力往往會成為教養中最受矚目的課題。道格，由於他對創造力十足西方化的定義，因此他認為在自己的教養方法中，培養創造力極為重要；然而布蕾卻認為創造力就是單純的自我表現，所以她並沒有將創造力列入她的教養選項裡，她覺得教養中沒有必要加入表現自我的課題。

無論我們如何定義創造力，創造力都是值得培養的。東方和西方的傳統是一體兩面，兩者可以互相效力。創造力是可以以諸多不同樣貌呈現的真理。

創造力是一種生物性的本質

創造力事關創新，這就是為什麼電腦對創新不那麼靈光的原因。透過尋找舊事物的新用途來重新規畫，以及透過連結兩個看似截然不同的事物來解決問題，都得要對規則採取某種態度，而這就超乎電腦的能耐。那種態度是既要不能墨守成規，卻也要理解為什麼一開始要建立規則。

電腦是否可能具有創造力？有些電腦可以製作藝術作品：電腦沒有視覺系統，但可以按照程式處理顏色的色調與色彩的飽和度。它們可以被設定程式，完成藝術家在某特定情況下所做的事情。但最終，電腦創作的畫面其實是電腦程式工程師所建構的，不是嗎？除非電腦有自我意識，否則它的創造力是受限的。

創造力是同理心與自制力的基礎

想像力與同理心、自我意識這兩者的關聯錯綜複雜。[6,7] 在這些運作過程中涉及了數種不同類型的神經元，包括鏡像神經元（**mirror neurons**）（在同理心運作中）和紡錘體神經元（**von Economo neurons**）（在自我意識運作中），這些神經元在想像力的運作中可能也有功能。[8] 自閉症患者的想像能力大幅降低，他們在這兩種神經元上都發現有異常。[9–12]

想像力融入了同理心，彷彿我們可以設身處地想像別人當下的感受和經歷，而這種同理心常常發生在創作的過程中。[13] 你越具創意，就越容易從不同的角度來看事情，而這正是同理心的定義。反之亦然，如果你的同理心比較不明顯，也就比較不可能具有創意。

創造力和同理心是如此緊密連結，所以要釐清彼此會有點難度，然而我們卻能輕易地同時研究這兩者。在一項研究中，當一百二十六名大學生被要求繪製一個神經元時，除了三名學生例外，其他所有學生都複製了他們在教科書中所學到的神經元的標準版本。然而，當這些大學生事先在課堂裡做過讓自己的姿態看起來像神經元，或是模仿神經元運作（比如：以一種模仿神經元扇形生長的方式伸展肢體）的練習之後，他們的繪圖更好看，也更有變化。[14]藉由想像神經元的觀點而對神經元產生同理心，提升了學生的創造力。用這種具創意的方式教學，容許多元的表現、讓教學可以是好玩的、讓評量方式有彈性，以使「正確」答案可以用多種方式呈現，提高了學生學習的自主權，也進而提升學生的理解程度。

創造力對於自制力也是同等重要，因為能夠為問題找出更多的解決辦法，你就更容易有良好的自制力（我們將在第四章討論這一點）。如果你能夠用思緒來自娛，而不是只想著那些你不該做的事，例如：離開自己的座位，你將更容易調整自己的行為。能清晰地想像個人行為的原因和後果，是一種具創造力的行為，可以激勵你掌控自己。想像行為的原因和後果，也是自我調節的基本環節：採取行動讓自己的人生符合自我期待。

同理心

多數家長認為同理心就是能夠將心比心，理解別人當下的感受。多點同理心能夠建立人與人之間的互信，這會帶來美好的未來，有助世界和平，不是嗎？

是的，這是一個很好的制式回答。但是，當我兒子又打了他妹妹的時候，我很難讓他明白，善體人意與友善是有好報的。畢竟，「這不會讓我變有錢或怎麼的。」他說。（對我十一歲大的兒子來說，他能想到長大成人後，最棒的成就就是變富有。）

然而，研究報告清楚顯示，有同理心的人，就長期而言，在社交方面會更成功。[15]他們有更佳的人際關係，也能維繫婚姻。[16]他們最終會成為更好的老闆與更優秀的領導者。因為他們更善於預測未來，所以他們也會做出更佳的人生抉擇。[17][18]他們甚至**可能更為富有，更加快樂**。同理心其實有許多不為人知的好處：

● **同理心讓孩子更安全**——一個善體人意的孩子，在日常生活中，不管是在身體或情緒方面，都可能會更安全。同理心賦予孩子一種超能力：這種能力能夠用很真實的方式預測別人的行為，因此也就能夠預測未來。善體人意的人更善於解讀別人的臉部表情和情緒來理解別人的感受，這是一種基本的、在日常交遊時重要的生存之道。

在和別人相處時，同理心可以幫助孩子知道，什麼時候該保持安靜，什麼時候該據理力爭，什麼時候該迴避。如果孩子可以預期到，玩伴在玩具壞掉時會很生氣，那他就會提前想好，和玩伴分享自己的玩具，或是離玩伴遠一點，他可以有心理準備。在大一點的孩子之間，同理心也能減少霸凌行為；更高階的同理心代表會有更好的解決衝突的辦法，甚且願意為受霸凌的同伴挺身而出。[19][20]

●**同理心讓孩子成為領導者**——富有同理心的孩子往往成為領導者，因為他們比別人更有社交才能。[21]為什麼？因為他們有更佳的能力來處理別人的觀點和期望，這是一種超越年齡的技能。運動場上的領導者後來之所以成為公司的領導階層，是因為在公司，同理心可以增進員工的工作熱情，增加對公司的使命感，提高生產力。[22]

●**同理心讓孩子快樂**——善行令我們心情愉快，這是善行的附帶獎勵。送禮物給別人比送禮物給自己更令人快樂。研究人員給參與實驗的人員現金，指示一半的參與者把錢花在自己的身上，而另一半的參與者則受指示將錢花在別人身上。那些被指示將錢花在別人身上的參與者，無論金額多寡，覺得自己一整天都比較快樂。[23]

●**同理心讓我們感到富有**——我們施予別人錢財時，會增加自己富足的感受。[24]當我們抱持同理心行事時，我們的時間感會擴張。事實上，擁有時間和金錢之類事物的**感受**，比實質擁有的多寡更形重要。那種豐足的感受令我們更添快樂。

● **同理心有益健康**——富有同情心的成年人擁有更健全、更令人滿意的人際關係，他們也更能維繫婚姻關係。[25-30] 他們在受傷或手術後復原得較快。[31] 據研究顯示，同情心甚至可以延年益壽，這可能是因為樂意助人者，有較低的發炎反應，以及較和緩的壓力反應。[32][33] 快樂的老人比不快樂的老人減少35%早逝的風險，所以如果同理心能令我們活得快樂，或許我們也會過著更長壽、更幸福的人生。[34][35]

雖然同理心為我們帶來了安全、快樂、領導力、富足與財富，但研究顯示，過去三十年來，自我報告的同理心一直在下降中。據研究表明，美國大學生的同理心、對別人的關心以及接受他人觀點的能力急劇下降，尤其是從二〇〇〇年以來。[36] 為什麼呢？我們可以將這種現象歸咎於智慧型手機以及與為數眾多的臉書虛擬網友相較之下，不斷減少的交情深厚朋友之數目所傳播的人際孤立。我們可以說，或許是媒體報導中的暴力內容增加，所以麻痺了同理心的反應。但或許更簡單的原因是：也許我們的孩子就是缺乏同理心訓練。

對我們而言，幸運的是，同理心不僅是一種與生俱來的特質，也是一種可學習的技能。有些課程設計來教導同理心，很有成效。許多研究也發現，正念／冥想與服務研習（service learning）／社區夥伴關係，是經過證實，可以增強同理心的簡單方法。所以就有團體依據實證基礎，設計了特定課程，目標在於增進同理心、社會研習、解決衝突。這類的課程有「同理心之源」（Roots of Empathy）（幼稚園大班到八年級），「正向行動」（Positive Action）（幼稚園大班到高三），「回應教室」（Responsive Classroom）（幼稚園大班到五年級），與「下一步」（Second Step）（學齡前、幼稚園大班到八年級）。[37]

學校老師領悟到，如果學生在就學時並不具備同理心，那值得花點時間教導他們。有同理心的孩子不僅不會破壞教室的秩序，而且研究也顯示，有同理心者是更優秀的學生。一項有超過二十七萬名幼稚園到高中學生參與，對兩百一十三個社交與情緒研習課程的分析顯示，這類學習提高學生11％的學業成績，同時也減少學生的攻擊性行為／情緒困擾，並且提高學生的利他行為。[38]同理心的訓練提升學生的總成績表現，提高閱讀能力，以及更成熟的批判性思維能力。[39–41]即使沒有辦法參加這類的學校課程，家長也可以抽出時間來教導孩子同理心。

同理心的定義

對某些人來說，很難明白同理心會是物競天擇下的選項。事實上，我們傾向於把同理心認為是那些比較敏感的人特有的特質——或者甚至認為那是一種弱點。然而，同理心是進化過程中保存下來的人性特質。為什麼同理心如此重要呢？人際關係中帶有同理心是一個複雜的課題，而這也取決於我們每個人對同理心的定義。

同理心的概念是從大約一百五十年前發明的藝術欣賞理論演變而來。（同理心 **empathy** 這個詞來自希臘語 ***en***，意思是「在其中」，和 ***pathos***，意思是「感覺」）其概念是，想要完全欣賞一件藝術作品，你必須把自己投射到這件藝術品中，如此一來，這件藝術作品就可以感動你。心理學界從藝術世界中借用了**同理心**這個詞，並且把它轉變成一個思考動詞：**同情共感**。要能同情共感，你需要了解別人的觀點，並且能和別人易地而處。你必須能夠想像朋友的感受，想想如何能讓朋友感覺好過一點。

但是即使你善體人意，會為別人感傷，可以從憂傷者的角度來看事情，然而要讓同理心真正能對別人的處境有所助益，就必須將同理心導向同情心，或者稱為應用同理心。面對周遭世界，同理心的運作可以是：如何**認知**情緒、如何**感受**情感，以及對有所感的事物採取的**行動**（亦即把同情心表達出來）。認識這些不同類型的同理心，是幫助孩子成為他們生活圈裡的行善使者的第一步。

同理心是一種生物性的特質

同理心是另一個用來區分人類與電腦的特質。電腦無法執行同情心。電腦可以按照所設定的程式遵守認知同理心的規則，可以對悲傷的人說出恰當的安慰，或是提供下次購買商品的折扣給不滿意的客戶，但是從另一個人的角度來看事情則需要想像力。同情心涉及鼓勵、良性溝通、人際協調，還常常需要做出個人犧牲來解決別人的私人問題。

你是否曾經為某人買了一件很棒的生日禮物，然後等不及要他打開禮物呢？如果是，那你可能會理解為什麼捐款給慈善機構，會啟動大腦中和自己收受禮金時的同一個快樂中樞，也會理解為什麼同理心對增進個人幸福貢獻良多。[42]這表示，當父母和孩子都認為關心他人是件重要的事時，幸福感也會隨之油然而生。

同理心需要有自制力與創造力

出於同情心的行動，就是基於善體人意的想法或情感，需要自制力加上創造力。

要有自制力來阻止自己衝動行事，像是不會在某人將球搶走時就出手打人。然後你還需要有點創意來處理這種情況——試圖找出事情的「起因」。你需要有創造力的思考才能理解，比方說，只有一顆球供十二個小朋友一起玩，而且從你身邊把球拿走的小朋友，在放下球跑去上廁所之前，原來就在玩這顆球。在本質上，善體人意是一種積極的創造力練習——是一種巧妙形式的藝術。你必須想像別人的經歷，而正因為如此，同理心能增進創造力，然後創造力又能增強同理心。

自制力

研究人員說，家長能夠幫助孩子發展的最重要技能就是自制力。一項有一千名兒童參與的研究顯示，兒童所擁有自制力的多寡，可預測這些孩子在三十二歲之前的健康、財富和犯罪率。[43]自制力比智力或是社經階層，更能準確預測上述項目。[44]自制力比智商更能預測在學成績。[45][46]自制力較佳的人情緒比較穩定、受評為更好的老闆、人際關係更佳。他們也是比較快樂的人。[47]

這項一千名兒童研究的作者將自制力定義為「延宕滿足（delay gratification）、控制衝動、調整情緒表達」的能力。[48]多數家長也會以類似的方式定義自制力：自制力就是不要做你不該做的事。良好的自制力意味著你可以駕馭那些看似不由自主，卻會影響你自己目標導向行為的衝動。良好的自制力代表**你**不會成為**自己**的絆腳石。

相反地，無法自制意味著你容易經歷到人際衝突、學業表現不佳、無法克制口腹之欲、藥物成癮以及許多其他不良的後果。[49][50]

如果我們能夠賦予孩子恰當的自制力，就是給予他一份掌控自己人生的禮物——讓他能成就自己理想的自由——使他避免那些於己有損的行為。因此，作為家長的我們要不間斷地與孩子一起努力。研究文獻清楚顯示，自制力的發展是一段十分漫長的過程，遠遠超過小學時期。一位名為阿真的媽媽告訴我：「我有個女兒，自制力超級好，但另外一個女兒則一點自制力都沒有。當她生氣時，不說明自己為什麼生氣，而是會打她姊姊、掐她姊姊，她這種衝動是個大問題。我們正努力改善這點，從提醒她行為的後果，到和她一起思量各種可能的狀況，也為她示範如何善用言語，而不是訴諸人身攻擊。但到目前為止都還不見效！」

我們知道有些孩子原本在自制力方面，就比其他孩子需要更多的幫助。研究顯示，50%～90%的自制力是由遺傳決定，但我們也知道自制力與大腦前額葉皮質（brain's prefrontal cortex）的結構和功能息息相關。[51]前額葉皮質的形成乃由遺傳基因啟動，但它同時也容易受到環境的影響。這表示自制力不受基因規範的那個部分，乃是透過經驗學習而來。家長不妨試著成為那個受環境而產生的影響，也就是說家長可以主導孩子的經驗。

自制力是一種生物性的特質

自制力總是牽涉到一時的衝動，緊接著的是選擇不採取行動。電腦顯然無法選擇不去執行它們想做的事，永遠只是執行指令。那種在自己心之所欲與最符合自己利益的事務之間的掙扎和取得平衡，永遠不會發生在電腦上。電腦永遠不會有多重衝動來競爭注意力，電腦也無需和自己的衝動相抗衡。電腦永遠不會有猶豫不決的片刻。當大腦的神經網絡發出電波，訊號在做整合時，需要權衡最佳選擇的那種自我徵詢，就在此時發生了。一個人在下決定要不要按照自己的基本直覺時，那一剎那真是一個精彩的人性化時刻。而且，我們以後會明白，後續的瞬間——也就是自我調整的時刻——甚至還更為重要。

自制力需要具有創造力或同理心（或兩者兼備）

自制力的實際行為與創造力或同理心並不相干，但需要自制的這個決定則和兩者絕對有關係。事實上，一個人可以擁有良好的自制力只有兩種原因：一個原因是，如果他能看見自己的行為對他人的影響（他有足夠的同理心來理解別人的感受）；另一個原因是，如果他知道有其他更好的方式來獲得自己想要的東西（他可以想像自己行為的後果，並且有足夠的創意找出殊途同歸的方法）。這兩種原因都足以讓我們超脫當下的處境，兩者也都要求我們思考自身以外的大格局。

相輔相成的技能

創造力、同理心與自制力彼此有緊密的關係，互相影響。神經科學的研究顯示，掌控其中任一領域的腦神經迴路是如此緊密連結，所以三者間幾乎是無法分割的。而培養任何一個領域的技能，則可以轉化並且強化另兩個領域的能力。如果你培養這些技能中的任何一項，你也同時加強了另外兩項技能，以及許多其他利用到這些技能的人格特質（見圖1.1）。

圖 1.1

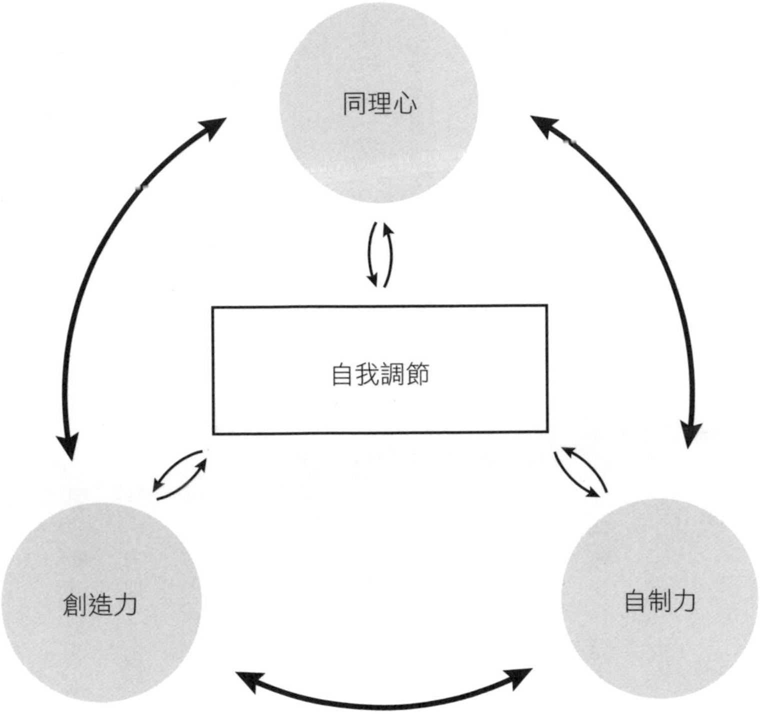

創造力、同理心與自制力三種技能彼此密切相關。如果你培養這些技能中的任何一項，你也同時強化了另外兩項技能。

自我調整是創造力、同理心與自制力的集大成

創造力、同理心與自制力的最佳呈現就是達到有效的自我調整，自我調整是權衡過去、現在與未來，並且做出唯一決定的過程。自我調整意味著採取違反天性的行動來解決問題或對人有同情心。單就自制力來看，自制力本身一無是處。不執行自己想做的事，或是不去擁有自己想獲得的東西，對個人而言毫無斬獲，所以其實擁有自制力對個人並無任何內在動機可言。

相反地，自我調整則是：「你不能用這種方式來做事或得到你想要的東西，讓我們找出別的辦法來完成想做的事或得到想獲得的東西。」自我調整是一項複雜的技能，主要是因為它還運用到許多其他能力。對不同個性的孩子，例如：內向的舞會壁花，或是外向的班上開心果都一樣具有難度，都需要全神貫注，謹慎以對。然而，練習自我調整，對於決定孩子將來會成為什麼樣的人來說，是非常重要的，好讓明辨是非，擇善遠惡的信心種子深植，以教導孩子能在現在與未來，運用造就他人的方式，把握自己的幸福快樂。事實上，這才是我們努力為孩子培養的終極技能，也值得我們時時刻刻付出努力。

運用神經科學栽培出色的孩子——就從現在開始

我們不應該等到認為孩子已經達到某特定發展階段時，才開始教導他們創造力、同理心與自制力。

傳統的心理學理論認為，抽象推理能力要到青春期才會開始發展；因此，幼兒教育並不探究建立抽象聯結的發展。事實上，大家普遍的認知是，要等到特定的發展階段，幼兒才能開始連結抽象概念。我兒子小學二年級的時候，他的足球教練告訴我，他們的球隊終於可以開始演練足球戰術了，因為這些孩子才剛開始懂得抽象思考。

然而研究顯示，嬰兒能夠注意到隱喻，而學齡前的兒童經常在自己的話語中使用隱喻。[52][53] 隱喻是指一個描述性的用語被應用到非原本用以描述的事物上，卻能捕捉到其某方面的意涵。隱喻是抽象思考的體現，**嬰兒**也能夠理解隱喻。

神經科學告訴我們，自制力、同理心與創造力的某些要素，即使是幼兒也能夠學習。我們的大腦不斷在成長，神經元之間的連結便不斷被更新。因此，無論孩子年齡大小，當我們練習這些技能時，就是在孩子的大腦中建立了這些技能的神經連結。只需要重新調整家長的教養焦點，從承認這些技能是很重要來開始吧！一八九〇年，威廉・詹姆斯（William James）觀察到：「我的經驗就是我願意去關注的事物。」[54]對孩子而言也是如此：他們會注意到父母要求他們經驗的事情，並且假以時日，他們會注意那些他們慣於關注的事情。

集中性注意力是罕見且難以置信的重要，因為父母所關心的事情，無論有意或無意，都會成為家中最重視的事情。如果身為父母的我們，在一個允許個人能夠做出自我決策的環境中，重視同理心、創造力與自制力，那麼我們將會培養出有創造力、懂得思考的孩子，他們會以利人利己的方式待人處事。在孩子身上，這些技能會以自我調整與自主權的形式整合起來。如果人生對你而言是一道待解的課題，那麼你會接受自己得出的結論，而且不只會對自己的思想和行為負責，也會對自主的學習負責。

發展這些技能所得到的額外收穫還有提升孩子的恆毅力（grit）、批判性思考、社會責任、韌性與個人的承擔——正是那些我們試圖為孩子補足的要素，好讓他們在狂風橫掃的世界裡不致成為弱不禁風的蘆葦。我們的使命不是教養凡事做壁上觀的孩子；相反地，讓我們教養這一代的孩子成為秉性善良，深諳為人之道的一代。

第二章

給家長的實用神經科學

——關鍵真相與過程——

家長對大腦及其神經元網絡有基本認識是很重要的。對大腦連結活動基本要素的認識，可以讓我們知道自己的教養方式如何塑造孩子的大腦發展——特別是神經元之間的連結，在短時間內如何形成。以此為起點，我們能夠知道如何使用這些資訊，來達成長期的教養目標。

如果你認為我是要建議你學習大腦的整體結構，請別擔心——我不會的。你無需了解過多的大腦解剖結構，只要知道單一神經元與神經元連結是如何形成的，即可明白大腦的運作。哪些神經元之間的連結被保留、被強化，哪些神經元之間的連結會逐漸消失，都取決於各個連結的使用程度。我們做父母的角色是最適合影響孩子大腦中哪些連結能夠被充分使用。我們可以藉著改善孩子的生活經驗來優化、界定孩子的大腦發展，並促進大腦特定面向的發展。這種優化在腦神經的細胞層面與神經網絡層面都有可能。如果你有興趣更深入研究大腦的生理解剖，可參閱在附錄一安排的速成課程《簡易神經解剖學》（*Commonsense Neuroanatomy*）。

認識神經元

生物學中的多數事物會遵循著「結構規範功能」的原則。假使你從來沒有見過椅子，你大概可以光靠觀察椅子的形狀而推知它的功能。神經元也是遵照這樣的原則：它們完善地被塑造為溝通的工具。大腦中的這些特殊細胞，可以藉由細長、纖弱，稱為**軸突**（axon）的細胞延展，來接收與傳送遠程訊號。

雖然你可能從未見過真正的神經元，但你可能對神經元的結構已經很熟悉了。神經元看起來就像樹木一樣（見圖2.1）。它的訊息來自最上面的樹突（dendrite）的分支，沿著軸突的幹線向下傳輸，然後在根部將訊息傳遞給下一個神經元。神經系統的訊號只能沿著單一方向經由軸突傳送，就像閃電由空中擊中樹木一般。神經傳導的訊息永遠不會再回送到樹頂端分支。

圖 2.1

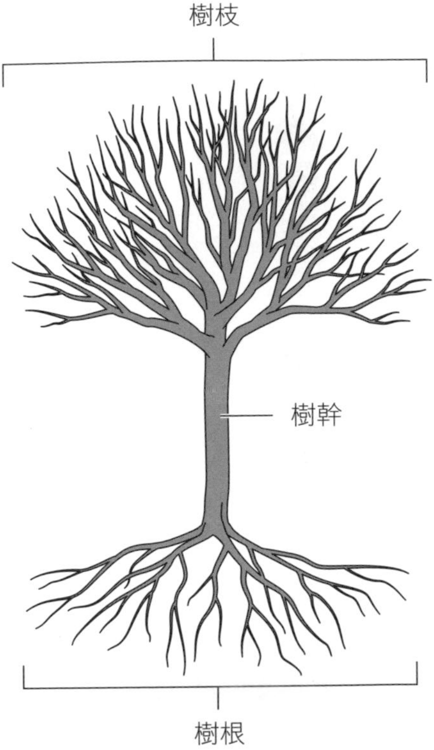

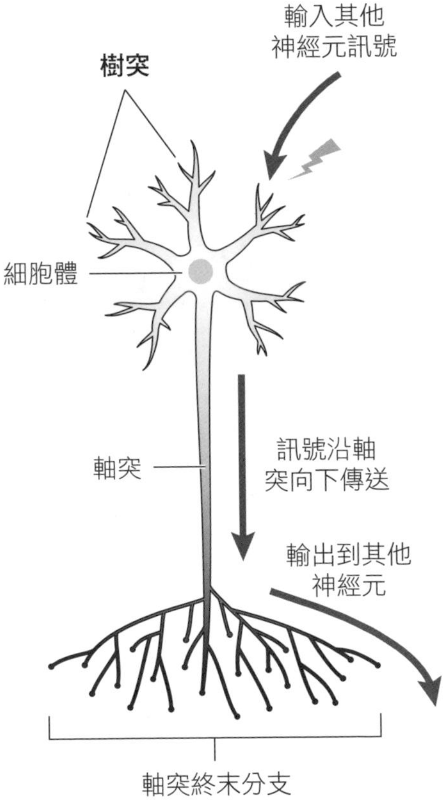

神經元和樹木可能看起來很類似，但它們設計構造的功能卻大相逕庭。神經元僅從類似樹頂分枝的樹突接收來自其他神經元的訊息。這些訊號經由軸突（類似樹幹）往下傳送到達終末分支（樹根所在處）。就像閃電擊中樹木般——電流總是來自上方，並向地面傳導。神經元的訊號永遠不會回溯到樹頂端的分支。

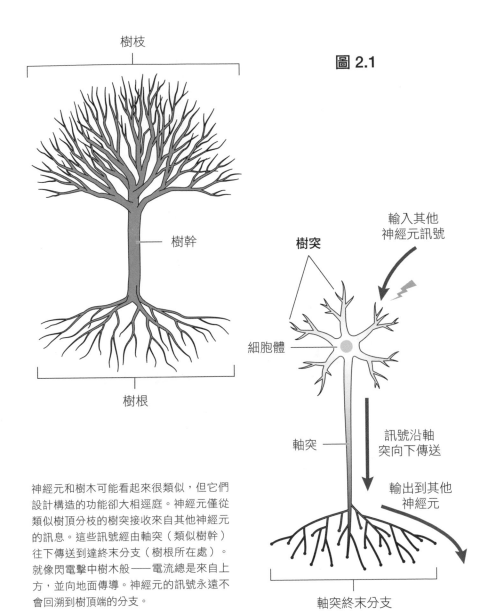

神經元相互連結，形成通路（見圖2.2），通路可以由多個方向，就像道路一般，組成神經迴路（見圖2.3）。

腦力不是以各個神經元或是一組神經元為中心來運作，所以我們擁有的神經元數目，並不及神經元彼此之間相互連結的數量來得重要。

掌握時機最重要：大腦的發育階段

許多文獻顯示，幼兒期的經驗對成年後的能力、身體健康以及整體心理狀態的影響十分重要。[1]但教養對孩子大腦發育具有最重大影響是在什麼時期呢？人一生的大腦發展可分為三個階段（見圖2.4）：

第一階段：第一個神經元形成，並遷移到它在體內所在的位置（神經元形成與遷移）。

第二階段：神經元之間形成連結與連結退化（突觸增生 synaptogenesis）。

第三階段：當訊息經由神經通路傳遞的時候，傳輸的速度會加快（髓鞘形成 myelination）。

圖 2.2

神經元在神經通路中排列好，準備傳送訊息。

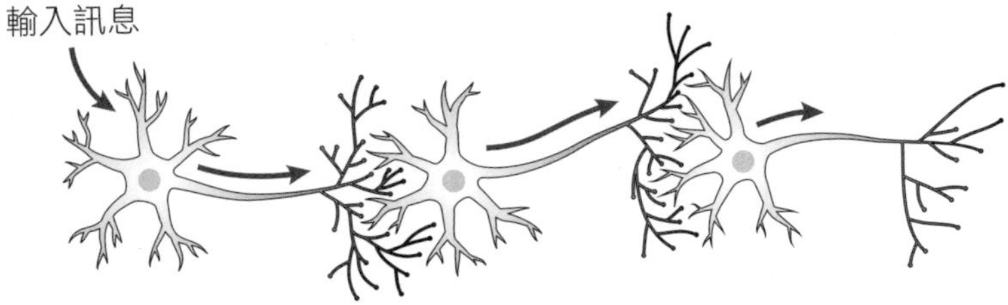

圖 2.3

神經通路可以像道路一樣分流，形成神經迴路。每個神經元可以向周邊環繞的許多不同的神經元傳遞訊號。

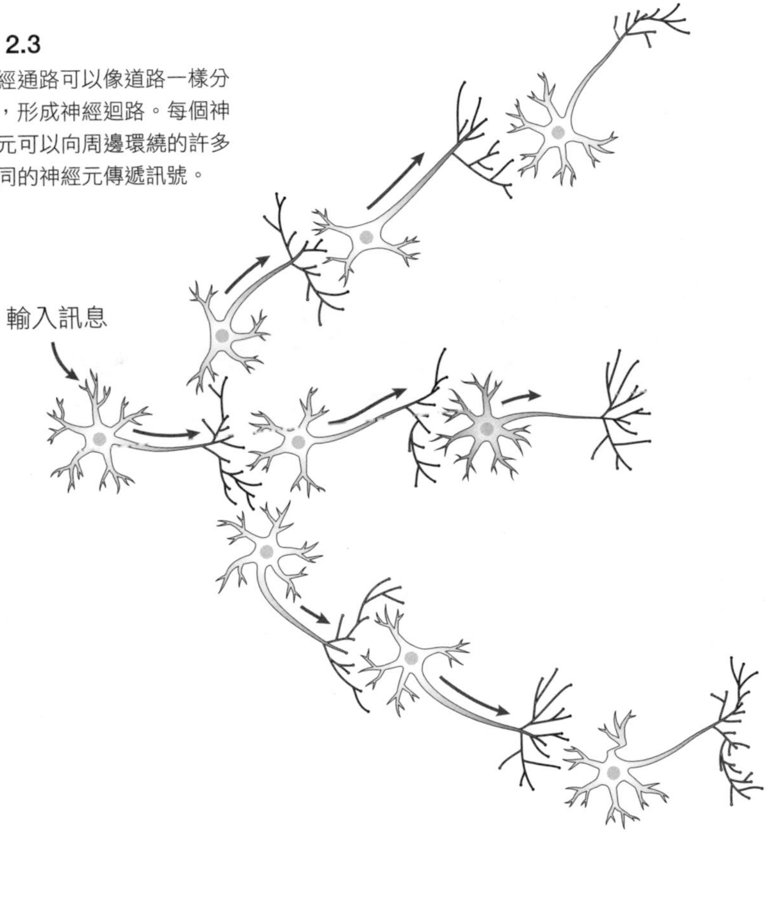

腦部發展的第一階段，我們無法插手，但是在神經系統發展的第二和第三階段，家長可以產生重大的影響——但這並非湊巧——就發生在你和寶貝孩子終於相遇之後。嚴格來說，大腦發育在二十五歲左右便完成了，但即使是成年人，大腦在與環境的互動中，也還是會以細微的方式不斷變化。

出生後大腦繼續發展的兩個階段，是大腦對外界刺激更為有感應的時候，因此在這兩個階段，家長的行為模式可以改變神經元的運作方式。從進化的角度來看，這個時間點是有其道理的，但這也是一個教養的大好時機：當我們能陪伴在孩子的左右，發揮影響力時，孩子的大腦也已經

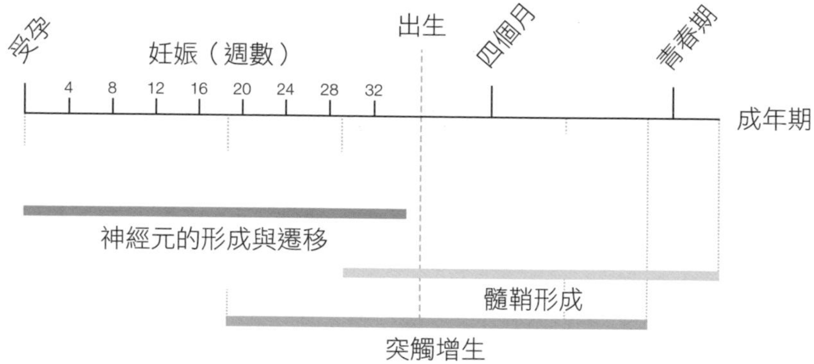

圖 2.4

腦部發育可以分為三個階段：（1）神經元的形成與遷移，（2）突觸增生（第一個神經元連結的形成過程），和（3）髓鞘形成（神經元傳導速度加快）。雖然在這個時間軸的描繪沒有呈現出來，但突觸的可塑性因應環境而改變突觸連結的能力，是永遠不會停止。

準備好要接受我們的教養了。

在幼兒時期，神經連結以極驚人的速度進行，來因應初期的經驗。隨著大腦的成熟，其發展焦點轉移到精簡多餘的神經連結，在此同時，也仍然支持重要的神經連結，並繼續形成新的神經連結。[2]

這三個階段是依據基因遺傳的先天決定，但在各個發展階段，生活經驗總是會讓神經連結多有調整。

第一階段：第一個神經元形成，並遷移就定位

這個階段的第一部分，稱為神經管形成（neurulation），這會在受孕後的幾週內完成，所以在你發現自己懷孕的時候，神經管可能已經成形了。這是胚胎（embryo）將要形成大腦的細胞分別出來的時期。在受孕初期這個極短的期間，身體努力製造神經元，而且其所生成的神經元數量，幾乎就是一個人所擁有的全部神經元。

然後神經元會遷移到正確的位置，並展開裁減多餘神經元的過程。到懷孕第六個月時，所有神經元會在成熟大腦中找到定位，不過只有那些已經產生健全連結的神經元，才會被保留下來。

為人父母者能否改變孩子神經系統的生成過程，或是神經元的遷移過程呢？只能說是微乎其微，因為這些過程主要是由基因主宰。父母無法左右神經元在孩子大腦中的最終位置。在這方面，我們希望能順其自然，因為大腦的天生構造就是最佳模式。這個階段完全發生在懷孕期間，如果沒有遺傳性的問題，這些過程將循序漸進，順利完成，父母也不會察覺到。在大腦發育的初期階段，父母的職責就是避免讓胎兒接觸到，已知會影響胚胎發展的物質，例如：外界的有毒物質或是酒精，也必須按時做產前檢查，小心注意自己的飲食，並且服用孕婦專用維他命。

第二階段：神經連結的形成與裁剪

在神經元遷移之後，神經元大多會留在既定的位置，但每個神經元最終會與其他神經元之間建立成千上萬個連結。成人的大腦每平方公分的皮質（cortex）中包含了**數兆個連結**，而幼兒大腦中的神經連結數量則更多。[3]

神經系統發育有其連續性

縱觀歷史，科學家們曾爭論過幼兒是否只是成人的迷你版，或者嬰兒的大腦是否在出生時才開始成形（這種論調也一樣是錯誤的）。隨著神經成像學（neuroimaging）技術的發明，我們可以更清楚知道幼兒大腦內部所發生的事情，嬰兒大腦在剛出生時的精緻構造，以及幼兒大腦與成人大腦結構有多大的差別。

孩子的大腦在出生時**並非**一張白板。胎兒的行為一開始是出於反射動作，隨著出生日期的到來，逐漸發展成動作分明、回應性的行為。即使是在分娩的過程中，胎兒也已經開始收集感官的訊息，評估環境，使用精密的神經機制，並且——或許是最令人印象深刻的——不斷根據所接收到的感官訊息來調整自己的大腦運作。神經系統的發展是一個連續的過程，在出生那一刻，神經系統沒有發生什麼奇妙變化，反而是，嬰兒能夠使用自己花了幾個月的工夫，為準備離開羊水、呼吸空氣的生活，所打造的神經通路。

神經元是帶電的細胞。神經元的連結之間是互不碰觸的，彼此由僅約二十奈米（nanometers，即十億分之一公尺）寬，稱為突觸間隙（synaptic cleft）的極微小空間隔開。如果神經元的每個連結間彼此實際碰觸，電流會不受控制地傳遍所有連結的神經元，而引起類似癲癇的症狀。因此，人體發展出一套神奇的方法，透過使用神經傳導物質（neurotransmitter），也就是能夠遊走在神經元微小空間的化學訊號，來嚴密控制神經元之間互相傳遞訊息。（見圖2.5）

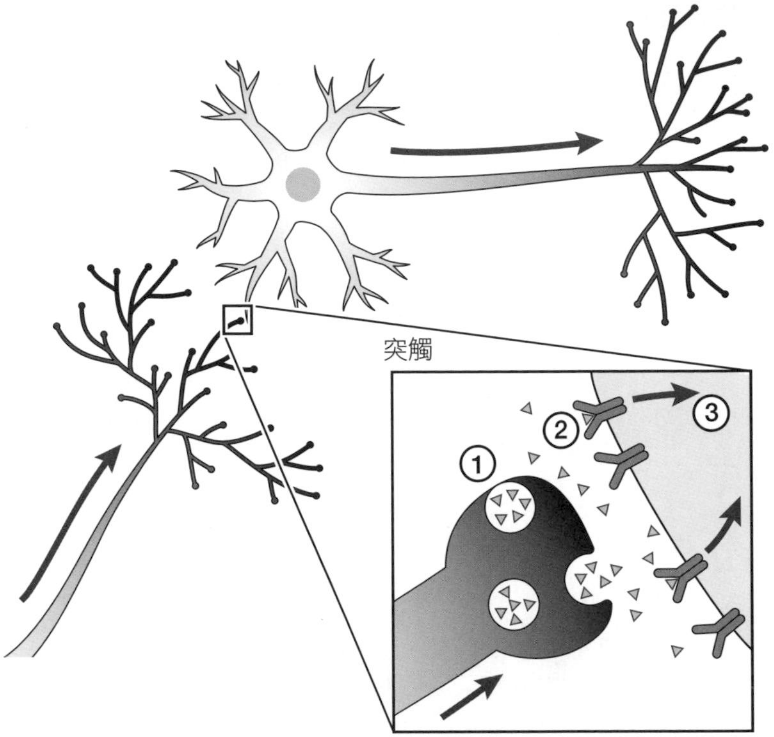

圖 2.5

突觸是神經元與神經元之間的連結點，可以經由反覆使用而強化。每個突觸都有一個可傳遞與接收訊息的神經元，由一個小間隙相隔。（1）一個活躍的神經元沿著軸突向另一個神經元傳遞訊號。（2）然而當訊號到達神經元末端時，它不會將帶電的訊號直接傳遞給下一個神經元，而是會把它轉換成具化學性質的神經傳導物質，以通過那兩個神經元之間極小的突觸間隙。一旦訊息到達間隙的另一方，神經傳導物質就可以與那裡的另一些受體（receptors）結合。（3）如果神經傳導物質是**興奮**（*excitatory*）狀態，那麼第二個神經元會將該化學訊號回復為電能，並將這個指令向下一個神經元傳遞。如果神經傳導物質是**抑制**（*inhibitory*）狀態，那麼第二個神經元就不會激發電能。

神經元啟動之後，會朝**突觸**發送一道非常輕微的電流，稱為**動作電位**（action potential），在突觸那裡，電流被轉換為化學訊號，這些訊號由下一個神經元接收，然後再還原成電流訊號。所以一則訊號從神經元傳遞到另一個神經元的時候，它的狀態會從電子的狀態轉為化學的狀態，然後再回到電子的狀態。有時後下一個神經元會被啟動，有時候下一個神經元會被抑制。這個多一重的控制呈現出使用的是神經傳導物質系統，而非純電力系統的效能，因為純電力系統的神經電流隨時都會串流。因此，突觸指的是一個神經元的末端、突觸間隙與另一個神經元的開端，在突觸這個地方，有許許多多的方式可以變化神經元之間的訊息傳遞。

突觸是所有大腦功能的基本單位，突觸形成的過程稱為「突觸增生」。突觸增生的高峰期發生在受孕後三十四週左右到新生兒的初期。在這個高峰時期，新的突觸以驚人的速度形成，每個突觸最後會保有大約七千個突觸連結。[4]這些突觸連結將神經元組織成不同的迴路、柱狀以及功能區塊，讓大腦能夠執行任務，例如：記住街路牌、分辨出烤麵包的香味、怕蛇或是眷戀自己最愛的小毯子等。

打造個人化的神經元連結

某些腦部系統，例如：視覺系統，僅需要極少量的刺激就能正確成形；但是其他系統則需要經驗依賴型突觸形成（experience-dependent synapse formation）（又稱為活動依賴型突觸形成 activity- dependent synapse formation）。意思就是，突觸會根據我們的生活經驗，以及我們在經歷這些生活經驗時所啟動的神經元，而被修正、增強或裁剪。神經連結可以透過生活經驗，大力加以塑造。這些依賴生活經驗而來的大腦變化，最後會顯現高度的個人化，端賴一個人所接觸到的生活經驗。

正確的大腦發展也包括清除突觸或是裁剪突觸。剛開始我們在腦部製造了遠超過實際所需的神經元連結，然後，再利用成長期的大多數時間，來裁剪那些不必要的神經連結。孩子於青春期以前，大約有一半的突觸可能在正常的過程中被清除掉，而在後續的日子裡，孩子大腦的構造則會繼續以微小的方式持續變化。這就是「用進廢退」。

教養是否能夠改變突觸的形成呢？是的。我們有極為寶貴的機會來促進這個過程，因為神經元之間的連結一直保持著高度的互動。神經元彼此間的通訊可以強化或減弱，而這些過程有賴於生活經驗與日常活動。這表示我們所接觸到的**事物**以及接觸的**頻繁度**都會產生影響。

家長只要透過重視不同的事物，練習不同的技能，或選擇不同的行為方式，就可以採取主動，改變自己的大腦，也可以透過鼓勵孩子採取同樣的作為，來影響孩子的大腦發展。孩子經常使用的神經通路得以加強，而假以時日，孩子的大腦將會清除那些無用的神經連結。這種現象對學齡前兒童所發生的突觸精簡期尤其明顯。孩子在約八到九個月大時，皮質中的突觸數量最多；在那之後，多餘的突觸會被自然裁剪，這個過程到孩子約十一歲時才會大致底定。[5]在這段精簡時期，神經元可以改變與自己神經傳導的對口神經元，或是整個軸突可能被裁剪掉，抑或是完全清除某些突觸。如果我們能夠強化對的突觸，那麼就可以保留理想的神經元與理想的神經連結。

教養突觸

在我自己的研究中，我花了很多時間了解突觸對不利遭遇的反應，例如：當胎兒的大腦經由母體接觸到酒精。不過，突觸可塑性的另一面也具有同樣的威力，所以父母的教養是可以透過基因控制的過程，來正向改變突觸。

神經元學習的基本方式如下：每當孩子在學習新的事物時，他的基因表現（gene

expression）就會改變，以支持新的突觸強度與長期記憶。基因會製造各種蛋白質，而這些蛋白質可用來製造細胞中的一切物質。（這在附錄二《表觀遺傳學》中有更詳盡的解釋）人類無法無中生有，基因必須發揮功用，因為學習需要神經元做出某些功能上與／或結構上的改變。

腦部發育的真相

你聽說過，我們只使用了10％的腦力這種說法嗎？這不是真的。人體非常精簡，特別是在謹慎利用資源方面。如果是身體所不需要的細胞，它就不會存在。每個神經元都會被使用到，所以大腦會精挑細選要保留哪些細胞。

腦部神經元的數量在受精後二十八週達到頂點——早在胎兒出生以前。成年人有近千億個神經元，而每個小孩在出生時，大多數的神經元早已就定位。大腦的內層細胞首先成形，然後才是大腦的外層細胞。這就是為什麼受外皮質層調節的注意力和成熟度，需要花很長的時間發育！

但是腦部發育與其他身體部位的發育有所不同。神經元通常不會分裂或是增生更多的神經元，它們不像皮膚細胞或肌肉細胞會不斷更新。成人鮮少生成新的神經元，而這就是為什麼產前及兒童時期的腦部發育期，至關重要的原因。這些神經元網絡為一生的日常互動規畫了路線圖。

神經元藉由調整其實際構造來因應新的經驗。突觸會密集出現在稱為樹突棘（spine）這種具多變性結構的地方，而樹突棘則出現在神經元與神經元之間的界面處。通常樹突棘越多的地方，神經元的連結就越多——單個神經元可能具有數百或數千個樹突棘。樹突棘看起來像樹枝上的葉片，但它們會根據神經通路活動量的多寡而出現或消失。這種現象有時看來像是自發性的，有時候則會因應刺激的有無而發生。

我們對樹突棘發生的現象還有許多未知之處，但有些關鍵點，父母需要知道：

- 在需要突觸的地方，樹突棘的數量會增補，而不再需要的樹突棘則不保留。在樹突棘出現的地方，神經傳導活動量的變化，會導致樹突棘體積變大或縮小。
- 小孩的樹突棘比成人更多變，像是胎兒剛出生後，樹突棘可以在不到一分鐘的時間內出現又消失，之後隨著神經元的老化，樹突棘的多變性也跟著減低。

- 動物研究顯示，豐富的環境會讓樹突棘的密度增加。
- 技能訓練能讓新的樹突棘形成，同時也會破壞舊樹突棘的穩定性。換言之，在你學習的時候，你也同時為運作中的神經網絡更新神經迴路。在高倍顯微鏡下，你可以看到突觸棘增大或縮小（見圖2.6）。在學習新事物後數小時內，我們就可以觀察到突觸棘的變化（例如：當小鳥學會新的旋律，或是幼鼠學會伸出爪子去抓種子時）。[67]

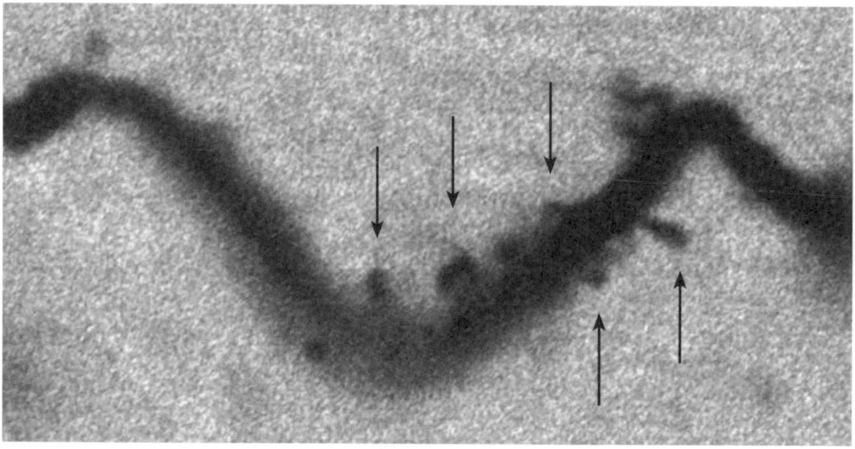

圖 2.6

人類的神經元幾乎和小老鼠的神經元沒有差別。這張照片是一隻小老鼠的大腦紋狀體（striatum）神經元的樹突，放大一千倍。我用黑色染料注入這個單一神經元，因此可以看清楚它的結構，而讓周邊的神經元隱而不見。染料結合高倍放大的效果，讓我們可以看到從樹突（黑色箭頭）突出來的樹突棘。這些樹突棘是動態結構，能夠形成與消失，以因應神經元活動的變化。

重要的是，即使樹突棘是易於變化的結構，反覆訓練某項任務也會使樹突棘變大、變成熟，也更容易被保留下來。研究顯示，形成和穩定樹突棘的過程意味著，與這些樹突棘變化相關的行為也會被強化。長期使用這些腦神經通路將會產生長期的，很可能是永久性的記憶。[8]

第三階段：髓鞘形成——加速訊息傳遞

如果突觸是腦內部連結的關鍵，那麼**髓磷脂**（myelin，一種圍繞神經元軸突的白色包覆物質）就是大腦運作效率的關鍵。當神經元被髓鞘包覆時，神經元之間可以更快速地互相傳遞訊息。[9]髓鞘形成是一個簡單的過程，但它對腦的運作方式卻是非常重要。稱為**寡突膠質細胞**（oligodendrocytes）的大腦輔助細胞，環繞比鄰的神經元軸突，以提供絕緣作用（這對於電導作用很重要，見圖2.7）。這種髓鞘絕緣讓神經元傳遞動作電位的速度增加十倍。[10][11]

髓磷脂的進展是一種成熟度的指標。事實上，這種白質的出現時間是如此精確，所以只要根據哪些神經元的通路已經髓鞘化，就可以算出子宮內胎兒的年齡。髓鞘化大約是從妊娠中期開始，而這個發展階段會持續很長的時間——直到一個人四、五十

圖 2.7

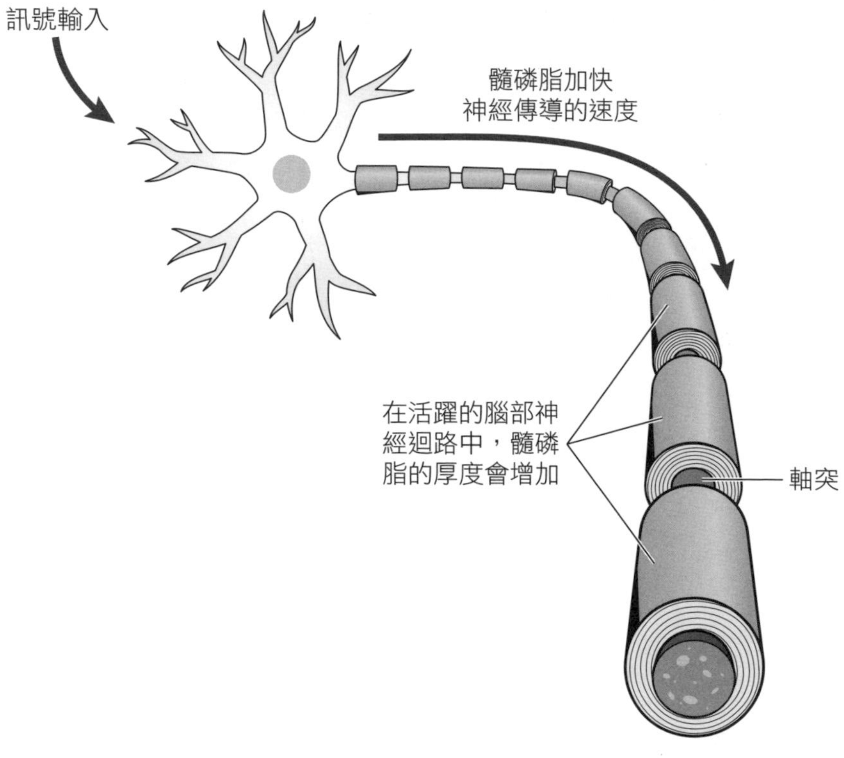
訊號輸入
髓磷脂加快
神經傳導的速度
在活躍的腦部神
經迴路中，髓磷
脂的厚度會增加
軸突

神經元軸突能迅速傳遞訊息，但有髓鞘形成的神經元軸突傳遞訊息的速度甚至又更快。髓磷脂環繞在軸突周邊，為傳輸中的動作電位，提供了電導的絕緣作用，加快了神經傳遞的速度。這個過程通常發生於大腦日趨成熟時，但是也可以藉由日常活動來幫助髓鞘形成，如此經常使用到的神經元之間，就可以快速傳遞訊息。

歲的年紀。[12][13]

根據研究文獻指出，從五到十二歲這段年紀，腦部各區塊的髓鞘形成現象大量增加，但並非所有軸突都在同時、以同等速度可以髓鞘形成。[14][15]事實上，髓鞘形成是一波波發生的，跨越不同的腦功能區塊。最後發展髓鞘形成的區塊包括大腦的網狀結構（reticular formation，負責覺醒的功能），**小腦**（cerebellum）的部分區塊（控制小肌肉運動協調），以及**聯合皮質**（association cortexes，有助於理解所有接收到的訊號）。

為人父母應該了解，最後一個髓鞘形成的區域是在額葉（frontal lobes）——這些大腦區塊負責成熟的判斷、衝動抑制、做決策。孩子年滿十八歲，正當需要他們做出成熟決策的法律年齡時，他們在這些區塊的神經系統的發展仍然不完備。當唸大學的孩子得開始獨立探究這個世界時，這些神經系統的發展也尚未完成。

雖然髓鞘形成顯然是一個受到高度規範、自然的成長過程，但是最近的研究已經提出假說，認為髓鞘形成也可能受到與環境功能性互動的影響，而這就是教養可以著力的地方。正如有所謂活動依賴性的突觸形成一樣，同樣也有活動依賴性髓鞘形成這種事情：有經驗基礎的神經系統活動可以促進軸突的髓鞘形成。這種現象在幼兒發展期間特別容易發生，甚且可以持續進行到孩子略有年紀時。[16]

人體神經成像學的研究顯示，練習技能，包括像是練習彈鋼琴，可以改變腦部白質的數量。[17-19] 當我們學習技能時，新的神經元可以被髓鞘包覆，髓鞘脂在活躍的神經迴路的神經元上會加厚，新的寡突膠質細胞會形成，以輔助這個過程。重要的是，被使用的腦神經迴路會得到更多髓鞘脂，並且成為傳輸速度變得更快的神經通路。[20] 這是一個具目的性，需要專注的過程，而非普遍現象，所以家長必須審慎挑選重要項目來加以練習。

我們知道髓鞘形成對輸入的訊號如何在神經元中整合，具有深遠的影響，因此髓鞘形成可以改變我們處理資訊的方式。然而髓鞘形成也是腦部神經元高度連結的標記，父母可以藉著鼓勵孩子練習啟動這些連結的技能，來促進這種連結網絡。使用神經通路來改變白質，是一種大家比較不熟悉（但卻同等重要）的方式，可以用來幫助孩子的腦部改變與學習。

髓鞘形成可以改變突觸可塑性

藉由改變髓鞘形成來加快神經元傳導，也可以改變突觸可塑性。神經元連結會根據訊號抵達下一個神經元的時間點，以使該神經元激發動作電位讓訊息傳輸出去，而有所改變。當訊息在神經元激發動作電位之前或在激發當下抵達，則該突觸會被強化；但若訊號即使只在數毫秒之差後到達，則該突觸就會被弱化。[21]

運用大腦可塑性來教養子女

家長在教養中的選擇具有精心打造那些能在孩子大腦發育過程中被保留下來的神經網絡的力量。神經元的活動決定了孩子能夠保留哪些神經連結，也因而決定了孩子將來會成為什麼樣的人物。這些神經連結的網絡，會決定孩子對周遭世界的預期，以及他應該如何與他人互動，最終也將塑造孩子自己未來的教養技巧。[22]所以身為家長的我們需要開始思考，**讓生活經驗成為一項能夠實際改變孩子生理發展的教養工具**。我們明白為了讓孩子保持健康，需要餵養他們良好的飲食，鼓勵他們鍛鍊身體。而讓孩子練習某些生活經驗也是一樣的道理，必須謹慎地為孩子選擇生活經驗。

大腦的可塑性取決於反覆練習

麥爾坎・葛拉威爾（Malcolm Gladwell）的書《異常：超凡與平凡的界線在哪裡？》（*Outliers: The Story of Success*）提出了這個概念：就是想在任何領域成為那行的世界級專家，你需要花一萬個小時的苦練。[23]他認為熟能生巧——只要有足夠的練習，任何人都可以成為某一行的專家，而這項觀點卻被其他研究否決，但神經科學支持如果我們勤於練習某些技能，便會有進步的這種說法。[24]為什麼呢？因為練習一項活動或技藝能幫助神經元和神經通路的發展，讓那項技藝做起來越來越得心應手。

當我們藉由練習來啟動神經元之間的神經迴路時，我們的大腦會運用一種稱為活動依賴型的可塑性程序來適應這類經驗（見圖2.8）。這些活動使用一些簡單的規則來控制神經元互相連結的方式：

- 如果經常使用某兩個神經元之間的神經通路，那麼這兩個神經元之間的連結會增強。
- 當某個神經通路被重複使用，在突觸的地方會產生變化，也就是經過大量的活動之後，又會有新的突觸形成。

- 不再使用時，先前形成的突觸可能會衰退、消失。
- 使用神經通路可以增加常用神經元的髓鞘形成，這會讓神經迴路的傳輸速度更快。

練習改變基因運作方式

神經科學告訴我們，刻意練習會改變神經元啟動與連結的方式。我們知道，反覆刺激相同的腦神經迴路會強化突觸；我們更知道，不中斷的練習，效果最佳。即使某個神經通路在第一次和第二次的使用之間相隔了一

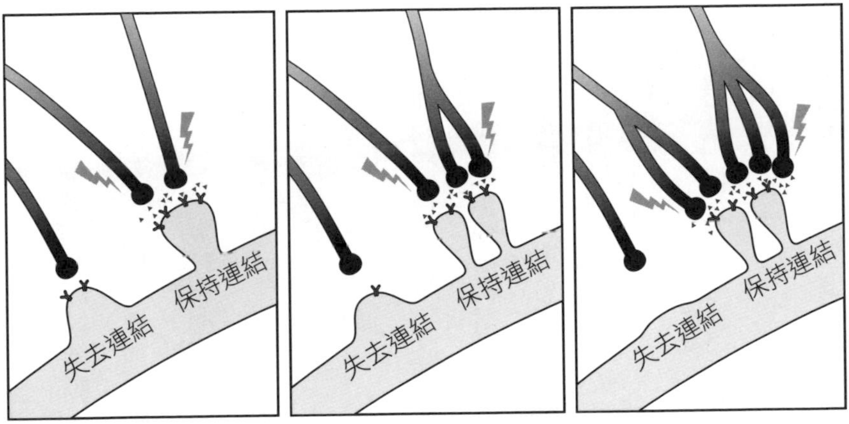

圖 2.8

樹突棘的互動變化正是遵循神經科學「用進廢退」的原理。神經元的樹突棘是非常易變的結構，特別是在幼兒的神經系統中。樹突棘通常出現在興奮型突觸的接收端。當某個神經元連結被反覆啟動時（如同出現在以上每個圖框右側的樹突棘），突觸會以驚人的方式因應變化。突觸經由匯集更多的神經傳導物質或是受體來建立連結，它也可以產生更多樹突棘來接收傳送來的所有訊息。但是當連結不再使用時（如出現在以上每個圖框左側的樹突棘），樹突棘會撤回，將來也比較不可能繼續保持神經連結。[25]

年，然而第二次使用該通路的反應仍會比第一次使用時更強。練習是基因調控的精準調節器，能調節基因作用的強弱。練習能讓負責學習的基因被啟動、讓這些基因產生新的蛋白質以幫助被強化的神經連結，並且形成新的突觸（見附錄二《表觀遺傳學》（*Epigenetics*），以了解有關此過程的更多細節）。這表示，無論大腦的年紀如何，練習都會帶來進步。

練習能養成習慣

經常練習就會成為習慣。習慣是指一系列的行為，一開始是由個人有意識的主動開始，但後來成為自動化的行為。如果你安排讓孩子經常練習一項技能，最後它會成為一種具有生理神經學基礎的習慣。首先，習慣性的活動會增加突觸的強度；再則，由於增強的訊息流經該行為的神經迴路，使該項行為技能變得比較容易；第三，訊息流通順利使得神經迴路在未來會以相同的方式運作。[26]

家長有這個絕妙的機會可以將某些神經元向特定神經通路推進，而神經科學顯示，神經元一旦啟動了特定的神經通路，它下次就更可能再次激發那條通路。透過該神經元其他組成元素的貢獻來支持該神經連結，突觸不僅實質強化了，而且該神經元下次再受到刺激時的反應也會增強。

理論上，習慣之所以形成，只是讓我們可以避免在曾經做過理性決策的同樣情況下，又要再次費心做決策的那種壓力過程。習慣基本上與本能無異，只是習慣是後天獲得的行為，而非先天的行為。習慣一旦養成之後，大腦活動在習慣性活動開始時最高，然後隨著習慣性活動的延續會緩和下來，在任務完成後才又增強。在習慣性活動進行中，大腦不必思考自己正在做什麼——這就是習慣的本質。例如：早上六點起床，在上班前運動可以成為習慣性行為。一開始需要些許努力，但很快就不會那麼費力，到後來，在那個時間起床幾乎不費吹灰之力。**每個習慣都曾是一種目標導向的行為，一旦熟練了，習慣成自然，就成為第二天性**。

神經科學並不把習慣定義為重複性的自動化行為，而是定義為一種以特定方式行動的穩定傾向。習慣不必然會使我們變成僵化的機器人，我們想要打造的是一個以彈性架構的穩定大腦結構。這種彈性就是習慣本身，至於新的行動還是可以從中而生。習慣就是你尋常的做事方式。[27]

習慣分為兩種型態：第一種稱為**例行習慣**（routine-habits），強調做事的例行方式，不足為奇的是，這種方式會愈加制式，降低彈性。例行習慣雖然是訓練同步行為

（entraining behavior）有效的老派教養技巧，卻不是我們希望孩子真正學會的那類事情。我們不希望孩子像是遵守嚴格指示的機器人。相反地，我們努力的目標是，教養出能夠保有適應力，深思熟慮的人。

身為家長，我們希望培養的是另一種習慣，稱為**習得習慣**（learning-habits）。習得習慣能提高對自己行為的認知控制（cognitive control），也能讓孩子更具彈性。[28] 習得習慣發生在當我們嫻熟行事的一般基本原則時，這樣便可無需多加思考。良好的行為很重要，但這只是因為我們希望孩子能對這些原則瞭若指掌，以利他們進展到下一階段，也就是具創造性的階段，或是思考自己的行為對他人影響那類更難的課題。

習得習慣讓一開始執行某個行為時無需意識掌控，如此便能釋放大腦資源，更高階、更深入投入當前的情境。例如：在彈鋼琴時能夠同時讀譜並在琴鍵上正確找到這些音符，那你就有多餘的腦力來注意以富有情感的方式彈奏曲子，甚至還能即興創作。一般彈鋼琴的人和演奏家之間的區別在於，能否在掌握基本規則之後，更進一步賦予創造力，也就是不只致力於突觸可塑性，而是表現出**行為**可塑性或適應力。

家長可以影響孩子的腦神經迴路

我們依照腦神經迴路使用的頻繁程度來設定它們的優先順序。在很多方面，我們透過自己選擇從事的事務來決定自己會成為什麼樣的人物。而就在選擇從事特定活動時，也因此選擇了會激發哪些神經元。在孩子還小的時候，家長有權選擇孩子所從事的活動，代表的是選擇了哪些迴路得以在孩子的腦中優先發展。慢慢地，孩子會自行考慮某些神經迴路勝於其他迴路，因而優先使用這些神經迴路，自然就形成了他們的價值觀。孩子會有自我的價值習慣，而這種價值觀的形成過程，可以透過兩件事來調整：（1）孩子使用高階資訊處理來思考事物的方式，以及（2）孩子所擁有的經驗。

教養是百年樹人的事業，而人則是受日常的實踐／練習所塑造，練習改變了神經連結的網絡，而神經連結網絡則成為我們為人的本質。因此，決定孩子練習的項目是教養中最重要的一環，家長也藉由幫孩子規畫特定經驗來達成這項使命。

還記得我們說過，每個思想和每個動作會強化某些突觸，而無關乎其他突觸，這種神經連結的裁剪永不停止，即使在睡眠中也是一樣。因此，每個思想最終都會成為一個發展的過程。當我們以特定的方式思考時，即強化了某些突觸。作為家長，我們的任務就是幫助確認孩子的自動化行為為何，因為我們可以參與他們的習慣養成。這就是為什麼要運用那些我們希望強化的腦神經網絡的原因所在。

孩子在五年內大約有兩萬五千個小時是清醒的，這是以每晚十小時的睡眠時間來計算。父母每年大約有五千個小時是可能和孩子有互動，或是為孩子安排環境，好練習父母希望他們發展並維持的技能。如果父母將注意力集中在幫助孩子練習就寢，就像許多父母所做的一樣，那麼孩子最終可以在無需父母陪伴的情況下入睡。如果我們幫助孩子反覆練習九九乘法表，大腦就能學會九九乘法表。如果我們把時間和注意力集中在培養創造力、同理心與自制力上，那麼這些技能將會大放異彩。

解析左腦／右腦的迷思

為人父母，我們需要培養孩子的全腦。必須摒棄右腦是大腦具創造力的一邊，而左腦是邏輯的一邊的觀念，因為那種觀念完全不正確。試圖只為左腦而教，卻忽略右腦，就像是對著左耳大聲吼叫，卻希望右耳聽不見這些聲音一樣無用。如果老師設計的課程計畫目標只針對左腦，那這位老師是在浪費自己的時間。

當我們為了教養的目的從腦科學找出定論時，最重要的是要了解，我們對大腦功能偏側優勢（lateralization）的許多假設，並非建立在真正的科學基礎上。不知道為何緣故，科學資訊傳達不實。事實的真相是，人類的大腦有些許不對稱，但差異則是因人而異。這些眾所周知的左腦／右腦的觀點，可能是錯誤引用了探討大腦功能偏側化（意思是某些事件偏重大腦某一側）的研究結果，這些研究的結論是，在**極度右撇子**的受試者中，語言處理區塊座落在大腦左側，而與情緒相關的內容／圖像資訊則是在大腦右側處理。然而，即使在這些極端的案例中，語言處理也發生在右腦。像布羅卡（Broca）和韋尼克（Wernicke）這樣的語言區，通常位於左腦（在95%～99%的右撇子和70%的左撇子人身上），但語言區在右腦的人其實也占了人口很大的比例。[29]

調查顯示，人類右腦和左腦的神經網絡之間並沒有顯著差異，反而是左右腦兩者並用。[30]創造性思維對任何一側的大腦也無偏好。

不幸的是，世俗文化充斥著關於大腦運作的各種迷思，而且通常很難釐清何者為真，何者為假。請參閱附錄三《大腦迷思對照大腦真相》（*Neuromyths Versus Neurofacts*），來理解如何面對各種經常令人迷惑的主張，以便辨別哪些是有確實科學根據的資訊，而不是坊間流傳的錯誤訊息。

教養第二天性

——培養這三種技能的方法——

經驗是塑造大腦的藥品——不僅要透過擁有好的經驗，也要藉由避免錯誤的經驗。這些經驗會改變腦神經系統的架構，打造出自我的樣式。孩子透過日常生活自然會獲得一些本於經驗的知識，然而還有另外的技能，如果我們不特別重視，可能就永遠無法完全開發。

身為家長，我們有責任幫助孩子擴展腦神經通路，好讓那些我們認為最重要的技能，可以成為孩子的第二天性，並且讓那些我們不希望孩子擁有的品性，例如：容易目中無人、輕視團隊合作或因為怕衝突而息事寧人的傾向，像這類的腦神經通路最好不被使用。那麼，如何讓孩子使用我們希望他們保有的突觸呢？關鍵就在練習。

如果提供孩子恰當的經驗是教養目標，那麼我們需要一些輔助工具來讓孩子練習這些經驗。（我指的不是強迫練習，像是「我要將計時器設定四十五分鐘，你最好把這段時間全都用來練習大提琴，因為我會在隔壁房間裡聽你拉琴。」）相反地，我們必須教導孩子創造力、同理心與自制力的好處，讓他們和我們一樣，深信這些技能是值得花時間練習的。我們必須讓孩子接受這種想法，否則我們的方法不會帶來長期的效果。

獲得經驗的唯一方法，嗯，就是自己親身去體驗它。以下是實現我們目標的作戰計畫：

步驟一：訂定計畫。
步驟二：創造空間以利實行計畫。
步驟三：指導孩子。
步驟四：給孩子更多空間。

步驟一：訂定計畫

一旦我們知道，活動與停止活動，都持續在塑造特定的腦神經迴路，這樣的教養職責似乎太沉重了。良好教養的意思是，從事每件事的時候都要充分意識到所從事事務的本質，以及這件事對腦部發育的影響。有時候我們會認為，必須始終「保持警覺」，不能錯失一分一秒。但其實我們是可以在無需全天候刻意行事的情況下，仍然善盡父母的職責。事實上，有時候家長需要避開孩子所遭遇的狀況，只要對於練習的內容有計畫就足夠了。在規畫管理孩子的經驗時，請記住以下這三件事：

- 讓具有創造力、同理心和自制力成為教養的優先事項。和孩子分享這些觀念，向他們解釋為什麼這些技能很重要。
- 每天找機會使用本章裡所提到的工具，在孩子的生活中建立經驗，讓他們練習創造力、同理心或是自制力。這些經驗不需要花上一整天的時間去經歷，有時候十秒鐘就足以讓孩子注意到某些事情。本章所提及的「某些」是親身的經驗，「某些」則只是把日常的經驗重新加以詮釋罷了。
- 當事情進行得不順利的時候，要維持一貫的態度，記住作為目標的三大技能。這可能意味著，不要對孩子的行為立即做出直覺反應，反而是要將情況導向練習三者中的某一項技能。意思是說，家長要對孩子採取積極主動而非被動回應的態度。

步驟二：創造空間以利實行計畫

空間可以多種樣貌呈現：可能是一些思考的空間，或是一點獨處的時間。空間可能是脫離平常的作息、暫停、不使用社交媒體、特意保持緘默、在樹林裡散步、做瑜伽或是保留一點不必凡事聽命於人的餘地。無論如何，保留一點空間是絕對必要的。自由空間似乎永遠不嫌多，家長需要為自己和為孩子創造空間。這個空間的創造可以透過：允許孩子自由地玩耍、提供孩子自己做決定的機會、幫助孩子體會擁有權利和體會無力感、以及／或者鼓勵反省與正念等。

允許孩子自由玩耍

我曾經聽一位小學老師說：「我喜歡只有十分鐘的下課時間，這樣就沒有足夠的時間讓孩子惹出麻煩來。」這個說法沒錯，太長的下課時間讓孩子有時間起衝突；但是夠長的下課時間，也會讓孩子有時間學習如何處理衝突，解決爭端。

學校漸漸把幼稚園的遊戲時間給限縮了，這並不足為奇，只是反映出現今大多數家庭教養孩子的方式。我們把孩子弄得很忙，藉著參加課外活動來豐富孩子的生活。但是我們用來占用孩子時間的事情，總是由大人來主導。上芭蕾舞課、踢足球、放學後上小提琴課，都占用了孩子的時間，那些時間本來應該是孩子用來按照自己所訂的規則玩耍，以及用來練習規範自己的行為。

未經規畫的自由玩耍時間是一個神奇的空間，在那裡，孩子們學習做決定、解決衝突和自我調整，那是可以學到無數人生課題的地方。那是對有一天終會到來的成人世界，最終的「生存法則」——如何在餐廳裡單獨吃晚餐、如何面對無法得到努力爭取的工作機會、如何迴避陰險狡猾的同事、在失敗後或是當自己成為眾矢之的時，如何東山再起。況且能自由玩耍出現在孩子生命中只有短暫的時段。

十八世紀，瑞士哲學家尚—雅克・盧梭（Jean-Jacques Rousseau）相信從做中學習的道理，認為透過親身經驗而獲得的知識會更深刻。根據盧梭的說法，要培養孩子強烈的道德品格，就應該在孩子的人生道路上，仔細安排各種不同的經驗來教育他們。這些自然演變的最後結果將是：請看！是一位自持自重的成年人。雖然這種以兒童為中心的教育並非本於神經科學，但它的確捕捉到了那種讓孩子對自己的學習負責的教養方式，並且正確地把重點放在孩子的生活經驗上。

提供孩子做決定的機會

孩子的生活中幾乎沒有不受安排的空間可以自行做決定。如果孩子從早上搭車上學，一整天遵守校規，放學後直接去棒球隊練習，回家，吃晚餐，做功課，睡前看點電視或是玩電動遊戲，這樣一整天下來，除了要不要守規矩之外，他沒有為自己做過任何其他的決定。

大人處處干涉孩子，管孩子的事，管孩子周遭的事，管孩子彼此之間的事，但同時大人又希望孩子表現得像個只是還不會開車的成年人。結果，孩子做決策的技巧卻沒能加強。過了十八年唯命是從的生活，讓爸媽、老師和教練為他們決定各樣事情，孩子做決策的神經通路細弱。當他們長大離開家時，我們期待他們能神奇地解決問題，懂得自我調整，只因為他們已經夠大了，而且我們認為他們的大腦已經發育完全了。但是孩子只擅長他們過去習慣做的事——他們現在就只是個懂得做出父母、師長所吩咐、決定的好青年。

缺乏非經規畫的遊戲時間，代表孩子並沒有真正體認到，承擔事情後果的責任。他們也沒有學習到韌性或解決問題的技巧。當大人總是擔任仲裁者，確保公平原則時，孩子無法體會到有權力和無能為力的感受。我們期望孩子的每個行為舉止，都運用高度的自制力，卻沒有幫助他們練習，能讓自制力發揮功效的兩項基本技能：同理心與創造力。

如果希望孩子長大成人後成為一名優秀的決策者，我們就需要讓他們自己做決定（見圖3.1），並提供他們做出良好決策所需的工具。決策是一種執行功能，需要在自己所知道的一切訊息，並於當下的情緒狀態中，求取最佳平衡。所以決策是一個十分複雜的過程，必須仰賴多重神經系統的運作。決策不僅需要專注的能力，還要有抑制不相關訊息的能力，在腦中掌握當下狀況的所有資料，還要有足夠能力控制衝動。這些認知能力也是執行功能的要素，[1,2]如果沒有長時間的練習，一個人是無法隨時有良好的臨場表現。

不同的執行功能技巧之間有許多相互連結。這些技能不只有與生俱來的特質，而且它們可藉由一種依賴經驗的方式來改變——你猜對了——突觸可塑性。有證據顯示，訓練某個執行功能技巧可以影響其他類似執行功能的運作，雖然這種轉移的範圍有限，我們也還在了解功能重疊的區域。[3,4]例如：我們知道工作記憶（working memory），就是一個人在做決定或下判斷的過程中，腦部所能保留的短期資訊容量，對於學習和理解都非常重要。工作記憶的訓練可能導致工作記憶容量的增加，這又會連帶影響整體資訊處理效率的提升，因而產生更佳的注意力。[5-7] 然而，工作記憶的訓練可能無法增強像是自制力或是處理資訊的速度。

一旦注意到孩子的日常活動並沒有自主選擇機會的設計，我們就可以想辦法稍作

圖 3.1

在孩子和在我們自己身上提升決策技能有許多實質好處。父母可以透過鼓勵正念與反省，提供遊戲機會和練習，盡可能地允許自主決策。

當自己做決定時，我們會學到更多。

↓

如果自己做決定，就更可能做出正確的判斷，
因為我們自己有權負全責。

↓

當我們練習做決定，就更懂得如何做決策。

↓

當我們做決定時，
我們改變了自己所處的環境以及周遭的環境。

↓

經常做攸關自己的決定，
能讓我們活出更有意義的生活。

調整，讓孩子有真正做決定的自主權。這種改變可以從只是讓孩子在學校的自由時間裡「選擇」要玩有磁鐵字母的拼字、玩各種形狀的積木或是練習寫字。但這種方法最終的目的是要求孩子經驗到真正的抉擇。這之間的差別就像是，孩子在冰淇淋店挑選自己想要的口味，和自己真正動手做冰淇淋。要充分培養真正的自我調整能力，孩子需要的不只是做選擇的假象，有時候家長得發揮很大的創意，來製造這種需要做決定的機會。當我們為孩子安排這類的機會，由孩子做決定，接著就要退居幕後，好讓孩子能夠執行自己所做的決定。

家長選擇自己的教養挑戰：做決定

培養這三種技能，並不表示家長必須是一個永遠處在工作模式中的超級家長。這不僅是不可能的任務，而且會讓孩子抓狂，最後讓你感到內疚和精力透支。相反地，要清楚自己是否真的掌握大局，每天只需花幾分鐘，就可以練習那些你期待孩子培養的技能。而最簡單的方法就是，只要把你的教養方法回歸平常。

我們和孩子的日常生活就像很多人以前從小學圖書館借過的《多重結局冒險案例》系列的書一樣，每當到了書中情節的緊要關頭，讀者就得為書中人物選擇下一個行動。你要決定其中一個選項，然後翻到故事書的某一頁，看看你的選擇為書中人物所帶來的結局。不同的選擇會讓故事情節有不同的發展。當我們和孩子互動時，同樣的事情也發生在現實生活中。在決定如何回應孩子的行為時，我們也不斷被要求選擇我們的教養途徑。

這是一個很尋常的教養場景：早上六點，你還在床上熟睡中，你三歲的兒子喊著找你。「到我床上跟我一起再睡一會兒。」你大聲回應他，然後你感覺有個暖呼呼的身體，爬到你身邊。在安靜一分鐘後，你聽到：「我需要一個玩具。」你沿著床邊摸索一下，找到一本圖書館借回來的書，把它遞給兒子。「這本書給你。」你說。在幾乎暗不見光的房間裡，你聽見書頁翻動的聲音。然後，在床的另一側，你聽到六歲的女兒大聲說：「那是**我的**書。」你可以感覺女兒站在那個地方。當兒子開始哭的時候，你知道，女兒正扯著那本書，而兒子則緊抓住那本書不放。

你怎麼辦？你有好幾個選項可以選擇，但每個選項會把現況導往不同的方向。

你可以用這本書的所有權做決定。但是，啊，那是圖書館所屬的書，這會是個棘手的問題。如果你認為兒子應該持有這本書，你會嚴厲地告訴女兒：「這是圖書館的書，其實不是你的，弟弟也可以讀。」女兒會大聲抗議，等你闔上雙眼，再拽著弟弟的手臂，把書從他手中搶過來，拿著書離開房間。兒子會開始哭鬧。這下子，你睡意全消，還得處理女兒的劣行。

另一個做法是，如果你認為女兒應該持有這本書，你會叫兒子把書還給姊姊。「對不起，這是她從圖書館借來的書。」你這樣說。女兒便拿著書離開房間。接著兒子開始哭起來，然後把你遞給他的下一本書，以及你後來再遞給他的任何東西，都扔在地上。

或者，你可以把書從兩個孩子手上拿走。你說：「如果你們為這本書吵架，那就誰也不能拿這本書。」然後你把書放在自己的枕頭下。女兒會開始哭，兒子也會哭，連你也會有點想哭。吃早餐的時候，兒子大聲尖叫，因為你用他的杯子倒果汁給姊姊，然後你又得再一次處理兩個人的衝突。

但也許你會希望他們能分享這本書。你對女兒說：「這是一本圖書館的書，親愛的，它並不真的屬於你，你可以擁有它五分鐘。」她會大聲抗議。「好吧，那你現在就和弟弟一起閱讀。」你可以這樣說。此時女兒也會一起爬到你的床上，然後兩人開始爭論：誰應該拿著那本書，直到這本書敲到你的腦袋瓜上，而且打得不輕。這真的不是個太高明的起床方式！

有時候，不管你的解決辦法多有創意，多麼公平，你就是無法討好兩個孩子。你不妨幫助女兒自己來解決這個問題。如果你讓她自己想出可能的選項，也許能更好地解決爭端，因為她不僅做出選擇，而且那些選擇是經過她的挑選。你可以問女兒：「你能夠改善現在這種情況嗎？有沒有讓你們倆人都快樂的辦法呢？」

如果她沒想出辦法來，你就提供建議。你可以對她說：「當然，這是你借的書，親愛的。不過如果你現在想讀這本書，你能不能去幫弟弟找另一本書來？我猜一定有別本他更喜歡的書，然後你就可以讀你自己的書。」女兒可能顯得有點疑惑，不過她去找了一本關於曳引機的圖畫書給弟弟。她會重新爬回你的床上，然後他們倆人甚至可能會交換書看。於是在書頁翻面的聲音裡，你可以再瞇個五分鐘。

但也許女兒拒絕替弟弟拿另一本書，或者弟弟可能說他不想要另一本書。不要放棄努力，這是你初次見識「鷹架支持」（scaffolding）在孩子鬧情緒的情況下的應用，也提供孩子一種方法，將來能自行運用。（註：「鷹架支持」是指父母提供某種架構或範例，以幫助孩子練習某些技能或行為的方法。）

當然，對於上述情節，你可能得先喝一杯咖啡，但事情不會總是這麼困難。剛開始使用鷹架支持的前幾次，對你們大家來說是新的經驗，但往後每一次的應用，都會變得更快、更容易。經過反覆練習，孩子們最終會提出自己的想法。當你給他們一些空間去思考當時的情境時，即使女兒在你等待的時刻沒說什麼，她也正在練習。對她而言，回應衝突變得越來越熟悉；回應衝突有架構可循，並且也有一些可能的辦法能針對問題來處理。

允許權力互換的空間

「尊重」使我們感覺自己是個有能力的人，正如擁有控制權也會有同樣的感知，這都會讓我們更可能在所處的環境中有所作為，與外界互動。[8]保留一些空間來認識並感受這種權力的轉換，可以幫助我們做出更好的決定，因為這會讓我們對所處的情境，有更全面的理解。權力是一種策略優勢，這種優勢會以多種形式呈現。權力可以來自地位、財力、人脈、知識的力量、經驗的力量。在每個社交場合裡，都會有某些人比較具有影響力。失去權力——即使只是成為一群人中的少數，例如：在商務會議中唯一在座的女性，或是新來的學生到新學校報到的第一天，想在餐廳裡找個座位——會令人處於劣勢。

在理想狀況下，每個人都會經歷處於擁有權力和位居弱勢的時候，這反倒使我們有還算平衡的生活角度。但有時我們就是必須面對人生的不公平處境，身處特權或劣勢的失衡狀態中。當你長期處於特權階級時，通常你的同理心會較低，你必須更加努力，才能從別人的角度看待事情。

不過，當你總是處於劣勢時，持續的不利影響，會以其他方式影響你。持續的劣勢狀態在平常的生活狀況下是存在的。這個現象值得注意，是因為權力可以改變做決定的這件事，當我們做出不同決定時，會改變不同神經迴路中的活動強度，強化某些神經迴路，弱化另一些神經迴路。

除非我們對孩子指出權力不對等的現象，否則他們對這些短暫權力變化的經驗，就只是在不同情況下感受舒服與否的程度變化而已。我們希望孩子感覺自己是有能力的人，但也希望他們能了解沒有權力的感受，所以必須讓他們對兩種權力地位的處境都要練習。

我們都知道，某些權力是很難掌握的。在每個新的人際往來中，權力掌握在主動的人手中。而最容易讓孩子有權力的方式，就是讓他做出二選一的決定。這可能會讓孩子在幼稚園裡的自由活動時間更快樂，卻還不足以培養出能夠自主思考的孩子。

給孩子權力的**最佳**方式是，容許孩子找出幾個選項，然後做決定。家長需要給孩子一些原則和輔導才能做好這件事，不妨安排一個情況，讓孩子練習數次，如此一來，女兒下次在清晨六點鐘，和弟弟再度為了一本圖書館借來的書爭吵時，便可以自己排解和弟弟的衝突（即使你仍在熟睡中）。

許多家人之間的互動關係，可以從權力的角度來解釋——像是出生順序的效應。拿我六歲的兒子布萊恩特為例，他是四個兄弟姊妹中年紀最小的。自他出生以來，一直處在年齡和經驗方面的不平等地位：他永遠不能坐在車子的前座、永遠不像大家知道那麼多的事情、總是被家人糾正。然而，作為四個孩子的老么，他也有與生俱來的眾多好處：特別受寵、更充沛的人際關係、更多兄姊的榜樣。但身為家長，每當我看到可以一掃他平日在角逐中屈居劣勢的方法時，我就會給他機會提升自己的地位。

提升地位是怎麼一回事呢？吃甜點的時候，我讓他替大家分送餅乾；當我們在晚餐桌上分享一天生活的點滴時，我請他第一個發言；我請他教大家，他在幼稚園學到用手指打毛線。這種做法可以立刻讓他當上頭號人物，感受到「高人一等」的滋味。

為了維持權力平衡，有時我會故意減少老大的權力。提醒他，我不是偏心——這是讓大家公平一點。在有弟弟妹妹以前，我的老大有好幾年的時間，凡事都以他為優先。之所以這樣做是因為，我擔心那些一直處於優越地位的孩子，他們凡事都被優先照料，而他們的父母總是會去找老師解決問題。如此一來，他們的同理心技巧、解決問題的本領以及做出良好決定的能力，實在令人感到擔憂。從神經科學的角度來看，我惋惜他們將會失去，當大腦為了思考如何不再成為落敗者，而製造突觸連結的那種作為的純粹美好。由於缺少練習，這些技能將不得施展。

家長們，我懇請你們以一種平衡的方式讓你們的孩子失敗。不是常常失敗，但當孩子遇到困難時，或許每四次就讓他失敗一次，這是養成一個有能力的孩子的理想配方。失敗就得放棄權力，然後就得開始解決問題，啟動創造力。

家長選擇自己的教養挑戰：權力

你會如何回應以下的教養情境呢？

三歲的艾莉覺得哥哥保羅和姊姊凱蒂在玩紙牌的時候不讓她參與。你剛做好午飯，當你叫他們來吃飯的時候，聽到保羅說：「那麼，艾莉，妳說二加二是多少？看嘛，她甚至連這都不懂。」艾莉哭著走進廚房來，兩個大孩子走在她後面。

如果你是這位家長，你可以選擇介入的狀況是：

● **你讓保羅接受隔離（time-out）處罰**——你大概會看到保羅大聲抗議，然後當他要離開廚房的時候，故意擦撞艾莉一下，又把她弄哭了。「再加五分鐘！」你會對著他的背影大吼。

● **你叫保羅道歉**——午餐可以照常進行，不起爭端。飯後，孩子們到外面玩，十分鐘後，艾莉可能因為又受到新的調侃而哭著回來。

● **你試著和保羅說清楚**——你可能會說：「她還小，當然不懂二加二。你看她哭泣，卻不讓她一起玩，你認為艾莉會有什麼感受呢？」保羅可能會嘟囔著說：「會讓她難過。」這種對話是個起頭，然後你可能會要求保羅跟艾莉道歉，並且想出一個艾莉可以玩的紙牌遊戲。一分鐘過後，保羅也許會想到艾莉可以玩「戰爭」這個紙牌遊戲，但是保羅自己不要玩。如果你說吃完午飯後，你要跟艾莉玩「戰爭」這個遊戲，你可能會發現保羅吃午飯時一聲不響。但是他一吃完飯或許又會說，他已經準備好要玩「戰爭」的紙牌遊戲了。希望當你在收拾午餐碗盤時，能聽到保羅在客廳裡安排一場公平的紙牌遊戲。

你也可以選擇不要介入這種情況，但是後來可能還是必須得當調解人。吃午餐時，保羅可能會問凱蒂，飯後要不要再到他的房間裡玩紙牌。凱蒂答應了，而保羅刻意無視艾莉要求加入，直到艾莉又哭了。

也有其他方法可以介入這種情況，卻不會那麼明顯。你可以告訴保羅，他需要教艾莉怎麼算二加二、一加二以及一加一。吃點心前，你會考試，艾莉必須百分之百答對。也許午餐時間就變成一場遊戲，凱蒂也會加入幫忙，讓艾莉說出正確答案。在艾莉高分通過考試以後，午餐也吃完了，孩子們可能決定一起到外面玩。

或者你可以只是拿一盒餅乾給艾莉，希望彌補她無法公平競爭的劣勢。她馬上不哭了，然而保羅會抗議：「嘿，不公平！為什麼所有的餅乾都給她？只是因為她在哭嗎？」你可以不要管保羅，然後說：「艾莉，吃完三明治以後，你可以分點心給大家。」讓艾莉擔當餅乾保管人的重要角色，代表權力平衡暫時易位了。「我可以有幾塊餅乾？」保羅會問。「這要艾莉決定。」你說。在她大方跟哥哥姊姊分享之後，你可能終於聽到保羅在客廳裡安排一場讓每個人都能參與的紙牌遊戲。

鼓勵正念反省

每一個經驗都有助於我們繼續改善突觸。家長在教養中持續改善突觸，教師在教學中持續改善突觸，而孩子則在學習成就自我的時候這麼做。心理學家和體驗式教學的教師認為，正念反省是這類學習經驗的基本要素。當我們嚴謹地反省某個經驗時，我們停止同化外界訊息，開始評估哪些元素是重要的，哪些元素需要割捨，明白這些經驗如何與我們的過去和未來的方向相連結。最後——也是最重要的——我們決定自己希望如何作回應。

透過鼓勵外在世界觀念的互通，與促進腦中實質神經迴路的互相連結，正念反省容許各種複雜神經反應的產生。正念反省與一個人在所處環境中的權力感密切相關，這使得做決定的人對自己有所把握，並且提升個人所做決定的責任感。如果你匆促行事或是被迫去做某件事情，你就比較不可能用心，也比較不可能對自己的行為負責。我經常告訴我的孩子（特別是當他們來向我告狀的時候），「你只需為自己個人負責。」當我們給孩子們一個正念的時刻，就是給予他們自我調整的空間，這是他們亟需練習的技能。**當我們允許孩子自己做決定時，其中蘊含的概念是，即使父母不在身邊的時候，他們也可以誠心地對自己所做決定的後果負責。**

正念反省是可以被教導並加以練習的事情。正念的訓練結合了自制力的三個元素：（1）注意力所在，（2）如何調整情緒，以及（3）自我意識。令人讚賞的是，當我們訓練正念反省時，大腦在這三方面全都有進步。我們仍在了解正念對大腦功能的影響：大腦影像的研究發現，正念很可能會改變突觸的運作與髓鞘形成，但正念也可能減少壓力反應（stress response），並強化免疫系統。[9]正念導致基因表現的快速變化，包括降低與壓力相關基因的表現，如：與疾病所引起的發炎症狀相關的基因。[10]練習正念是改變大腦運作方式，一種既簡單又經過研究證實的方法。

正念是，在不賦予意義的情況下，對**當下的**刻意知覺。正念讓我們只關注當下片刻。在已經發生與即將到來的事件脈絡中，對當下知覺的處理——稱為反省——可能就發生在下一分鐘。這兩者都很重要，因為如果對當下的情況沒有清楚的理解，我們就無法適切處理。正念反省是知覺與處理同步作用。

我們應該要從自己家裡做起，但即使在大型學校的教室環境中，正念也能產生重大的影響。在舊金山（San Francisco）的訪谷初級中學（Visitacion Valley Middle School），學校施行每天於上學後和放學前各十五分鐘，個人可有自由選擇的「安靜時間」，這個做法降低了這所在治安很差的學區內的學校，就學學生的休學和逃學情況。儘管學校鄰近有毒品和幫派暴力社區，[11]但是學生們比以前快樂，成績也進步了。就是這麼簡單：一段單純、隨個人選擇的「安靜時間」。

身為家長，我們可以輕易地將反省時間排入孩子的日常生活中，作為讓孩子處理生活事件的方法；有時候改變做法，故意暫時隔離孩子，當隔離時間結束後，可跟孩子好好談一談。有時候這代表不要干預；有時候，即使不同意孩子的決定，也要尊重；有時候的做法是，根據對其他相關人等的影響，我們要和孩子深入討論某個錯誤的決定，幫助他以後做出更好的決定。在這些正念反省的時間裡，我們以身作則為孩子示範，也和孩子一起練習自我調整。（更多有關如何將正念與反省融入孩子日常生活的資訊，請參閱第108頁的「引導式正念」。）

更重要的是，家長可以使用正念反省來提醒自己的教養目標，因為這些益處家長也適用。只要時間許可，我們迫切需要那些安靜的時刻。首先，深呼吸；再來，考慮一下：「這是我想要引導的方向嗎？這對周遭的人會有什麼影響呢？」在每天忙於快—快—快—、接送孩子以及幫急著出門的孩子找鞋子的早晨，這些繁瑣的事務中，我們很少能有這樣停頓的片刻。然而，正念反省對孩子有益，對照管教孩子的大人也很有益處。事實上，訪谷中學引入「安靜時間」後，也提高了學校老師的留職率。

當我們刻意為孩子的日程中安排正念時間，其結果將是孩子懂得審慎行事。如果我們和孩子充分練習正念反省，那會成為他們的第二天性。

步驟三：指導孩子

孩子需要家長的指導，來處理他經歷自己決定的後果時，無可避免地會出現問題。重要的是，你希望教導他們下次會處理得更好，以確保你想保留的大腦神經連結被強化。家長可以透過以身作則、指導式正念、鷹架理論或是紀律來提供指導（「紀律」將在本書第十一章進一步討論）。

以身作則

投資這三種技能，並把它們放在優先地位的最佳方法，就是家長自己身體力行。為了要真正以父母的角色示範優良的自我調整能力，你必須先把創造力、同理心和自制力運用在與孩子的互動方式，以及周遭的為人處事上。嘗試每天在自己的生活中培養其中的一項技能；定期找時間反省；確認自己的方法是否有效，如果不奏效，就要加以修正，以確保自己是朝著正確的方向前進。

引導式正念

引導式正念為正念反省的過程提供了一點架構，可以說是帶領孩子入門的好方法，如此才不至於給孩子過多空間，讓錯誤的決定一發不可收拾，或是得要用隔離時間來處罰，或是讓這種練習不了了之。引導式正念就像做下述兩件事情一樣簡單：

1. 請孩子**觀察**，看他在某個情景中看到什麼，注意到什麼。起初你可以自己先舉例，把重點放在你認為在那個情境中重要的事情上。
2. 請孩子**反省**這些觀察結果如何應用在他自己或別人身上、如何適用在外面的世界，以及如何應用在接下來可能採取的行動上。

鼓勵孩子在發生衝突的時候，當他們感到困惑時，或是當他們感覺悲傷的時候，花一點時間練習正念。這些時刻能讓孩子回歸自我，能讓他們在必要時做點改變，也能讓他們做出決定，找到方向。

最終，你希望孩子能不假外力，主動為自己保留這個空間。和孩子在獨立思考以及勇於負責方面所能得到的重大收穫相比，一開始所需投注的時間其實是少之又少。

一個正念時刻不一定要花上一分鐘——它可以只是孩子短短幾秒鐘的靜默。這可能需要做幾次練習，但是你正在為孩子能夠自主而努力。如果孩子不會主動花時間在正念時刻，家長不妨介入並提供分享，討論自己的感受、孩子的感受或是其他人的感受。

家長提供鷹架支持

有時候孩子會仔細思考所有的選項，做出正確的行為，但有時候他們需要家長敦促，往正確的方向前進。家長的鷹架支持是改變孩子對某些情況的看法，以及改變孩子在某特定情境下，把哪些事情列為重要事項的關鍵所在。「鷹架支持」是家長為孩子提供一個架構或範本，來了解事情的狀況，特別是在人際往來或解決衝突的時候。這種架構可以只是用說的，也可以是家長示範，或者只是家長安排的簡單指定練習。關鍵在於讓孩子的大腦處理這類情況的次數夠多，使它成為孩子的第二天性，在腦海中、行動中，不斷反覆地做，直到成為孩子性情的一部分。

父母可以用口語的方式為孩子做鷹架支持，如：在事件發生之際和孩子深入討論整起事件，或在事後孩子回憶事件時，從旁多加闡述。這種口頭的鷹架支持會影響孩子日後談論這起事件的方式，因家長所強調的觀點，孩子會記得更牢，也有助於孩子將此事件和頭腦中的其他事物連結起來。[12][13]所以，家長對事情的闡釋是有其價值的。

口語的鷹架支持適用於面對災難狀況，像之前我提供了一個架構，和孩子討論二○一七年發生在我們所居住的維吉尼亞州夏洛蒂鎮（Charlottesville，Virginia）的納粹示威活動。另外，口語的鷹架支持也適用於尋常的經驗，像是我們家人出遊，參加附近的山茱萸節，在那裡的露天園遊會裡乘坐各式遊樂設施。不幸的是，其中有一次，坐在隔壁艙的孩子竟然頭暈嘔吐，還被媽媽罵。

就像談論發生在孩子身上或周遭的事情一樣，我們也可以對孩子的行為採取鷹架支持，予以強化，這樣孩子就可以確立正確習慣。家長一開始必須親自參與，但是當孩子離開家，開始獨立生活時，家長就要放手，不要干預。就像建築物施工完畢後，旁邊的鷹架支持要儘快卸除一樣，因為鷹架有礙觀瞻。為人父母，我們必須適時讓孩子獨當一面。而我們正在進行的工程，是一棟有美麗海景的豪宅！

讓我們假設還在那個山茱萸節的園遊會，有個孩子把你九歲女兒剛剛玩滑雪球遊戲贏來的填充娃娃拿走，扔到廁所的屋頂上。女兒當然會來向你哭訴，而你需要給她一個架構，讓她在自己能力許可的範圍內，獨立處理這個情況。孩子年紀越小，你就越該為她示範該怎麼做——例如：在你第一次和她嘗試鷹架支持時，親自示範或是詳細解說，在那種情況下她應該怎麼做。（請參閱本書第七章中的「解決衝突的方法一：教導孩子清楚而明確地表達」）當你找那個孩子談話時，讓女兒和你一同前往；如果找不到那個孩子，那就跟女兒演練下次再遇到這種情況時該說些什麼。

經過兩、三次幫她在類似事件做鷹架支持之後，她應該能夠自己解析同類的事件。下次又遇到類似的狀況，無論是隔天在商店排隊付帳時，還是再度參加山茱萸節慶時，鼓勵孩子自己嘗試鷹架支持，幫助她理解事情的後果。如果自己的孩子是那個把填充娃娃丟到屋頂上的人，你還是可以使用鷹架支持，但你需要的是練習不同的技巧（請參閱第七章的「OLT 架構」）。

我們依然記得那些連我們自己都不知道自己還記得的事情。亨利・莫萊森（Henry Molaison）給了我們一個很不可思議的例子，他在一九五三年開刀控制癲癇的病情。[14] 醫生開刀切除了誘發癲癇的那個大腦區塊，那個區塊是包括了**海馬迴**（hippocampus）的部分顳葉（temporal lobes）。手術後，亨利不再有癲癇發作，然而康復後，他也無法再形成新的記憶了。他不記得每天照顧他的醫生，隨著時間過去，他不知道今年是哪一年，也不知道現任總統是誰。

很不幸地，這就是我們找出海馬迴是腦部負責短期記憶區塊的方式。但亨利仍然很聰明，因為人類的記憶不是只儲存在一個地方。相反地，記憶被儲存在多個大腦區塊裡，即使是以手術切除一大塊大腦的人，也能保有高度智商。[15] 亨利的案例告訴我們許多有關記憶運作的其他方法。醫生要亨利畫出一個五角的星形圖案，不能看著紙畫，只能用鏡子裡的反射畫面來引導繪圖。他每天都不記得自己執行了這項任務，但在十天的期間裡，他畫得越來越得心應手。在這些程序記憶形成的同時，還有其他的大腦區塊被啟動了，學習無需學習者意識到自己正在學習。

我們的孩子也是如此。他們可能對父母的教導沒有太明顯的記憶，但是每一次他們經歷某些事情，每一次練習某件事情，每當父母經由問問題來引導他們思考某個課題（即使這個問題尚未有答案），都是一種學習。我們需要找出方法來更頻繁地啟動控制那些理想行為的神經通路，而如果孩子與我們的理想背道而馳，我們也需要找出對策。為此，我們需要（1）給孩子明確的練習，（2）讓他們負責以正確的方式鍛鍊習得習慣。

為什麼需要鷹架支持孩子的經驗

如果一再重複，經驗最終可以藉由突觸可塑性來改變兒童腦部的運作方式。這是形成習慣的神經學定義：神經元系統的架構將因應事件的後果而變化，無論這些後果是自然發生，還是人為打造的。

如果家長提供的鷹架支持不足，即使家長本身的生活是極佳的範例或典範，也無法及早提供足夠的方向，來影響神經系統養成習慣。要孩子只是觀察父母的言行是不夠的。孩子部分的腦部發育與人格發展，無需父母介入就會自然進行，然而並非所有的技能都是孩子打從出生就擁有的，有些技能需要經由努力才得以發展。神經科學告訴我們，行為打造突觸，因此家長必須使用鷹架支持，來確保孩子所練習的行為，不會是與我們所期望的創造力、同理心、自制力以及自我調整技能背道而馳。

練習模式的重要性

如果孩子天生就能以最佳方式處理人際互動，那麼父母早就失業了。家長必須參與其中，使孩子能以正確的方式練習各項事務，而家長在早期練習期間所關注的重點，能確保孩子持續啟動那些我們希望他們保留的神經迴路。由於練習大有功效，所以家長必須仔細選擇要把時間花在練習哪些事情上，例如：研究顯示，古典音樂的訓練能夠增進髓鞘形成，並且重新建構控制手指運動的大腦區塊，但卻無關乎促進大腦具創造力區塊之間的連結。[16]

但另一項研究顯示，有較多音樂即興練習的成年人，在主司解釋及處理不同概念之間關係的大腦區域（稱為聯合皮質）裡，有更多神經連結的活動，這提供了良好的證據，證明創造性行為可以經由訓練而自動化。[17]這中間的差異很微妙，卻極為重要：兩項研究都涉及音樂訓練，且兩者都顯示，音樂訓練能改變大腦。但人們接受音樂訓練的方式值得探討，他們是練習記憶性的音樂流程，還是練習即興創作呢？第一項研究顯示的是慣性習慣，而第二項研究則是展現習得習慣。

你能想像你的兒子練鋼琴時只彈奏隨機出現在腦中的音符嗎？我們很難抗拒叫他練習特定曲目——流暢彈奏其他作曲家所寫的曲目——的誘惑。新創反應能成為一個人的自動反應，這種概念很有趣，但確實符合腦部的發展方式。還記得嗎？使用某個神經通路會強化這個特定通路。因此，如果你已經在大腦連結網絡中打造了多重神經通路，並經常運用這些通路，那麼使用這些神經通路來產生擴散性思考（divergent thoughts）就很容易。兩者的對照就像是，在已經被踩出來的小徑上奔馳，與在森林裡另闢蹊徑。如果強化腦部聯合皮質區裡的神經通路，就能培養出一生充滿創造力、懂得思考的孩子，這是培養具有慣性習慣的孩子，與培養因為習得習慣而茁壯成長的孩子之間的區別——你當然會希望孩子擁有自主與創造性思考。

運用鷹架支持練習的三種好處

我們可以用心安排，讓孩子練習待培養的技能，像是教導獨生子女如何應對來自表兄弟姊妹戲謔但有點令人討厭的捉弄。或是當孩子犯錯時，我們可以用溫和的方式勉強孩子，為了他們的自我成長而澈底反省——比如孩子在家裡餐廳對弟弟做出踢足球的鏟球動作，就得要求他用正確的做法向弟弟道歉。（「我應該請弟弟把手中的電池放下來，而不是用鏟球的動作撞他，搶他手中的電池。」）無論孩子勉強與否，練習會改變腦部的運作方式。

我們有三種方式和孩子一起使用鷹架支持的練習：提升待加強的技能、處理小事情以及改變壞習慣。

1. 提升待加強的技能

我的女兒凱瑟琳討厭讓別人傷心，傷害別人的感情。這是很好的為人之道，她的善良有時候真令我佩服。但她爸爸和我都擔心，在與人方便和在該斷然拒絕之間可能存在著模糊的界限。我們希望她能堅持自己認為正確的事情，即使這樣可能讓某些人傷心、生氣。因此，我們和她會定期在廚房聊天，演練一些她需要說「不」的情境。我們假裝是她五年級班上的同學，（「嘿，我最親愛的朋友，如果我媽媽打電話給妳，可以告訴我媽媽，我在妳家嗎？其實我是要一個人騎腳踏車去便利商店買一堆糖果。」）或者我們假裝是冰雪皇后（Dairy Queen）店裡的員工，（「因為我想中樂透的大獎，所以買了這些刮彩券，我刮得很累，所以你吃完冰淇淋以後，不介意的話，幫我把那邊窗戶旁的桌子都清理乾淨好嗎？」）有時候我們裝成臨時碰到的陌生人，（「嘿，我剛剛被閃電打到了，你可以到我的廂型車上，幫我找個繃帶嗎？」）凱瑟琳要練習說「不」。儘管表演這些戲碼幾近荒謬可笑，但她學會告訴別人「不行，我不能幫你」，有時候是正確的事情。由於這些練習是以好玩的方式進行，所以我們和凱瑟琳是同屬一個團隊。也就是早在問題可能發生之前，我們就先練習說「不」。

你比其他人更了解自己的孩子。你知道他們的長處在哪裡，他們哪裡需要加強，才能全面性平衡發展。每天只要花兩分鐘的時間，專注於需要強化的技能，可是比你預期中更快獲得結果。例如：連續七天，每天和孩子對話，探討別人的感受，你可以保證，他們會更加了解別人的感受，以及自己的行為如何影響別人的感受。你的行動會讓孩子把這當成是他們看待世界最重要的準則。

2. 處理小事情

本書以下三個部分將會告訴你，如何使用練習來幫助孩子更有自制力，具備更多同理心，並且更具創造力。本書著重於大項技能，但神經科學的原則並無差別，你可以練習任何技能。希望孩子每天早上準時上車嗎？以正面態度開始練習：讓這成為一場比賽，把從圖書館新借的書藏在車上等他發現，或是如果他準時繫好安全帶，就讓他選擇在車上播放的音樂。重點是，讓孩子準時上車，讓那些神經通路運作。讓孩子有經驗調好自己的小鬧鐘，讓孩子自己上車，無論動機為何。讓他自己弄清楚如何達成任務，這會強化那些能幫助他按時上車的神經通路。

然後，經過幾天成功的經驗後，停止給予獎勵。如果好行為停止了，就專注於核心問題。每次他不能準時一起開車離開家，就請他檢討自己早上所做的事情，如果他沒有抓住重點，就提供他一些字彙來思考。詢問他，他的行為對別人的影響，如果他說錯了，就詳細為他解說。請他想出幾種能按時上車的方法，讓他奉行其中一項，然後努力讓他能輕鬆辦到。最終，以後這類對話大部分會是兒子自己能主導的。

要建立一個練習的鷹架支持，你只需要讓孩子進入一個你想要加強的情境。有時候，這會在一天的行程中自然發生，就像總是遲到的孩子。有時候你可能得藉助杜撰的場景，以此來進行討論，就像我丈夫和我幫凱瑟琳一樣。這些互動必須是針對某個事件，刻意進行的口頭鷹架支持，可以簡單到就是提出幾個重點式的提問，即使你沒有馬上得到回答。或者也可以是行為演練（這個方法在我看來是教養孩子最有趣、最多回報的一環，因為你和孩子一起玩起實境遊戲）。

例如：我兒子參加初中的第一次舞會時，我有短暫的恐慌。我回想起自己慘痛的第一支舞，想著：「我兒子怎麼會知道該怎麼做呢？」他需要練習走向舞伴，邀請她們跳舞，還得優雅接受回絕。所以我在客廳把音樂放得很響，他妹妹和我擠在一個角落裡，指示他幾分鐘後過來邀請我跳舞。我告訴他如果我拒絕了，他該怎麼辦，他給了我臉色看，然後他等了幾分鐘，走過來，在吵雜樂聲中大喊：「你想跟我共舞嗎？」我笑著說：「我不要。」他說：「好的，如果你改變想法，請告訴我。」然後走開。

把你想培養的每項技能想成是你和小小孩一起玩新的桌遊一般。你必須大聲說出遊戲規則，並且教他們怎麼玩。第一場遊戲需要花上一點時間。期間會有困惑和抱怨，對你來說可能不見得很好玩。但是第二次玩的時候，孩子知道該怎麼玩了，然後到第四次玩的時候，你用不著陪他們玩，你甚至可以去看書。事實上，清楚遊戲目標以後，孩子會自己找出贏的策略。所以，培養創造力、同理心與自制力的技能，也是如出一轍。

3. 改變壞習慣

好的行動不需要改變。但習慣並不總是好習慣，有時候行為需要改變。科學界正在積極研究形成習慣所涉及的神經迴路，幸運的是，經由練習來改變行為並沒有一個絕對的關鍵期。[18]突觸隨時都可以改變。老狗仍然可以學習新把戲，我們可能只是缺乏練習罷了。

湯馬斯・阿奎那（Thomas Aquinas）指出：「美德的習慣完全形成以前，它們以某種先天的傾向存在於人性之中，這是美德的開端。但後來，美德透過行動的實踐，獲得妥善的完備。」[19]這種說法是正確的，然而傾向卻不需要是「先天的」，因為這表示只有先天重要，而教養不重要。

做家長的我們不必等待基因突變與物競天擇的漫長過程來改變基因。你的行為現在就能帶來改變。無論孩子的年齡多大，永遠不嫌遲。經驗可以改變基因的使用方式，研究人員證明了表觀遺傳的模式是可逆轉的（參見附錄二，《表觀遺傳學》）。在每個神經元中，基因調節（gene regulation）隨時在發生。你的孩子在成長的過程中，某些神經通路會強化，某些神經通路會弱化；讓我們把這個過程變成具有目的性的。

很顯然，孩子並不總是聽從父母的話，也不會奉命行事。即使我們無法完全同意孩子所做出的決定，但仍需要尊重孩子的決定。光是深植「孩子是唯一有權為自己做決定的人」這個觀念，就是讓孩子對自己行為負責的第一步。而這是真的：你唯一能控制的行為就是你自己的行為。跟我覆誦一次，因為這句話也適用於父母：**你唯一能控制的行為就是你自己的行為**。

然而，根據設計，錯誤的決定就是負面技能的不必要操作，我們不希望自己預設的神經通路所啟動的，是這些不想要的腦神經迴路。而優質的練習意味著，以正確的方式練習正向技能。讓教養專注於所選擇的正確事務，是一個很好的起點，但這樣做還不夠。想要精通某項事情，孩子需要學習如何正確執行。如果他們沒有正確練習某項技能，他們就是選擇在腦部保留錯誤的神經迴路。

決定，無論好壞，都會打造突觸。因此，家長不能只是閒坐觀望，讓孩子自己做決定，讓他們感受到不良行為的苦果，然後祈求、指望他們下次能夠做出好一點的決定。父母的角色是讓孩子做決定，然後接續著幫助他們啟動我們樂見他們使用的神經迴路。當孩子做出錯誤決定時，我們需要使用鷹架支持練習，來輔導孩子找出一套方法，做出更好的決定，並在這個過程中，儘可能提供多種選項。**運用鷹架支持的練習來改變不良習慣，必須融入孩子所能擁有的三項最重要技能：別人的感受如何（同理心），有沒有不同的做法（創造力），以及下次你會怎麼做（自制力／自我調整）。**

這種後續行動很重要，因為如果孩子練習的是做出壞的決定，他最終會成為做出不良決定的成年人。讓孩子做決定，然後大人幫助他們找出，在那種情況下，更好的行事方式，這會讓孩子下次再遇到類似的抉擇時，能獲得成功。重點在於重做。當我們練習時，不斷地反覆重做，直到做好為止。

步驟四：給孩子更多空間

最後，你需要給孩子更多空間，然後再給予指導，接著再給他們更多的空間——你知道我的目標是什麼了吧！最終，家長無需再提供指導，而孩子將擁有未來生活中完全的決定空間。

為人父母的真正工作是，讓孩子還在父母照料下的時候，盡可能多做決定，在此同時，有目的性的讓孩子置身於某些處境中，這些處境讓孩子必須做出能練習使用我們希望他們保留的神經通路，又能培養我們認為對他們人生成功最重要的技能。僅僅為孩子示範優良的價值，允許孩子獨立做決定是不夠的。我們和孩子對這些決定要有後續討論，要求孩子積極練習，也鼓勵孩子保有反省與正念行為的空間。

第二部

教養富創造力的孩子

第四章

創造力的神經科學

如果想要培養某項技能，我們不僅需要界定、衡量這項能力，同時也需要對這項能力多加了解。在創作過程中，創作者必須歷經四個步驟：（1）準備：基本上就是思考手邊的任務，（2）醞釀想法：這可能需要花一點時間，（3）靈感：就是「靈光乍現」的時刻，（4）驗證：把想法落實。[1]這種逐步的定義看似容易，但創造力在神經系統上卻是觸及一些更為複雜的腦部功能。

在神經成像學的研究中，要捕捉到創造發生當下的那一刻，幾乎是不可能的，因為測量在實驗室的環境中**試圖**發揮創意的人，和捕捉到正在實際經歷創作靈感的人，其間有偌大差異。那我們如何能知道，在創作過程中究竟發生了什麼事呢？

關於創造力，有種根深蒂固卻非事實的理論，認為創造力源於右腦。正如本書前面所說的，這個流傳已久，普遍為人相信的理論，認為大腦的左半球主司理性與邏輯，而右半球則是一切創造力的泉源，這完全不是真的！[2]這種單一腦半球的模型，在現代神經科學的面前，根本禁不起考驗，有**許多**和這種看法相左的證據。沒有任何證據顯示，有創造力的人更擅長使用右腦，還有，如果你的右腦受傷了，也不會讓創造力蕩然無存。[3]事實上，每一項顯示創造力源於右腦的研究，都可以找到相對應的另一項研究，發現左腦也參與其中。

神經成像學的研究顯示，創造過程顯然運用到左右兩側的大腦，而且證據指向創造力取決於**顳葉**、**額葉**以及**邊緣系統**（limbic system）之間的交互作用。[4]皮質包覆顳葉和額葉，並且擔負大腦下方區域理性思考的統合。創造的驅動力來自位於腦部下方稱為邊緣系統的區域，之後則啟動位在前額葉及顳葉的聯合皮質（和創造力有關的區域）。位於腦部下方的邊緣系統通常向皮質傳送帶有情緒的訊息。統合理性思考的前額葉皮質的功能則是過濾及緩和這些訊號，以維持合宜的社會行為，卻依然維護自身的最佳利益，這是每一個人為決定必經的搏鬥。就創造力而言，前額葉皮質決定了有哪些創新思維能夠進階到下一個創作過程。

那麼「富創意者」的大腦與非創意者的大腦有何不同？簡單來說，他們大腦的連結更加緊密。有創意的大腦最基本的特質是，在左右腦之間以及在左腦和右腦內，神經連結的密度。這種創造力的連結顯現在神經成像的掃描上：富創意的大腦活動在許多——有時是相距甚遠的——大腦區塊出現，儘管研究人員尚未找出其中的原因。[5]有趣的是，創造性的過程似乎也使用到先前研究所顯示的**心智理論**（theory of mind）——就是從別人的觀點看事情的能力——的所在位置。[6][7]（在科學和藝術領域）有創意的人，比較容易感受到生動的意象，有高超的能力體察別人的思想或感受，對事物的感受也更為深刻。[8]

經由觀察大腦的灰質和白質，神經成像可以約略估量一個人的神經連結數量：神經元的細胞體呈現灰色，而白色則表示髓鞘化的軸突。髓鞘化的階段是正常大腦發育的最後階段，會持續到一個人三十歲、四十歲的年紀。通常聯合皮質是最晚完成髓鞘形成的大腦區塊。

左腦／右腦的觀念如何產生？

大腦皮質的左右兩側之間存在一個實體空間，或是說分隔，這個分界線稱為（大腦）中央縱裂（longitudinal fissure）。但在這個縱裂的底層，存有巨型的傳輸通路——**胼胝體**（corpus callosum），以及體積較小的前連合（anterior commissure）——來連結左腦和右腦。有些人出生時沒有胼胝體，但自己都不知道，若是在大腦發育完成後，這些連結被切斷了，那就會產生問題。

一九八一年，羅傑・斯佩里（Roger Sperry）以切斷裂腦病患的胼胝體，來阻止癲癇擴及左右腦的研究，因而獲得諾貝爾獎。當大腦兩個半球之間的通訊停止時，這些裂腦患者可以分別處理左右大腦接收的訊息，甚至可以在左腦和右腦各自得出不同的結論或決定。

這些實驗引發了一種觀念，認為創造力侷限在右腦，然而對腦功能運作正常的個體研究顯示，創造力存在於大腦的兩側。負責創造力的不是右腦，而是左右腦各自內部神經連結的數量。

為什麼我們如此關心髓鞘形成呢？回述先前的討論，儘管髓鞘形成是一種高度調節的正常發展，但最近的研究提出，髓鞘形成也可能受到大腦活動，以及受到大腦與環境功能性互動的影響。神經元的激發作用越頻繁，它的髓鞘形成就越多。[9]當你使用神經元的時候，神經元的基因表現會改變——這種改變不僅發生在神經元，甚至也會發生在神經元周圍的支援細胞裡，以使軸突形成髓鞘。

軸突傾向於聚集成束，形成神經通路或是神經纖維束，一起在腦部進行神經訊息傳輸，好似光纖電纜。富創造力的人白質纖維束整合較佳，特別是在聯合皮質和胼胝體，而這正是右腦和左腦之間的主要連結。[10]

練習某項技能可以使參與的軸突形成髓鞘，讓那些神經元傳輸速度更快，並提升那項技能，而且無論是何種技能。[11]我們需要善用孩子可利用的發展時機，並謹記這個事實：一旦軸突有髓鞘形成，這個神經元就會終生受到髓鞘包覆。[12]我們為孩子培養的神經元變化是永久性的。

有沒有想像力的基因呢？

不同人的去氧核糖核酸（DNA）具有不同的基因排列形式（稱為**等位基因**，alleles），這些基因排序決定了細胞的組成，而某些等位基因可能比其他等位基因更具優勢。我們知道神經傳導物質系統在創新中扮演核心角色，其中包括天然合成的**興奮性神經傳導物質**（excitatory neurotransmitters）**多巴胺**（dopamine），血清素

(serotonin)，和正腎上腺素(norepinephrine)。[13]但不同的DNA(去氧核糖核酸)也代表這些神經傳導物質系統中的所有元素會因人而異，而這可能會改變神經傳導物質的轉運子(transporter)或受體的運作效率。如果我們希望孩子有創造力，那麼他們在從事創造時必須心情愉快，而有些孩子天生就具有這種傾向。

研究人員已經證實，新奇的事物本身就是一種獎勵，而且探索新奇事物的行為可以啟動多巴胺的獎勵系統。[14]多巴胺是一種可以影響創造動力與追求新奇事物行為的神經傳導物質，這使得上述兩種行為，很自然地，對某些人——相較於其他人——更具獎勵效果。但是多巴胺只是創造能力的部分因素，因為多巴胺似乎與認知彈性無關(認知彈性是創造力的重要元素，同時也是高階執行功能與自我調整能力的一環)。我們明確知道，正腎上腺素系統與認知彈性相關：較低濃度的腎上腺素有利於彈性思考的能力。[15]

我們無法改變孩子先天的基因，但我們或許可以改變這些基因的使用方式。創造力或想像力即使保存於基因之中，也帶有表觀遺傳的成分(就是藉由經驗而改變的能力)，這種改變可能是透過多巴胺系統來調節。[16](請見附錄二《表觀遺傳學》，了解有關此一過程的詳情)我們知道多巴胺轉運子基因很容易受表觀遺傳機制的影響，我們也知道環境因素能夠影響多巴胺在人體內的運作，也可能導致各種神經系統失調的疾病，像是注意力不足過動症（ADHD）。[17][18] 想要更有效地控制這個過程的第一步就是，試圖理解這個過程。

神經傳導物質的系統很精密，你可不想讓突觸充斥著過多的多巴胺。事實上，當你服用冰毒（甲基苯丙胺，methamphetamines）或古柯鹼（cocaine）時，就是會發生這種狀況，這些毒物讓你很有精神，感覺很舒服，但卻潛藏著濫用毒品與毒品成癮的嚴重後果。會上癮的藥物涉及多巴胺系統，是因為讓人舒服的感覺會成為一種獎勵。研究人員發現，除了藥物以外，還有許多事物可以啟動多巴胺的神經通路，其中包括人際互動。一項針對猴子的研究顯示，社會階級較低的猴子比那些社會階級高的猴子，更容易對古柯鹼上癮。有掌控權的猴子不容易上癮，是因為牠們擁有較多的多巴胺受體，換句話說，有社交主導權就是一種獎勵。隨著這些多巴胺神經通路頻繁的啟動，身體也會有所調整，以支援神經系統的活動，並強化這些神經連結。經過一段時間以後，有主導權的猴子牠的多巴胺系統，透過在神經元接收端產生更多受體，來適應其個別情況。牠們的社會優勢已經滿足了牠們的多巴胺需求，因此就不需要那麼多來自激發多巴胺藥物的刺激。[19]

我們都知道，行為可以根據所處的環境而改變，但現在有一個清楚的神經科學解釋，來告訴我們這種變化**為什麼**發生、**如何**發生。那些沒有感受到任何獎勵的人，會在其他地方尋找獎勵，這對潛在的上癮行為，有重大的影響。我們的大腦天生就需要被獎勵，我們總會尋找獎勵，無論是社會性的獎勵，例如那些因仁慈舉動所帶來的獎勵，還是從解決創意問題所得到的獎勵。為人父母者越是能夠使這些「好」的事物，成為對孩子個人有意義的獎勵，孩子就越不會以具有潛在負面影響的方式，來尋求這種獎勵。在大腦的發育過程中接觸到能塑造多巴胺神經通路的經驗，會對這些神經迴路的形成方式，產生永久性的影響，也會影響到成年後我們感覺受獎勵的事物。

多巴胺獎勵大腦

多巴胺關係到動機與獎勵。多巴胺的獎勵通路把大腦各個重要區塊以神經迴路連結在一起。

舉例而言，如果你吃了巧克力，而這個經驗很愉快，那麼每當有機會時，獎勵的神經通路就會盡量確定你吃到巧克力。它們會連結到大腦有關學習的區塊，加強對巧克力的好印象。多巴胺的獎勵通路還會連結到感覺區塊（以加強對巧克力的識別能力），和運動區塊（以加強肢體拿起巧克力和吃巧克力的容易程度），上述舉動會讓你更可能重複這項行為。而且因為每次使用特定的神經連結都會被強化，所以每次吃巧克力時，這些特定的獎勵途徑都會被強化，因此吃巧克力的行為也就更為加強。

這個相同的多巴胺獎勵連結系統也適用於增強創造力。如果創造過程透過啟動多巴胺系統來獎勵的話，那麼這個人就更可能運用想像力，在這個過程中，擴散思考藉由新突觸的產生來促進神經連結。[20]這代表如果孩子的創作經驗一直都讓他覺得受到獎勵，那他們的多巴胺通路會在未來的創作行為中被啟動。

測量創造力

很難以制式化的方法來衡量「跳脫傳統框架」的思維，但目前已經開發出一些還不錯的神經心理學測量，來評估創造力。測量創造力本來的設計就著重主觀性。大多數的評量方法，例如：選擇題的考試，甚至智商測驗，都是測量**聚斂性思考**（*convergent thinking*）——找出唯一正確解答的能力。[21]然而這並不是現實生活的運作方式。相反地，在一個充滿各種可能是正確答案的世界裡，我們會花很多時間試著讓自己更適應**擴散性思考**（*divergent thinking*）。我們可能會想，到底什麼時候，我們訓練有素的聚斂性思考才會派上用場。

最常見的創造力評估方法所測量的是擴散性思考。擴散性思考著重於為開放性問題提供新穎的解決方案。[22] 陶倫斯創造思考測試（The Torrance Tests of Creative Thinking，TTCT）有許多分項，其中某些試題有開放式的問題提示，像是：「如果人類不再需要睡眠，那會發生什麼事？」或是要求應試者描述在特定情況下會發生的事，例如：「如果人們可以瞬間從某個地方位移到另一個地方，會發生什麼事？」

也有尚待完成的不完整圖畫，而補畫的內容可以顯示繪圖者創造力的多寡。如果你把一個有開口的三角形畫成鯊魚或是帽子，那你的創造力會失分，因為這是完成這些半成品的常見手法。但是如果你可以跳脫常態，在你的圖畫中注入幽默，增添動感，為你的繪畫加註詳細的標題，呈現故事，把看似不相干的事物連結在一起，或是從不同的角度看事情，那就是為你加分。[23][24]

心理學家喜歡用所產生的創意來衡量創造力——不僅是這些創意的原創性，還有你能想出多少點子。例如：在一分鐘內說出所能想到的磚塊用途。你的得分是根據答案的（1）流暢性（大量的答案），以及（2）原創性（少有人提出的答案）。流暢性和原創性加起來，就是你的創造力分數。[25]

然而我們也不應該完全忽視聚斂性思考。有一些創造力測試是測量聚斂性思考，如：遠距聯想量表（the Remote Associates Test，RAT），要求的是提出問題的唯一解答。它會提供三個詞彙，受試者必須正確說出能將三個詞彙連接在一起的答案，例如：對「墜落」、「演員」和「塵土」而言，正確的答案就是「星星」。所以，聚斂性測驗需要的是答案的準確度，這才是最重要的。[26]

高層次的創造性思考需要聚斂性思考，也需要擴散性思考。在創意產生階段，其本質本來就是擴散性思考；但在驗證階段，我們要把思想過程導向解決手邊的問題，整合各項想法，探討新的想法如何落實，其定義本來就是聚斂性思考。[27]如果我們只是培養擴散性思考，那麼想法會過於天馬行空，以至於不切實際。如果我們只培養聚斂性思考（如同學校通常的做法），則會輕忽新觀念的價值，同時失去有效產生新思想的渴望與能力。

為什麼很難傳授創造力？

當代大部分的教養方法，都只是把培養創造力當成一種點綴。我對五十九名住在附近的家長做了一次非正式的調查，發現近期內只有47％的家長加強了孩子的創造力。許多學校根本完全忽略創造力，或者，我們至少會同意這個說法——學校的現有結構阻礙了最具創造力的學生，而且已經行之有年。著名的英國喜劇演員連尼・亨利（Lenny Henry）被告誡，不要在學校裡講笑話。科學家哈里・克羅托爵士（Sir Harry Kroto）曾被老師告知，不要隨手塗鴉，然而正是他的繪畫能力，幫助他以視覺呈現碳原子結構，因而獲得一九九六年的諾貝爾獎。[28]

創造力會因為外力強加的目標而輕易被摧毀，因此使得創造力很難融入正規教育中。些許自由的思考空間對創造的精神有益。有時候，只有等到天生富有創造力的人離開正規的教育體系後，他們才能開始回復創作的本性——恢復自己長期受制於狹隘束縛的真實模樣；而有些人則無法重拾自己的創作衝勁，因為已經生疏多年了。[29]

創造精神的邊緣化有多重原因，而且往往不是故意的，但為什麼創造力會被邊緣化呢？現今的教育體系難以培養創造力有下列原因：

（1）創造力對多數人而言都需要努力以致。而根據定義，每個人各有不同的創造力，並無制式的規則可言，所以很難調教。

（2）創造力需要大量的個人空間，但是個人空間的運用，如果沒有佐以適當的同理心與自我調整，便很難做到。

（3）創造力意味著家長／老師必須把主控權交給孩子，這對家長來說，有時候很難做到。

（4）老師可能認為創造力會妨礙課堂管理。在一個有二十到二十五個學生的大班編制中，每個學生各有各的目標時，很難對每個學生妥善照管。

（5）教學的重點往往是在教授其他技能，即使我們重視創造力，但創造力只能利用多餘的時間、精力和財務資源。

（6）創造力的本質本來就不適合體制內，因此很難進行評估，而缺乏有意義的成果就很難獲得教育經費的支援。

然而這麼個人化的課題還是**有可能**教導的，創造力可以用一種融入其他學科的方式來教導。創造力不是獨立的科目，而是一種探討各類主題、活動、問題的態度。保持創造性的心態，要經由反覆的練習來獲得。請記住，我們要強化的是神經通路之間的連結，如果從幼兒教育和小學教育就開始教導這種態度，那會產生最大的影響。

創造力顯然是可以作為一種教學工具，所以或許能自然融入學校的教學，儘管學校體制仍然強調考試成績。我們可以不必對教學內容做過多更動，而是藉由調整教學**方式**來做到這點。創造力啟動多巴胺的神經通路，當我們運用到多巴胺系統，這就會增強學習。有證據顯示，多巴胺所調節的神經通路，對於突觸可塑性和對改善學習很重要。[30]培養學生的創造力與優良的教學方法兩者息息相關。創造力使得學習顯得有意義，而這種獎勵又可以增加學生對自己所受教育的認同。

做為一位現代家長，培養孩子創造精神的負擔直接落在家長身上。家長不僅要用心培養孩子富有想像的精神，在家裡打造創造力的一方綠洲，還可以為改變教育體系發聲。然而，即使立意良善，我們也必須小心自己為學校課程所注入的是真實的創造性措施。藝術課程通常被視為「創意的出口」，但即使在藝術課裡，真正的創造力仍然可能被摒除在外：如果只要學生做出同樣類型、依樣畫葫蘆的藝術作品，或是學生只是被教導認識音符、讀樂譜，而不去創作自己的音樂，我們仍然只是教導學生機械式的技能，而不是練習創造力。

雖然在學校體系中的藝術與音樂課程，的確可以著重於創造性技能，但也沒有理由說，其他學科課程中就不能這樣做，例如：利用尚未提供答案、以問問題為中心的科學實驗課。我們希望孩子能將創造力視為一種能讓每件事變得更容易、更有趣的過程；視為一種在面對任何課題時都值得擁有的技能；視為一種生活態度。

第五章

如何教養富有創造力的孩子

我們的社會認為，創造力是在兒童身上自然而然發生的事情，但隨著孩子的成長，創造力逐漸被抹滅、扼殺。這種說法有幾分屬實：孩子從小就具備了以非傳統方式思考的能力。

孩子在創造力測試方面比成人表現更好，從神經科學的角度來看是有道理的。當要成人說出有輪子的東西時，他們可能會想起記憶所及的、不同類型車輛的清單，而且其思考會侷限在那裡。他們可能不會想到輪椅、帶輪子的桌子或是摩天輪。

神經可塑性的原則適用於創造力：還記得我們說過，最頻繁啟動的神經通路，較有可能重複被啟動，而沒有使用的通路則會被裁剪。孩子的創造力**正在**流失中。有資料顯示，在學校受教的過程中，一直到某個階段以前，孩子還是思想開闊，對問題有獨特的答案；然而，由於學校和家庭強調服從，許多孩子失去了開發創新觀念的能力。陶倫斯創造思考測試（TTCT）的整體分析顯示，其標題抽象性的分項測試分數，從一九九八年開始下降，這顯示兒童創造力和批判性思考過程的低落。[1] 家長與社會所強調的事物正使兒童的創造力流失中。

我們可以透過一些練習來加強孩子的創造力。就舉一項研究為例來說，實驗要求受試者設計出一款新工具。接受過正式設計訓練的人和設計新手相較，在執行創造性任務時，大腦的組織顯示出差異。這表示，設計訓練會導致大腦重新組織，設計專家的確會引發更多右前額葉皮質的活動（這個腦部區塊涉及以創意解決問題）。[2]

你或許會訝異，創造力的訓練課程，近半個世紀以來，一直都採用認知方法。也就是說，他們試圖透過教導學生創造性思考的過程，來讓學生更具有創造力，強調一個人在整個認知過程中所採取的四個步驟（準備、醞釀、靈感與驗證）。這種後設認知，或是說思考自己的思維，有助於增加創造力。然而，學習神經科學又比認知方法更為有效。在丹麥和加拿大商學院，一門為期八週，同時也教授創造力的基本神經科學原理的創造力訓練課程，較諸沒有神經科學內容的訓練課程，讓學生的創造力更為提升，特別是提高了擴散性思考的流暢度。[3]

家長也可以這麼做，總會有些孩子天生就比別人有創造力，而創造力可用一些已經證實有效的方式來訓練。為了讓你的家成為創造力的天堂，請把做到下述項目當成持續努力的目標：保持開放的心態、分享知識，以及為創造力做鷹架支持的練習。

保持開放心態

我們永遠不知道自己在哪方面的才能，最後會成為自己為人熟知的特長，因此，為人父母的任務就是：讓孩子探索他們創造力的各種面向。[4]然而我們的社會並不知道如何面對複合創造力（polycreativity）——創造力成為一種貫穿諸多生活與工作領域的態度。人應該「多才多藝」，這種具有多方面才能的想法已經過時了。以班傑明・富蘭克林（Ben Franklin）為例，他是一位有才能的政治家、多產的發明家、演說家、作家，在許多方面都極富創意。然而現今的文化已無法再產生像班傑明・富蘭克林這類的人物了。

我們透過篩選、塑造，然後貼上阻止創造力跨越多重領域的標籤。如果你是名外科醫生，就做一名本分的外科醫生，我們預期你會在醫院裡值班過夜；如果你是一位詩人，就寫寫詩，我們預期你會在某個大學找一份教職。對一位寫詩的外科醫生，我們會投以怪異的眼神，懷疑他們是否在正職上足夠賣力。

每個人的創造力會以單一形式出現，這是一種謬論：認為創造力的火苗會匯集為單一火焰。一旦你學習了創造性思考，並且明白這是一個很好的——甚至是值得追求的方式；一旦你知道創造力不是全有或全無的狀況；一旦你不再艷羡朋友那個有創意、富藝術氣息的兒子，而是開始真正將創造力當成一種技能，與自己的孩子一起努力；一旦你有了足夠的練習，那麼創造性思考就會成為你的預設立場。你不需要有一位「藝術家」的女兒，或是一位「數學導向」的兒子。他們可以兩者兼備。你的女兒可能會忘記匈牙利的首都叫什麼，但是她會因習慣使然，而運用創造力作為工具，作為解決問題的方法，無論是在人際衝突，還是在工程問題的難題中。孩子不會解除腦部的神經連結網絡——髓鞘會繼續包覆，已經強化的突觸幾乎是永久性的——因為創造力是一種生活方式，只要藉由練習就能夠培養。

為孩子培養開放心態

父母可以建立一個對創造性思考抱持開放態度的家庭環境。要做到這一點，我們必須重視新奇，允許失敗，不隨意褒貶價值。

鼓勵孩子對每件事提出各種想法，告訴他們這些想法多多益善。然後請他們隨身帶個筆記本，因為靈光乍現，稍縱即逝，所以要把這些想法記下來。父母可以做紀錄，孩子也可以，若他們在有能力用文字記錄這些想法之前，也可以把想法畫出來。如果他們製作了某個成品，請你拍照存檔。做個時間表來幫助年幼的孩子預先設想，一項計畫要如何完成，或作為大孩子訂定計畫的輔助。製作概念圖——一種藉著在詞彙之間畫連結線，以顯示概念彼此之間關係的工具——來記載並組織任何與自己的想法略有相關的事情：重要的是這些想法之間的相互關係。

具有高度創造性的人其實是有輕微的額葉功能障礙——壓抑了抑制功能——因此額葉皮質容許創造性思考從大腦下方區域的傳輸不受抑制。[5]這或許是我們經驗的產物：有時候額葉減少形成過多想法，部分原因是因為，大腦已被調教成，在某個想法呈現於意識之前，要先評估這個想法的價值。[6]

所以，一旦孩子腦中湧現一些想法，不要評論這些想法的價值。如果你語帶負評來討論孩子的想法，孩子就學會更嚴格來規範自己的想法。當我們全家人一起去抓螃蟹時，我五歲的女兒說：「我們可以把牠（螃蟹）煮熟，讓牠變成紅色，然後把紅色的螃蟹變成一個小珠寶盒嗎？」當然可以。如果你在孩子面前論斷別人，也會產生一樣的效果。你會教導孩子啟動和抑止擴散性思考相關的大腦前額葉皮質區塊。

當我們基於過去的經驗而歧視某些想法時，就會阻礙創造力。創造力有一個面向是電腦相當擅長的，那就是把某件事物視為另項事物的能力。對人類而言，我們的經驗視油漬為需要被清理的髒汙，而不是把油漬看成是——比方說——一副面孔。可是機器就不會有這種習性。因此，就這方面來說，機器比人類擁有更多自由意志。這是一個會損及我們創造力的地方，也是抱持開放視角可以幫助我們的地方。請記住，基於神經科學的原則，我們最常使用的神經通路是最可能再被啟動的通路。人類被設定以最常傳輸訊息的大腦通路來看世界。

提供各樣經驗

俄羅斯心理學家李夫・維高斯基（Lev Vygotsky）一直認為，每個想像力的行動背後都經歷時間累積，或是有其醞釀期。他的理論是，孩子過往的經驗可成為創造力的工具，他們聽到、看到、知道得越多，其想像力就會越豐富。[7]體驗性學習（Experiential learning）已經證實為可以增加校園中的創造力，並且也適用於家庭之中。[8-10]

孩子所經歷的每一件新的事物，都會成為他用來創作的工具。現在我們需要讓孩子獲取這種經驗。**把經驗視為改變我們使用 DNA 的方法，視為有可能調整個人的方法**。選擇贈與孩子經驗，而不是每年生日時的禮物。孩子對新的經驗抱持越開放的態度，就越能從中受惠。

豐富孩子的文化景觀

雖然我們正邁向一個更全球化的社會，但不同民族的傳統習俗卻頗有差異，而這種新鮮視角對於培養開放心態的孩子很有價值。廣泛的多元文化體驗使孩子更具創造力（根據孩子所提出想法的多寡與聯想技巧來衡量），讓他們能擷取來自其他文化不落俗套的想法，以開拓自己的思考。

作為家長，我們應該盡量讓孩子多接觸其他文化。如果能力可及，和孩子一起到其他國家旅行；可能的話，在那裡生活一段時間。如果兩者都不行，那麼還有許多你可以在家做的事，比如：探索自己當地的節慶、從圖書館借閱有關其他文化的書籍、每個月在家裡烹調一次異國文化的食物、訪問你所認識來自不同國家的人、從網路收看不同國家的電視節目、練習使用外語詞彙等等。

懂雙語的孩子在成長的過程中知道汽車、書架、家庭等事物都有兩個完全正確的名稱。懂雙語的大腦從幼年時期開始，神經系統的連結就有不同之處，對相同的概念或連結點建立了平行通路。大量的研究顯示，雙語人士比使用單一語言者更具創造力。[11]他們更容易提出新穎別緻的想法，更願意稍微變通概念分類類別的規則。[12]這可想而知，不是嗎？因為他們多年來是經由不同的通路得到相同答案。

家長可以帶領年幼的孩子比較看看，英國人和美國人的車子開在街道的不同側、不同運動在不同國家的受歡迎程度、不同文化中傳統家庭單位的不同人員組合、美國人和墨西哥人對死亡態度的差異（想想亡靈節，Day of the Dead），或是在美國文化和伊斯蘭文化中對狗明顯的差別態度。如果辦得到，教導孩子另一種語言，光是探討語言之間的差異性就是寶貴的一課。每天早上世界各地的人互道早安的方式數不勝數，而且這些方式之間無分優劣。

如果孩子一開始就對多元文化的體驗抱著開放的態度，那麼他會從這些經驗中收穫更多。[13]家長可以藉由自己示範這種開放的心態，來鼓勵孩子對外國的現代文化以及歷時已久的文明，保持開放態度。任何跨文化的經驗都是創造性思考的溫床，可以在家長和孩子雙方觀察並反省自己的經驗時，產生有趣的對話。這種不同民族如何探索相同概念的中立觀察，能讓孩子明白，彼此的方式並非落伍或是錯誤，而只是觀點互不相同罷了。

我先生和我把旅行視為優先事項，旅行是一種有益大腦各項發展，包括創造力和同理心的經驗。當我們湊足足夠的錢，或是信用卡有足夠餘額買六張機票時，我們就出去度假。我們從來沒去過華特迪士尼樂園，從沒到過任何「全包式」的度假村，也沒擠過遊輪的小艙房。取而代之的是，我們打包防晒衣、人字拖和急救包，趕快到哥斯大黎加（Costa Rica）去，和四個小孩一起在那裡住上一陣子。我們的住處既不精緻也不豪華。我們總是去同一個地區——一個到處是一排又一排積滿塵土、簡陋矮房子的小鎮，小鎮的一邊是陡峭的山地叢林，另一邊，在一小片綠蔭之隔的後面，則是波濤洶湧的海洋。我們全家人住在一個房間裡，孩子的嬰兒床得墊高離開地面一點，以避開蠍子。

把家人帶到中美洲，不是因為我們習慣在困難或危險中成長，而是因為要尋找一個重視創造力的所在。孩子看見我們的中美洲友人（大多是多年來相識的熟人）經營小麵包店、教瑜伽、開辦衝浪學校、製作珠寶首飾、單親媽媽獨力扶養嬰兒。見識到摩托車在沒有鋪柏油、塵土飛揚的路上，穿梭於疾馳的卡車當中；看友人們把食物藏在戶外的櫃子裡，不讓猴子拿走；還收集寄居蟹當作朋友。我和孩子們在有限的時間裡，竭盡所能地深入這個不尋常的世界中。

我認識的另一位家長瑪格瑞特，她是加拿大藝術家，在哥斯大黎加撫養三歲大的女兒。她相信創造力會自然從所有的孩子身上湧現，而她的工作就是去引導、培養創造力，並且讓她的女兒浸淫其中。身為移居到哥斯大黎加的一名單身女性，開了一家藝術咖啡廳，作為謀生與販賣自己藝術品的地方，她希望有一天這些作為會讓女兒明白，一切道路都是可能的。

為了真正善用這些沈默的空間來做創意連結，大腦需要反覆使用創造力相關區塊之間的神經通路。而身為一名神經科學家，我知道我們家庭浸淫在多元文化的價值，遠遠超過附加的那些負面面向。不要小看父母對創造力的影響，如果父母真正重視創造力，那麼孩子也會重視創造力。

鄧克爾蠟燭測試（The Duncker Candle Problem）

鄧克爾蠟燭測試是對創造性洞察力的經典問題。剛開始你會得到一些工具（一根蠟燭、一包火柴和一盒人頭釘），這些物品放在一張桌子上，桌子旁邊是一面厚紙板牆。然後你的任務是：必須讓蠟燭附著在牆上，而且蠟燭燃燒時不能讓蠟油滴在桌子上或地上。這個問題的解決方案涉及運用想像力，想像手邊物品不同功能的能力。數個研究顯示，人在國外生活的時間越長，就越可能提出有創意的解決方案，特別是在他們仍然與原生文化密切聯繫的情形下。[14][15]

你有沒有想出正確的解決方案呢？你需要把裝大頭釘的盒子淨空，然後把盒子釘在紙板牆上來放置蠟燭——盒子可以作為燭臺，雖然這不是盒子的原始用途。[16]

分享知識

經驗以及我們如何使用經驗會成為知識，而這些知識可以成為我們創作的工具。提供孩子經驗是為孩子提供知識和教導的有力方式，但還有其他方法來分享知識。

大量閱讀

旅行不是造訪其他地方的唯一途徑。閱讀也是一種優質（且廉價）的方式，讓孩子接觸新的思想、幻想世界與其他文化，也讓孩子深入探討、解析特定事物的工具書背後許多有趣過程的具體細節。閱讀不僅能夠啟發讀者的想像力，而且當孩子把他人的社會或歷史經驗融入到自己對世界的理解中時，這也會增加孩子的創造力。

示範創造力

為孩子示範創意能幫助孩子成為創意高手。觀察對創造力具有強大的影響。只是觀看別人的創意行動這樣簡單的行為，也會增強想像力，即使所觀看的創作過程與你自己的工作毫不相關。有一項研究是讓受試兒童觀賞**展現**創作行為的錄影帶、觀看**談論**創作行為的錄影帶、或是閱讀一本增進創意的書。觀看實際創作行為的這組孩子，在之後的創造力測試中，得分高於其他兩組孩子。[17] 有時候你就是需要看到實際的創作過程。這表示家長應該和孩子一起參與創作活動，或是讓孩子接觸其他的創作者。

維多利亞是一名英國出生的設計師，她用水彩畫來展現海灘與動物景象。身為藝術家，她多年來一直住在紐約市，為「箱桶公司」（Crate and Barrel）、「威廉所諾馬公司」（Williams Sonoma）和「一號碼頭公司」（Pier 1）設計餐具和毛巾。如今她有了自己的紡織品品牌，一家位於北卡羅來納州（North Carolina）名為「好漁獲」（A Good

Catch）的公司。她講述她父親在她小時候，如何為她解說繪畫原理。「我爸爸去了趟日本，回來時，第一次帶了水彩筆和水彩，」她說，「他教我如何畫鯊魚。你知道一條鯊魚的顏色，是如何從深灰色，然後在水面下轉成淡灰的嗎？那是示範光線由深到淺，非常好的一種方法。那是一條向你迎面游來的鯊魚，牠的尾巴從側面伸展出來。妙極了！我對爸爸教我這件事的一幕，印象栩栩如生，如此清晰。」

一項要求受試者畫出外星人居住在和地球相似星球的研究顯示，在創作過程的初期見識過一些範例，可以提高創造力以及繪圖品質，這或許是因為創作過程的第一個步驟涉及追溯，就是在腦中匯集可茲利用的資訊的過程。[18]然而，在創造過程的後期展示範例，卻可能提高孩子的服從性。因此，早在家長向孩子示範如何用冷凍豌豆和牙籤蓋房子以前，請考慮儘早讓孩子觀摩著名的建築物。

允許孩子專精某些活動

教導也能創造機會。你的兒子可以把練鋼琴的時間花在即興演奏上，但是些許的教導就能讓他所彈奏的樂曲更加悅耳。隨意摸索對年紀尚小的孩子還說得通，然而一旦孩子已經大到可以讀樂譜了，那麼讓他練習特定的樂曲，可能會更有益處——在他開始創作自己的音樂前，先熟練其他作曲家所寫的曲子。這就是以知識作為創作的基礎。

如果孩子對某個主題感興趣，鼓勵他追求興趣。容許孩子沉浸其間，對這個主題深入了解。一旦你了解所有的基礎知識，對這個領域瞭若指掌，創意就可能浮現。特別是在先進的領域，新的發明往往建立在先前的知識之上，而除非你深諳其中的原則，否則你無法為改變某些規則辯護。作為一名科學家，我也想過在自己專業中的這種現象，例如：你無法對某毒素對細胞通路的影響有不同的思考，除非你先熟悉了這些細胞通路。在先進的領域中，你必須先具備基礎知識，才能夠創新。專家的腦部運作方式與新手不同：專家擁有組織良好的知識庫，因此可以更有效地處理那些可能會使新手不知所措的新資訊。[19]了解自己的領域，讓你可以評估新的資訊解決某個問題的成效，也能理解舊的資訊是否能夠適用於新的狀況。

給孩子空間

我們要了解，加強創造力需要家長主動與被動的支持，兩者對創作過程都很重要。不要忘記，創作者先裝備知識，然後等待靈感出現，一些想法開始產生之前，要有一段思考的時間。醞釀想法需要時間，而家長的工作是幫助孩子盡可能多建立神經連結，給孩子空間醞釀創造力。

在社交網絡世界，我們很在乎做每一件事的最佳方法——在繽趣（Pinterest）貼出孩子完美的生日聚會照片，在「即時電報」（Instagram）上張貼孩子拿著大學錄取通知書的照片。雖然美國人重視獨特性（精通某事的另類做法），但我們通常只重視新思想，卻不重視那些啟迪思想的事物——也就是啟發創造力的靜思空間。然而創造力並非找出最佳的做事方法，或最純熟的做事方式。創造力是創新與新思維的泉源；創造力讓頭腦自由揮灑；創造力讓社會進步、擴展、散發異彩。

我們眼看著下一代流失創造力，其中的一個原因是因為父母太喜歡介入幫忙。不要替孩子解決問題。要記得，需要是發明之母。如果問題都有人代為解決，那麼孩子幹嘛還需要自己解決問題呢？答案是，要在各方面留出空間，讓創意思考成為孩子的一種習慣。

家長總愛介入，以免孩子感到無聊，讓孩子開心。但讓孩子開心並不是家長的工作，事實上**沒有人**應該以討孩子歡心為己任。從周遭找一件可以做的事，是某些人應該練習的生活技能。即使「無所事事」也可以是一段反省的時間。閒來無事——甚至是無聊——也可以帶來具創意的靈感。

創造力無法勉強

如果創新的第一條守則是快樂，那我們必須記住，被強迫去做的事情通常不會帶來快樂，所以創造力是不能靠賄賂強求。賄賂的做法對增進自制力能發揮良好的功效（我們在第十一章會讀到），但是對創造力，這種做法可能會適得其反。創造力的神經通路需要的是開放、完全自由，並且對其成果無所期待。這就是為什麼一開始必須抱持開放的態度。家長要表現出感興趣的態度，給孩子空間，然後不要多加干預。

孩子們應該知道父母重視創造力，但家長如果強求卻可能壞事。奇怪的是，例如：孩子創作一個短篇漫畫小說，如果老師主動說要為孩子加分，有時孩子從事創作的動機，反而可能因此而受挫。摧毀孩子內在的動力遠比灌輸動力還更簡單，所以如果你看見女兒興致勃勃地在做一件讓她自己開心的事，父母最好離她遠一點！

以創作作為發洩情緒的出口

當你有好心情時會更具創造力嗎？雖然這的確有道理，因為多巴胺系統和創造力與情緒有關，但是研究顯示，心情不佳也可以提高創造力。[20]上個星期，我女兒和妹妹吵架後，我叫她一個人到外面陽臺暫時隔離，好讓她平靜下來。幾分鐘後，她回來了，我注意到在陽臺欄杆的扶手上，有一個很精巧，用晒衣夾和貝殼排列而成的圖案。她會在反省自己感受的時候創作；她會在自己心情不佳的時候創作。創造力可以成為我們疏導情緒的健康出口。至於好心情還是心情不佳的狀態更有利於創作，研究結果互有矛盾，或許那是因人而異。做家長的我們，可以教導孩子，如何使用創造力，作為宣洩情緒的出口，無論他們的心情或好或壞。

找時間發揮創造力

要有創造力，你必須把創造力放在首位；要有創造力，你必須拿出**行動**，撥出時間創作，持續創作。不要接受第一個方案，多想幾個不同的方案；如果你只有一個方案，那就無法從中選擇最佳方案。通常腦子裡跳出的第一個想法，很少是與眾不同，不受既有框架限制的。

家長對創造力無法強求，卻可以付諸實行——然而不能是像你要別人練鋼琴一樣的方式。要孩子練習創造力的可能做法是，家長刻意建立一種有利創造的情境，然後不予干涉。你只需要在自己的價值體系中，肯定創造力的價值：透過你為創造力特留的時間，藉由你鼓勵孩子處理衝突的方式，以及透過你讓孩子在教養過程中所擁有的個人空間。

鼓勵自由遊戲

自由遊戲（free play）應該是小孩子生活的重心。它有益於認知、肢體，社會性以及情緒發展，但是就本章的討論而言，自主遊戲能提升創造力。[21]一項針對五歲與六歲孩童的研究顯示，每週參加一次為時七十五分鐘的純粹遊戲單元的學齡前兒童，在學年結束時，他們的語文與圖形創造力得分高於沒有參加遊戲單元的孩童，他們的創造性人格特質與行為，也有較佳的發展。[22]

遊戲不僅和更佳的創造力與想像力有關，也和更高的閱讀程度與智商有關。[23]根據研究結果顯示出來的公式是，遊戲＝學習。一九七四年，科學家亞瑟・傅萊（Art Fry）在3M公司（明尼蘇達礦務及製造業公司）非傳統的工作環境中，構思出便利貼（Post-it Notes）的想法。3M公司於一九四八年推出一項15％計畫，適用對象普及所有技術人員，這項計畫允許技術人員在上班時，花大量時間從事他們自己感興趣的研究。谷歌（Google）和惠普（Hewlett-Packard）也提供個人創作時間。這些方法在講求創意的文化中看起來最為有效，在這種文化中，員工可以互相發表自己的作品，目的在於引起別人的興趣。[24]

在3M公司，這項15%的計畫等同於每日的成人自由遊戲時間。因為自由遊戲是孩童探索世界的自然方式，所以兒童每天投入創造性遊戲的時間應該還要高出許多才對。遵循同樣的道理，家長不要為孩子安排過多活動。如果每分每秒都要花在受規範的活動上，那就沒有時間單純的自由玩耍，沒有時間按照自己的方式來做事情，沒有時間建立自己新的神經連結。

考慮打造一個創作空間

為孩子找一個創作的空間，這可能多少得視創作的類型而定，但是孩子應該會明白，有一個特別為他們保留的地方，可以讓他們全心投入創作。我沒有找到任何已發表的研究結果說，保留一個可供創作的空間能提升創造力，但是作家有專屬的寫作空間，視覺藝術家經營工作室，長期以來，的確早有先例。你所挑選的空間並沒有任何具體要求，但多少得視家庭空間而定。這個空間可以小到只有一張桌子，也可以大到是一個房間。家長如果確定了孩子的志趣，就可以此發揮。我為兒子——一名樂高狂熱者——建立了一個樂高角落，在這個指定空間裡，父母不能抱怨地板上有樂高，而且拼好的樂高組合可以長時間保留下來。

今年夏天，我在不可否認已經很老舊的車庫裡，闢出一個角落，作為藝術創作之用。在附近的工具行，我以便宜的價格，買了幾桶因色調不合而被退貨的油漆，分裝在幾個瓶子裡。我讓孩子把顏料又倒又抹，揮灑在真正的油畫布上，或是上過石膏粉的紙板上。孩子渾身弄得髒兮兮的，我再拿水管幫他們沖乾淨。這些藝術作品花了好幾個星期才晾乾。我聯絡附近一家咖啡店，他們很親切地答應讓孩子把作品掛在咖啡店的牆上，我們還舉行了一場小型的畫展開幕式。我的孩子從中學到了什麼呢？我希望是：他們的大腦學到了為藝術而藝術是有價值的，學到弄亂環境、弄髒自己是沒關係的，學到以自己的創作為榮，還有，創作能令人滿足。

讓孩子有足夠的睡眠時間

睡眠和創作過程有緊密的關聯。首先，睡眠能讓帶有重要情緒價值，或重要動機價值的記憶，在大腦中有更好的整合，在睡夢中啟動這些神經迴路，可以增強記憶，使我們能在人際往來中，更加良好地調節我們的情緒，還能提升創造力。[25]完整的快速動眼期（REM，Rapid Eye Movement）睡眠，通常會以間歇性的週期，出現在整夜的睡眠時間，快速動眼期的睡眠似乎對以創意解決問題特別重要。[26]

讓我覺得有趣的是，在REM睡眠期間與我們清醒時的創作過程中，腦波的啟動模式是相同的。以音樂家的爵士樂即興創作為例，這是一種即興的創作活動。在創作音樂時，音樂家的前額葉皮質的背外側（dorsolateral）部分，就是主司有意識地控制行為表現的區塊，停止運作，而內側前額葉皮質（medial prefrontal cortex），就是與內部動機行為相關區塊，則被啟動了。[27]在REM睡眠期間，你會看到相同起伏的腦波啟動模式，顯示睡眠期間與清醒創作過程之間的相似性。[28]

確保孩子獲得足夠休息的第二個理由是做夢——特別是清晰的夢境——和創造力之間可能也有關聯。一些歷史上具有重大意義的想法都起源於夢境，其中包括有機化學家奧古斯特・凱庫勒（August Kekulé）發現苯（benzene）分子的結構；為奧托・勒維（Otto Loewi）贏得諾貝爾獎的青蛙心臟實驗的想法；埃里亞斯・豪（Elias Howe）發明的縫紉機；羅伯特・路易斯・史蒂文森（Robert Louis Stevenson）的中篇小說《化身博士》（*The Strange Case of Dr. Jekyll and Mr. Hyde*）像夢境中的創作。

隔離電子產品，增加精神空間

你如何稱呼它都可以：冥想、反省、正念。研究顯示，離開電子產品，並且讓自己浸潤在大自然幾天的時間，會提升創造力——如果你能熬得過隔離電子產品症候群的話。[29]

瑪麗亞——製片人暨一家製片公司的創意總監，和保羅——歐洲一家大公司的執行長，是一對德國夫婦，他們每年十二月都會到哥斯大黎加住上幾個星期。他們對自己的假期有很明確的目標：假期讓他們在返家後更有效率，更具創意。他們討論自己旅行的理由時，那種毫無愧疚的理直氣壯，既令人耳目一新，又發人深省：一年一度，以多元文化斷開原來的生活方式，是一個讓他們工作有效率，不可或缺的先決條件。

這對夫婦說：「在哥斯大黎加時，我們不讓孩子使用電子產品，讓他們脫離平常的生活型態和舒適生活圈，以便取得創作的空間。我們希望孩子會感到無聊透頂，然後開始讀起那些在朋友的藝術咖啡館裡，為成人準備的書籍。我們希望他們極度渴望看電視到一個程度，以至於對使用自己不懂的語言，觀賞勉強看得到的幾個僅有的卡通節目，都不會有怨言。」

但這並不總是個最討人喜歡的辦法。我有一個朋友，去年和她十五歲的女兒一起去哥斯大黎加旅行。當她們健行到了一個偏遠的瀑布附近時，她的女兒站在瀑布下面，眼淚沿著臉頰流下來。「真美啊，不是嗎？」我的朋友對女兒說。「才不，」她的女兒回答，「我沒有帶手機。」她想在「快照」（Snapchat）上貼張瀑布的照片嗎？她想向朋友發篇推特文嗎？問**為什麼**並不重要，而是缺少這類的人際網絡，她就無法活在當下的那個瀑布時刻。這個現象才是大腦要面對的大問題。

歡迎來到社交網路的新體驗。我們目前是透過單向的網路照片，和計算我們被按「讚」的次數，來經歷生活片段。我們或許沒有深交，卻有許多連結點。我們討論網路上存在的事物，尋求來自別人的肯定，呼應流行的觀點，尋找下一個大眾關心的議題。從實質人際關係到虛擬網路連結的轉換，對我們的孩子來說似乎算不上是種轉變，這本來就是他們一直習以為常的方式。但是，這種人際互動的迅速變化，在進化史上是前所未有的，我不太確定，人類的大腦是否有所準備。

對我朋友的女兒而言，或許更大的問題在於，想把當下那個時刻立即轉移與投射到社交媒體的平台上。如果她帶了電話，她看到瀑布的那一剎那，她的即時反應會是，把它分享到社交媒體上。我也喜歡分享漂亮的瀑布照片，但我們應該為孩子保留一個空間，讓孩子首先用心注意到某件事物——容許社交媒體屈居次要。我想起昨天在網路的影片上看到一隻出現在南卡羅來納州（South Carolina）某社區的大鱷魚，儘管我知道我應該對這隻在住宅區街道上緩步徐行，龐然大物的鱷魚感到驚奇，但我其實分心注意到一位男士，他為了要錄影存證，竟然從自己停在鱷魚旁邊的車子裡走出來。從靠近鱷魚身旁的汽車裡跑出來，這實在不是個好主意。

如果孩子能夠體會在當下那一分鐘所湧現的美妙事物，從精神上與社交媒體脫鉤，這對孩子和他們周圍的每個人來說都是好事。孩子們可能不會在意個人的正念時間，特別是如果他們從未有所體驗，然而父母知道這些時刻的好處，因而規定孩子要適度與社群媒體隔離。我們需要孩子把自己放在首位，花點心思在周遭事物上，然後再和別人分享他們的見聞。

斷開連結一開始可能會很難受——接下來則會深感值得。一直掛在網路上，代表我們沒有得到安靜的空間來思考與反省，來創造與用心投入。我們身旁總是有人「同在」。有時我們可以輕易摒棄東方傳統中，把創造力當成一種自我成就或自我實現的領悟，因為我們懷疑「無所事事」的價值在哪裡。然而，這種淨空的狀態絕對是有價值的。李奧納多・達文西（Leonardo da Vinci）曾經提議藉凝視牆上汙漬的痕跡，或是類似的隨意記號，作為創意奇想的誘因。一場無中生有的遊戲就叫「創造」。

當我們排斥東方的創造觀，基本上就排除了西方創造觀可以紮根的空間。事實上，創造力的真正本質兼具了自我反省與目的性，是結合了內在思考與外在思考，而後以一種別人能夠欣羨的事物體現出來。

鷹架支持創造力練習

如果我們製造一些需要發揮創造力的機會，就可以培養出有創造力的孩子，所以，要讓從事創造成為一種習慣。為了讓神經元的發展，和腦部神經系統的連結能永久改變，孩子需要有時間從事創作。他們需要每天練習發揮想像力的技能，即使只是些小創意。家長可以不動聲色地夾帶創意時間，來做鷹架支持的創造力練習。創造力的練習也不盡然需要動手執行。請記住，家長要鼓勵的是一種思考方式，而不是在藝術工作室裡或建築設計上的具體才能。

我們可以來點「應試教育」，透過設立一些鷹架支持的練習，在家裡為模擬狀況做準備，有時候家長需藉示範行為來誘發孩子的創造力。孩子一開始可能會對自由遊戲的想法感到困擾。他們會突然出現在你身邊，要你指點，幫他們起個頭，讓他們開始，例如：安排一場賽車遊戲、布置一場填充娃娃的下午茶。花五分鐘安排好場景，然後讓孩子自己繼續進行。多做幾次嘗試，每天嘗試，一星期下來再決定這個做法是否不管用。

你可以試著舉行一個公開的點子聚會。如果你在每天的生活中花五分鐘讓孩子發揮創意，那一個月就有一百五十分鐘。一年下來，你就給了孩子三十個小時擴散性思考的練習！問孩子一些創造力測驗的問題：你能想到幾種迴紋針的用途？說出圓形的東西或說出有輪子的東西等等。你所練習的會成為你的一部分。當你們在車上、當你正在做晚餐時，或是作為每天就寢前的頭腦體操，這些活動都很容易實行。事後你可能會對自己和孩子的親密度感到驚喜！

盡量讓孩子在五分鐘內完成一個問題或一項任務，幫助孩子順著思考的理路做成結論。如果孩子想不出來，你可以提供一些自己的想法來推動孩子的思考過程（別忘了在創作初期提供範例可以觸動創作過程）。下列有些活動是仿效神經心理學家所使用的標準創造力測試，在這種情況下，模擬測驗是一件好事：

● **可能的選擇**——在家看影片時，於衝突的劇情過後立即暫停電影，並詢問孩子主角所有可能的選項，她會做出什麼選擇？在讀童書、看電視喜劇影集、在得來速點餐發生問題的時候，你都可以這麼問。

● **另類用途**——給孩子一個他們從未見過的工具，請他們描述這項工具的可能用途。隨手拿起附近任何一樣東西，問孩子這項東西可以做什麼用途（除了原來設定的功能以外）。

● **創意接龍**——舉辦一個故事接龍時間，大家輪流接著講故事，隨著故事的進展，輪流添加細節，甚至可以有重複出現的人物，比如：那個老是做出有點不恰當事情，兇巴巴的老藍迪。

● **產品改良**——在目標（Target）購物中心，把購物車中的填充玩具遞給孩子，問他有沒有想要改善的地方。

● **可能的後果**——提出一個假設情況，或是一個真實情況，請孩子舉出某個行為所有可能的後果。

● **「假設性」問題**——請問孩子，如果人們不必睡覺，那會發生什麼事呢？也許孩子會告訴你，那就不需要有睡衣了，或是，那麼工作績效會提高、吸血鬼必須改變自己夜貓子的習性、生育率會下降等等。除非你發問，否則你永遠不會知道他們的回答。

● **問問題**——讓孩子看一幅模稜兩可的圖片，請她儘可能提出問題，多多益善，也請其他兄弟姊妹回答她的問題。不過父母要忍住提出任何解釋的衝動。

● **猜測原因**——提供一個假設性或是真實行動的案例，然後問孩子為什麼有人會選擇以這種方式行事。上星期，在一輛和我們並行的車子裡的憤怒駕駛，把她吃到一半的麥當勞漢堡，扔進了我們休旅車的窗戶裡。漢堡擊中我十三歲孩子的臉。回家後，我們玩了這個幕後故事的「遊戲」來了解整個事件：為什麼她會把食物扔進一輛載有小孩的車裡面？她會把食物扔進一輛她自己孩子坐的車裡嗎？那天早上她發生了什麼事？她成長的地方是哪裡？她從事什麼職業？她今年聖誕節得到什麼禮物？她過聖誕節嗎？

● **玩遊戲**——凱瑟琳是一位神經科學家，她創辦了一家名為凱特理力桌遊（Catlili Games）公司。她建議父母要鼓勵孩子玩某些特定類型的桌遊，像是「瘋狂填字遊戲」（Mad Libs）、「分類拼字遊戲」(Scattergories)、「妙不可言遊戲」（Dixit）或「故事骰子」（Story Cubes）。這些遊戲很好玩，但它們也結合了創造力測驗的想法，可讓我們練習想出一些不尋常的連結。猜解謎題和拼圖的遊戲、產生創意的遊戲、頭腦體操的遊戲（甚至像「猜猜畫畫 Pictionary」或「比手畫腳」這類的經典遊戲）都是產生創造力的絕佳方式。

- **圖像創意**——畫一條彎彎曲曲的線條，請孩子把它變成一幅圖畫。比起聽睡前故事，我的孩子更愛請我讓他們玩這個畫圖遊戲，所以這幾週來，我們玩了好幾次。他們畫出來的圖總是比我的好看多了（見圖5.1）。

你可能認為這些練習只是一種有趣的消遣，但不要低估這些體驗的力量。我兒子今天來廚房找我，並在桌上擺置一系列光滑的小溪石。他用一枝畫筆在一顆石頭上畫了一架無人機的照片，並附帶一顆小石頭做遙控器。又在另一顆石頭上畫了鐵達尼號，還把一顆石頭變成了鐵達尼號撞上的冰山（這些石頭乃按照實物比例）。這些小的作為讓他能夠把不同的思緒聯結在大腦中，也強化了他的創作過程。我等不及有那麼一天，在他長大成人後，這些練習會轉化為他分析艱深法律案件的方法，或是讓他

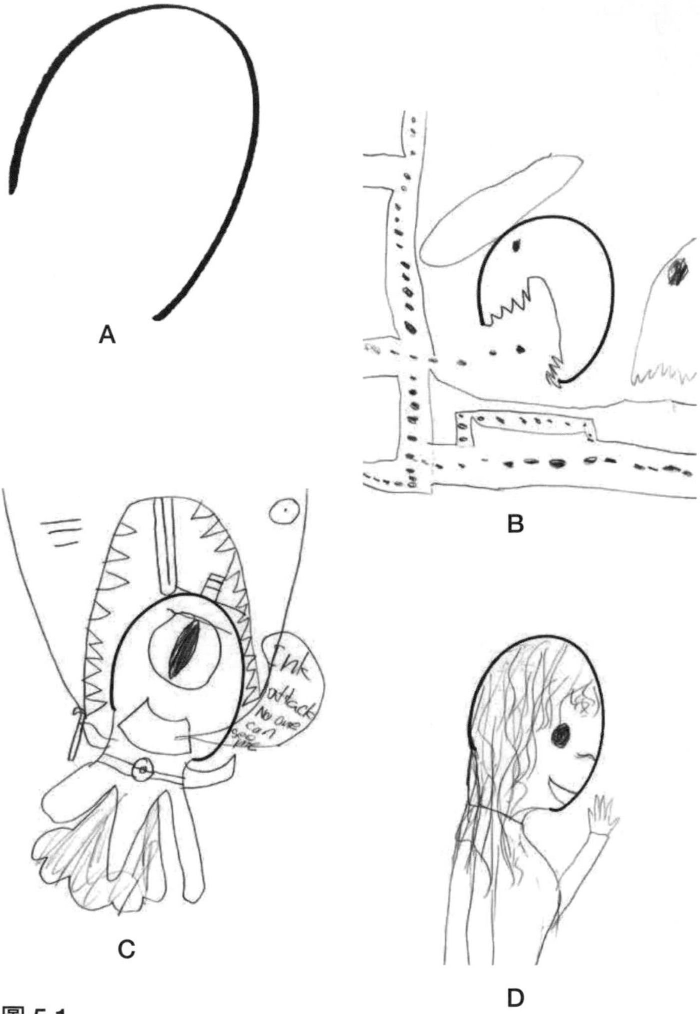

圖 5.1

在一張紙上畫出一個形狀，看看孩子花兩到三分鐘的時間，可以從中畫出什麼樣的圖案。圖案 A 所顯示的是一個抽象的圖形提示（曲線圖），其餘的圖案則是我孩子的傑作：圖案 B 是小精靈（PAC-MAN）電動遊戲，圖案 C 是被魚吞食的烏賊超人，圖案 D 是個年輕女子。

能與刁鑽的國家談判和平協定。

有時後我們在晚餐時，會根據某個主題來玩字母遊戲。按餐桌的座位，依序提出符合個人分配到的字母的說法，例如：「當我們整天不在家時，我們的狗在家裡做什麼？」——牠在玩（*p*lay）電動遊戲、靜靜地（*q*uietly）吃冰淇淋、重新安排（*r*earrange）家具、在吊床上晃蕩（*s*wing）、在廁所裡尿尿（*t*inkle）……。這個遊戲很有趣，常有出人意料的趣味。孩子們的腦袋都很靈光。

理想的情況是，每個月至少還要進行一次較大規模的計畫，例如：帶畫畫顏料到景色宜人的地方，或是在客廳蓋個雙層的玩具火車軌道，玩上一整個週末。這類長一點的創作時間，讓孩子可以完全沉浸在創意活動中，讓他們體驗創作的全部四個階段（準備、醞釀、靈感與驗證）。重要的是，花更多時間投入在同一個項目上，可能會使靈感與驗證這兩個後期階段更可能發生。

當我們練習創造力時，我們家並不總是玩激發創意的遊戲，或是在戶外畫畫。我們通常只是把事情安排就緒，好讓創造力更可能發生。

創造力與誠實

研究顯示，具有創造力的人，比那些在創造力評估中得分較低的人，可能更容易說謊或作弊，也更容易在事後把事情合理化。[30]

這可能是導因於創造力的傾向，容易不將規則視為明確不變，而是可以破例或是可規避的。如果你注意到孩子扭曲事實，請參照本書的第三部「培養同理心」，以及第四部「培養自制力」，以了解教養技巧。

第三部

培養同理心

第六章

同理心的神經科學

我對五十九位家長做過一項非正式的調查，他們表示，培養孩子的同理心對他們來說十分重要（78％的家長），或是非常重要（22％的家長）。然而期望自己能夠更具同理心，就和期望獲得一百萬美元一樣，對自己並無實質的好處。我們知道要如何努力成為一位百萬富翁：找一份工作，努力工作，妥善投資，結餘儲蓄。但是我們的社會卻缺乏具體的辦法，來讓整個社會變得更具同理心，所以無論我們多麼讚賞同理心，都無法達成目標。我們只能聳聳肩說：「孩子天生就沒有太多同理心。」

根據自我報告，同理心在過去的三十年持續下降。[1]雖然這種同理心低落現象十分令人憂心，但神經科學認為，解決方式其實很容易：我們只需要把同理心付諸行動。同理心的程度能夠如此迅速改變的這項事實表示，同理心比以前我們所認為的還更善變，會因應日常生活的經歷而改變。

同理心是一項終其一生都在發展的技能，受到先天與後天的影響。研究同卵與異卵雙胞胎的研究顯示，先天（遺傳或基因組合）控制兩歲大孩童33％～50％的同理心，這代表的是有50％～67％的同理心，視孩子所成長的環境而定。[2]換句話說，孩子的同理心行為有一半或將近一半早已在腦中成形，而其餘的部分則有賴家長教導——或缺乏教導。

DNA不可能在短短一個世代中出現戲劇性的改變，所以上述的同理心變化**必定**是受環境的影響。如果日常生活中的選擇可以使同理心低落，那麼透過練習而做出不同的選擇，也可以讓同理心再次提升。

孩子時時刻刻都在練習某些事情。教養中最令人震驚的時刻之一就是，當你意識到藉由簡單的重複操作所能產生的影響——而這件事不要只是靜待時機出現，而是要積極地製造機會。

家長不需要等到孩子年紀稍長才開始進行同理心的工作，就從現在開始行動。經過同理心的訓練，年齡較小的孩子比年齡較大的孩子顯現更多進步，一開始的得分越低，訓練後同理心的成長越多。[3,4]男孩和女孩可用同樣的方式來訓練同理心。[5-7]孩子腦中神經元的密集連結不斷在打造中，而事實上，青少年和高中生的大腦所形成的社會性連結更是密集。同理心的訓練在任何年紀都會讓人更有同理心。

研究人員發現，在同理心測驗中得分較高的醫師，其病患的治療成效也較佳，一些醫學院於是要求在學的醫學院學生接受同理心訓練作為醫學院課程的一環。[8-12]為什麼？因為同理心訓練是可以系統性來訓練，而且在成人期也受用。和原來沒有受過同理心訓練的醫學院學生相較，先前受過同理心訓練的醫學生，後來遇到有壓力的情境，不但能以更富同理心的方式反應，他們的壓力指數也比較低。[13]因此，同理心的訓練不只患者受惠，對這些未來醫生的健康也有益處。

同理心的基本大腦運作

要了解如何刻意培養兒女的同理心，先了解在同理心的反應中大腦的運作，會對教養有所幫助。

- 主司同理心的大腦區塊遍布整個大腦，並沒有一個所謂「同理心中心」。在許多不同大腦區塊之間的神經元連結，以及不同大腦區塊的交互運作，會讓人產生同理心行為，或是會制止某人的同理心行為。

- 神經元**連結**的方式主宰了你的同理心經驗。一切同理心的想法與行為，完全根源於遍布大腦的神經通路。而真正重要的則是大腦各個區塊之間的相互連結。
- 這些神經通路隨著使用而強化，缺乏使用而減弱。操練同理心與練習任何其他的技能並無不同，唯一的差別只是，你所強化的是控管同理心過程的大腦區塊之間的連結，而不是增強位於運動皮質（motor cortex）和小腦（cerebellum）中的神經迴路，像是當你練習足球之類的運動時。

因此，同理心的提升可能是來自於，強化了大腦同理心迴路中神經元之間的連結，像是存在於內側前額葉皮質（medial prefrontal cortex）中的那些迴路。內側前額葉皮質的功能是學習環境/場所之間的關聯性，然後將資訊提供給記憶與決策。操練同理心或許也會強化處於含有鏡像神經元（mirror neurons）的腦部區塊中的神經連結。鏡像神經元是一種具有專門功能的腦細胞，在我們預測他人的行為，理解他人的意圖時會被啟動。同理心的神經網絡有功於人類物種與人類社會的興盛，因為這些神經連結在與同事、同仁、同儕以及伴侶相處時都**十分**重要。

同理心的類型

同理心有三種類型：

- **情緒（情感）同理心**（Emotional or feeling empathy）：當你感受到情緒上的牽動時。
- **認知（思考）同理心**（Cognitive or thinking empathy）：當你思考某人的感受時。
- **應用同理心**（Applied empathy）：當你以具有同情心的方式對待別人時。

應用同理心是當同理心開始在現實世界中發揮作用的時候。然而如果沒有先具有另外兩種類型的同理心其中之一時——情緒同理心或是認知同理心——那你就不可能擁有應用同理心。

如同你可能想像的，科學家很難進行有效度的同理心研究，因為在受控管的實驗室環境中，重建和實驗相關且真實的社會性線索，幾乎是不可能的。我甚至連在實驗室裡重新建構國小三年級女生在操場上的人際互動複雜性，都沒辦法。為了回答有關同理心的問題，科學家試圖將同理心拆解成不同的細部，研究每一小部分，再重新構建整體。然而，有時候整體其實是大於各分項的加總，這是因為我們還有許多其他人性化的運作（如：創造力、自我調整、動機和注意力）融會在一起，以形成某個單一的感受、思想或行動。

使用神經影像掃描，我們發現情緒同理心和認知同理心，是由兩個完全不同的神經網絡管控：一個網絡讓你分享別人的內心狀態（經驗分享或是情緒同理心），另一個網絡則讓你清楚思考那些狀態（心理化或是認知同理心）。[14] 這兩種基本類型的同理心就是**如此**迥然不同，某個啟動你情緒同理心大腦區塊的情況，可能不會改變主司認知同理心大腦區塊的活動。

我們也從人們的行為中了解到，情緒同理心和認知同理心能夠以不同的方式結合，來激發具有同情心的行為。研究人員最近開始將重點轉向找出利他行為（同情心或應用同理心）底下更為複雜的神經通路。或許更重要的是，所有應用同理心的行為都需要有思考或感受為先決條件（見圖6.1），然而感受和思考卻不一定會導向同情的行為。

情緒同理心

嬰兒完全無法控制自己的情緒，即使是鄰近嬰兒的哭聲，也可以引發嬰兒的壓力

圖 6.1

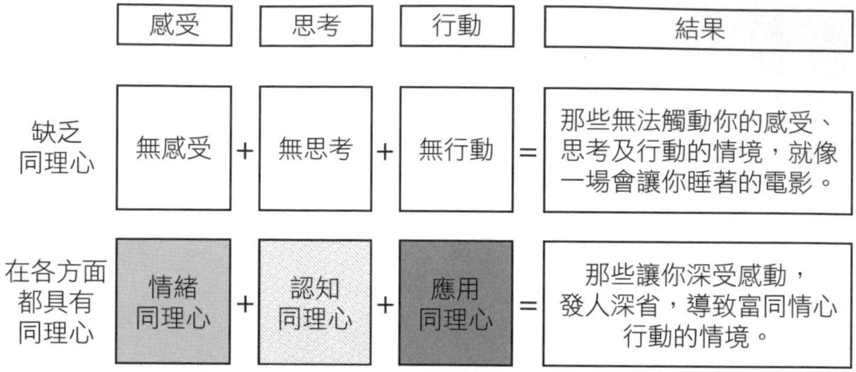

感受
思考
行動
結果
缺乏同理心
無感受
+
無思考
+
無行動
=
那些無法觸動你的感受、思考及行動的情境，就像一場會讓你睡著的電影。
在各方面都具有同理心
情緒同理心
+
認知同理心
+
應用同理心
=
那些讓你深受感動，發人深省，導致富同情心行動的情境。

同理心不是全有或全無。我們習慣用絕對的標準來衡量同理心，但是同理心有許多不同的層次。當人們不表現出具有同情心的行為，不表現應用同理心時，我們認為他們根本連一點同理心都沒有（第一排），而其他人似乎具有高度的情緒同理心與高度的思考同理心，因而產生同理心行為（第二排）。不過有多種方式能使人產生同情心行為。大多數的人都有某些同理心的因子，可以作為努力的開端，所有人都可以學習讓自己表現出更多富同情心行為的方法。

反應。我們把這種效應稱為情緒感染（emotional contagion）。如果你的孩子符合下述兩項陳述，那他可能還處於情緒感染的發展階段：

- 當另一個孩子感到不安時，我的孩子也需要得到安慰。
- 當另一個孩子受到驚嚇時，我的孩子會不知所措或開始哭泣。

要等到幼兒學步期的後期，孩子才能開始控制自己的情緒反應。控制情緒反應的第一步就是單純關注情緒。如果下列兩個陳述（摘自同理心問卷調查表[15]）描述了你孩子的情況，那麼他已經注意到情緒這件事了：

- 當另一個孩子笑的時候，我的孩子會抬起頭來。
- 當一位成年人對另一個孩子生氣時，我的孩子會認真注意。

人或有情緒，或沒有情緒，既無法強求，遑論教導某個人要感到悲傷或快樂。當有人感受到某種情緒時，這是從邊緣系統自然而然湧現。以同樣的方式，情緒同理心對有高度情緒張力情境的反應，也是以極相像的方式出自邊緣系統，無法加以控制，有時甚至無法自主。蘇剛剛聽說一位大學時期的老朋友剛出生的嬰兒住院了，她有點難過；但是嬰兒的教母凱特琳聽到這個消息時，她頓時悲從中來。這兩者都是情緒同理心的例子——原始且未經修飾，也沒有附帶任何決定或行動。

凱倫五歲大的兒子在公園玩耍。凱倫看見一個小孩將一把沙子，瞄準並朝她兒子臉上丟去。凱倫第一時間的衝動就是，對剛才那個讓她兒子滿口沙子的幼稚園孩童破口大罵，但是這種衝動一閃即逝，況且這種行為會讓她以後羞於啟齒。相反地，凱倫立刻過去幫兒子清理沙子，並與那個男孩排解問題。

凱倫第一時間的衝動，像熊媽媽一樣去對抗那個在公園丟沙子的小男孩，來自未經思索的邊緣系統。她自己甚至沒有意識到自己有這個想法，為什麼呢？那些情緒發自腦部下方的邊緣系統，通過腦中間地帶的丘腦，到達外層的皮質的多個區域——這些未經處理的衝動，等著被處理為完整的思想或行動（見下圖6.2）。

為什麼凱倫短暫的護子心思沒有表現在行為上呢？那是因為被她位於前額葉皮質的神

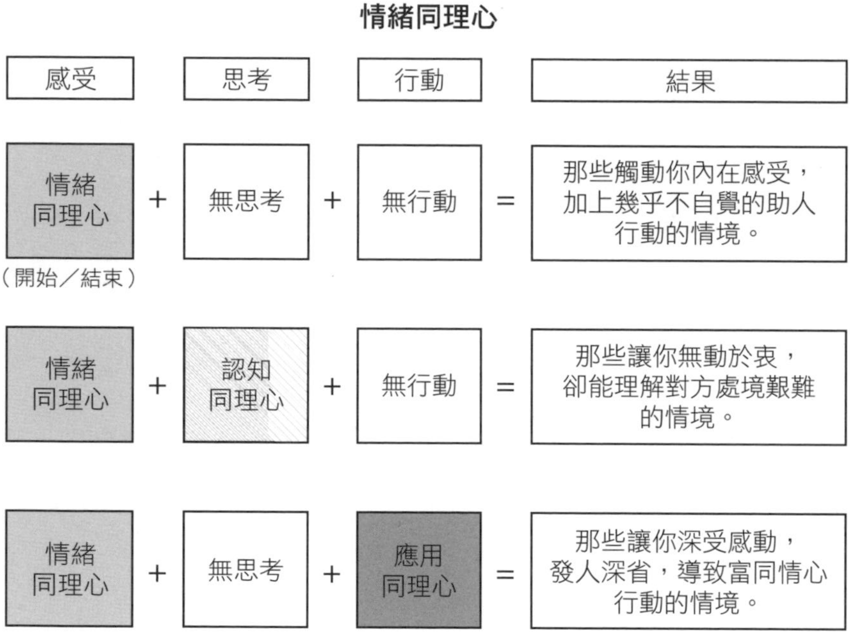
情緒同理心
感受
思考
行動
結果
情緒同理心
+
無思考
+
無行動
=
那些觸動你內在感受，加上幾乎不自覺的助人行動的情境。
（開始／結束）
情緒同理心
+
認知同理心
+
無行動
=
那些讓你無動於衷，卻能理解對方處境艱難的情境。
情緒同理心
+
無思考
+
應用同理心
=
那些讓你深受感動，發人深省，導致富同情心行動的情境。

圖 6.2

情緒有時會讓我們不知所措，或沉浸在自己的情緒中（第一列）。或許情緒可能讓我們想到某位令人同情的人，但我們沒有採取行動來幫助那個人（第二列）。在這兩種情況下，情緒妨礙了行動，但毫無助益。不過令人情緒激動的情境，有時候，甚至是在不假思索的情況下，自然導致富有同情心的行為（第三列）。

經網絡重導的結果。自制力是發展成熟的同理心，非常重要的一環。就凱倫的情況而言，她的前額葉皮質也讓她從「戰或逃反應」（fight-or-flight response）中冷靜下來，能理性思考恰當的方式來處理這個公園事件，使她能和善地彎下身來，協助兒子釐清衝突。她前額葉皮質中的神經連結網絡，使她能夠以文明的方式處理事情。

孩子情緒同理心的能力很早就開始發展，而且發展迅速。情緒感染反應是情緒同理心的萌芽。到六個月大時，研究顯示，嬰兒喜歡他們見過曾經助人的玩偶勝於造型相似卻欺負他人的玩偶。一歲的幼兒會以悲傷的表情來表達關切，或者會說：「對不起。」他們會問：「發生什麼事了？」來表達他們在乎別人難過。這些是很複雜的同理心行為！到了兩歲，如果有人難過，幾乎所有的孩子都會表現出某種助人的行為，會擁抱，並且問：「你還好嗎？」[16-18]

情緒同理心比認知同理心發展得早，因為它背後的思維過程更為單純。兒童不必把自己放在別人的處境中，就能表現助人的行為——他們可以單純地**感受**到那些情緒。即使是實驗室裡的老鼠也會對身處困境的老鼠施以援手，但我可不會說這些老鼠仔細想過其他老鼠的感受。牠們這樣做是在解除自己的不安嗎？有可能。而這就是為什麼我們要關心情緒同理心的緣故：情緒同理心是通往同情心行為的路徑。動機對於接受幫助的人來說並不重要。**透過訓練，助人的行為將會成為一個人的第二天性。**

如何培養情緒同理心

幫助孩子更有同理心的第一步是由家庭做起。情緒同理心無法直接教導，但你可以幫助孩子注意到一些情緒線索，從孩子的嬰兒時期開始，就在一個有益情緒同理心良好發展的環境中來教養孩子。家長可以透過積極回應孩子的情緒、態度前後一致、不要被動反應以及自己要富有情緒同理心，來為孩子的情緒同理心奠定基礎。

積極回應孩子的情緒

同理心對新生兒的父母特別有切身關係，因為儘管剛出生的嬰兒還不會說話，卻有許多需求。新生兒父母的主要工作就是要積極回應新生兒的需求。新生兒對同理心最早的學習就是母親對他的回應方式。從神經科學的角度來看，我們幫助新生兒處理各樣壓力的方式出奇重要。

據研究顯示，父母愛孩子的方式——即使是在嬰兒時期——可以永久改變孩子這一生對壓力的反應方式。觸摸小嬰兒，並且經常觸摸他，很重要，要回應孩子的需求。要小心類似「智慧育嬰」（Babywise）的教養方法，這類建議家長讓孩子從小就「任他哭」的方法並沒有科學根據，還曾導致多起虐待兒童與忽視兒童的案例，且在孩子大腦發育初期，形成一種極為劣質的同理心模式。[19-21]

但如果你有所回應，而嬰兒卻還是哭個不停，那該怎麼辦呢？無法安撫的哭泣是虐兒事件的主要風險因子，新生兒父母的壓力，相對而言，是比有腸絞痛症狀或哭個不停的嬰兒還稍大一點。繼續嘗試，撫摸孩子會有所幫助。一項研究顯示，當母親抱著嬰兒來回走動時，比起只是坐著抱孩子，更能使嬰兒停止哭泣，並且能降低嬰兒的心跳頻率。放在嬰兒床上的嬰兒則哭得最多。有趣的是，同樣的結果也出現在動物身上，即使這些幼鼠是由實驗室的研究人員，而非母鼠，捧著或帶著牠們走動！[22]

在孩子自己開始與外界互動之前，我們以父母的角色，對回應孩子這件事，累積了多年經驗。你傳達了一種訊息，那就是，有情緒是正常、可理解，並且可以表達出來的。研究顯示，溫暖而有回應的環境，可以讓孩子培養良好的方式來處理自己的情緒，像是接納和正向思考。

家長對孩子的回應方式會開啟、關閉孩子腦中的基因。讓我們檢視老鼠的母性行為，這樣做沒問題，因為哺乳動物的所有DNA調控機制，幾乎都是相同的。母鼠的回應次數以及母子互動次數的多寡，與老鼠成年後的心理健康有直接的關聯。相較於接受低照料行為（由舔舐／梳理行為的次數來測量）的老鼠，由高度照料行為母鼠所撫育的老鼠，在數百個基因表現中發現差異。經由舔舐的次數，母鼠實質改變了幼鼠DNA上的標記，來改變醣皮質素（**glucocorticoid**）受體的基因表達，而醣皮質素則對壓力荷爾蒙**皮質醇**（**cortisol**，又稱可體松）有反應。（詳情請參見附錄二《表觀遺傳學》）舔舐行為會增加**表觀遺傳標記**（epigenetic tags），這些標記能夠打開DNA、解開基因，並接觸到壓力反應基因，從而改變幼鼠回應壓力因子的神經通路，而這些方式對幼鼠會有終生影響。[23]

事實上，接受高度照料的雌鼠本身，更可能長成高照料行為的母親，因此這些表觀遺傳的變化甚至可以移轉給下一代；而成長過程接受較少照料的幼鼠，則終其一生較容易受到壓力的影響。我們可以看到這些結果也反映在人類身上：早產兒在出生後十天開始，連續十天，每天聽音樂、接受按摩，和未接受額外刺激的嬰兒相比，他們會有更高濃度的生長因子，可以預防新生兒疾病，包括早產兒視網膜病變（一種可能導致失明的眼球病變），這種病變的成因是由於過低的**生長因子**IGF-1，以及皮質醇素壓力荷爾蒙的濃度下降。[24]

異常的壓力反應通常是某些精神疾病（像是憂鬱症和焦慮症）的深層原因，這表示，從發育初期開始，因應壓力的腦部神經迴路特別容易受到外部因素的影響。受虐兒童在其壓力反應系統中的表觀遺傳標記，與在老鼠的母性行為實驗中接受較少照料的幼鼠相似。此外，在自殺身亡的人裡面，有童年曾經受虐紀錄的人，與無受虐紀錄的人相比，腦中相同的醣皮質素受體密度較低。[25]

所有的這些研究所傳達的主要訊息是，我們在教養中應該以**表觀遺傳學**為念——不僅要應用在心理層面，也要應用在行為上。多多擁抱孩子：沒有過多擁抱這回事。擁抱可以降低血壓，降低心跳頻率，讓我們比較不容易生病，也讓我們更善於人際往來。[26-28] 當孩子有好的表現時，擁抱他；當孩子發脾氣時，擁抱他；孩子傷心時，擁抱他。不要相信不回應孩子是為了孩子的最佳利益這種說法。而且，當孩子開始進入青春期，不要停止擁抱他。

態度前後一致

研究顯示，會持續回應幼兒，並且非威權傾向的家長，會教養出更具同理心的孩子。為什麼呢？因為孩了可以利用與你互動的經驗，來學習預測他人的行為。

想像你正在打一場籃球賽，每次投進一顆球，視裁判的心情而定，你可以得零到三分不等。因此你可能需要花上一段很長的時間，才能弄清楚比賽規則。但如果你總是在三分球線外射籃時得三分，而在界外投籃時得零分，那你會很快就明白得分規則，並且能夠預測其他人的得分。

教養的一致性也是如此。或許你覺得無法和一個在學步期的小孩講道理，但每次你制止他們的行為時，應該透過告訴他們原因來實行同理心，這將為孩子提供紮實的同理心基礎，以理解與預測別人的行為。（關於管教的討論，請見第十一章）。即使孩子還小，仍然要對孩子解釋他們的行為如何影響他人，以提升其同理心。

清晰的期待讓孩子對通往勝利之路或自我破壞之路有明確的選擇，而練習可以讓情緒與良好決策之間的神經通路定型。**尊重孩子最簡單的方法之一就是，儘可能提供孩子不同的選擇**。這些選項不一定等同理想的選擇，但允許孩子自己做決定是人類所珍視的自由：這讓孩子感到更有力量，允許他們為自己的選擇負責。

不要被動反應

教養通常意味著不使用第一反應來回應孩子的行為。你不想成為反動勢力，你想要深思熟慮，而這代表身為父母的你，得要控制好自己的作為。（有關自制力的祕訣，請參閱第八章和第九章）不守規矩的孩子對上疲倦又煩躁的家長，很容易演變成孩子加碼演出，以使自己的力道與父母的過度反應旗鼓相當，這會讓原來的行為完全失焦。

孩子沒有學習到自己原來行為的直接後果，反而變成回應父母的反應。長此以往，無論導火線的行為為何，都會發生同樣加碼對抗的情形。家長要儘量讓親子互動保持清楚明白。如果家長（1）對教養目標用心，並且（2）從一開始就有清楚的規則和後果，事情就會比較容易。（第十一章將對這部分有更詳盡的討論）

家長具有情緒同理心

重點在於，家長要負責示範同理心行為。研究結果清楚顯示，家長的同理心對教養身心健全的孩子至關重要，同時也會提升孩子的同理心行為。如果你希望讓孩子成為具同理心的成年人，那就要讓他們身邊充滿具有同理心的人，而這就要從家長自己做起。

把同理心作為教養方法是一種心態，需要花一段時間才能做到。有時候不如埋頭苦幹還比較容易些，尤其是當你感到負荷不了，或備感壓力時（說實話，有了孩子以後，覺得有壓力是常態）。**決定**做個富同理心的家長的長期效應，會影響到孩子各方面的幸福，以及他們有生之年與他人的互動。但是家長本身首先需要做些努力。

有時候我們很難同情自己的孩子。身為家長的我們都是成年人了，我們低頭盯著小孩那張做錯事的臉，充滿沮喪的樣子。在那個當下，你能讓時光倒流，想像自己還小的時候嗎？試試看，回想你在孩子的同一個發展階段——例如：幼稚園時所做的事。你那時候有什麼感受？哪些事情讓你最快樂？你那時候遇到哪些困難？

阿珍在管教她兩歲大的小孩時，有時必須暫緩一下：「我女兒完全處於失控狀態，而我因為熬夜帶孩子而筋疲力盡，失去耐性。我意識到她可能也是因為疲憊而有這些反應，我感覺得到她和我一樣焦躁。這些想法幫助我能更和善、更體諒。」

回想自己的童年記憶，能讓你合理評估在每一個成長階段中，哪些是孩子覺得對自己重要的事情。當然你不會想起小學時期家裡準備晚餐的過程，但是你可能會清楚記得某一次和別人交換貼紙很棒的經驗，或是被一位嚴厲的老師責罵、羞辱。那些對你而言是大事情，留點空間記住你的感受，這可能會讓你對孩子產生一些情緒同理心。如果沒有，你仍然可以利用這點空間來學習認知同理心，這項技能可以幫助你換個立場，從孩子的角度來看事情。

認知同理心

同理心有其範圍，就和一切生理現象一樣。有些人天生就比別人有更多同理心。如果你的孩子天生就不會為別人產生情緒波動，也沒有充滿同情心的行為，那也沒關係，你只需要從不同的角度來訓練他。你可以教導孩子一條從感受到行動之路。在不涉及情緒同理心的狀況下，你可以教他如何先界定某個帶有情緒的情境，然後如何仔細思考那種處境。

認知同理心是一個單純、理性的思考過程，而且重要的是，它是一種可以學習的演繹推理能力。[29]作為父母的我們必須從最基本的認識開始教起：這個人的想法是什麼？這個人有何感受？這個人可能採取什麼行動？我們可以先從注重不表現「惡劣」的態度開始，[30]而後再進一步培養孩子的應用同理心。

要教養出富有同情心的人，我們不僅必須教導孩子別人的感受，還要教導孩子**別人在想些什麼**。如果你的孩子年齡夠大，可以注意到他周遭的人情感的轉換，有兩個測驗可以讓你檢視，他是否能正確讀取這些訊號。

解讀情緒測驗一：拿幾張紙，畫三個大頭火柴人，在操場上成半圓形排排站，但是讓他們的臉部留白。在中間畫一個孩子摔倒了，在他臉部畫上哭臉，甚至再加幾滴眼淚。把畫筆交給孩子，讓他替操場上其他人畫出臉部表情。他所畫的結果會顯示：你的孩子對於別人在那個情境下所顯露的表情，能預測多少？

解讀情緒測驗二：從雜誌圖片中找出一些具有不同表情的臉部特寫圖片。只剪下眼睛部位，不要剪到鼻子，但要包括眉毛一起剪。看孩子是否只檢視眼睛，就能夠指出人物的感受。這些眼睛圖片是悲傷的眼神嗎？還是快樂的眼神呢？你的孩子讀取眼神的本事有多好呢？如果孩子只會說「快樂」、「悲傷」、「瘋狂」等，可以試著提供其他情緒的建議，例如：「沮喪」、「可疑」、「緊張」。（這個方法可以當成評量方法，大致了解孩子目前的能力，同時這也是提升孩子識人技巧的好方法。）

認知同理心是孩子如何弄清楚另一個人的感受。這可以是基於想像他人的感受、讀取他人的臉部表情或是了解當時情境的人際意涵。甚至嬰兒也會有情緒同理心，不過他們的認知同理心會稍後才出現。認知同理心需要你消化所感受到的情緒，或是根據所注意到的線索，將相關情緒投射到他人身上。這是有意識的思考，簡單明瞭。

認知同理心可以讓你揣度自己對心情難過的人有何感受，推敲自己在相同處境下的感受，然後預測當事者的感受。重點是，認知同理心運用到大腦管控行為過程以及想像過程的區塊。這部分的同理心是可以學習的：你可以教孩子如何尋找情緒的線索，你可以教他們如何使用這些線索，來預測別人的情緒狀態。

當你有強烈的情緒同理心動力驅使你的行為時，可能會比較容易採取具有同理心的行動。但重要的是，在對別人不帶情緒的狀況下，你還是可以保有認知同理心：這是學習而來的同理心（見圖6.3）。你所需具備的能力就是想像如

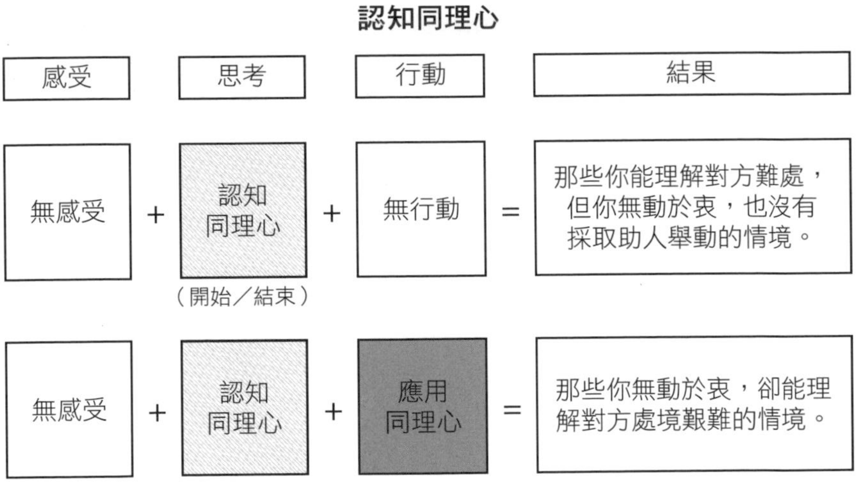
認知同理心
感受
思考
行動
結果
無感受
+
認知
同理心
+
無行動
=
那些你能理解對方難處，但你無動於衷，也沒有採取助人舉動的情境。
（開始／結束）
無感受
+
認知
同理心
+
應用
同理心
=
那些你無動於衷，卻能理解對方處境艱難的情境。

圖 6.3

即使缺乏情緒同理心，也能擁有認知同理心。同理心可以完全是思考過程。

果這件事情當時發生在自己身上，你會有什麼感受。認知同理心可以產生具應用同理心的同情心行為，即使是在缺少情緒同理心的狀況下。

孩子從小就可以學習認知的過程，作為一種正向人際行為的架構。他們可以學習，如果看見有人蓋沙堡被破壞時，他們應該把手放在正在哭泣的孩子肩膀上，問他「還好嗎」，並且主動告訴他，可以幫忙重新把沙堡蓋起來。這種人性反應必須反覆練習，直到成為一種自動反應。

認知同理心需要從另一個人的角度看事情，因此會受到孩子的年齡與神經發展的限制，所以不要操之過急。家長首先需要測試孩子的「觀點取替能力」是否發展完全，這也稱為心智理論。這種能力通常發生於四到六歲之間。以下兩項測驗可以讓你知道，孩子是否開始發展這種能力。

認知同理心測驗一：讓孩子預測隔壁鄰居對一個裡面其實裝了小彈珠的葡萄乾盒裡有什麼東西的想法。如果你的孩子回答「葡萄乾」，那他就具有從別人的大觀點看事情的能力。如果孩子答對了第一個認知同理心測驗，你可以讓他回答第二個測驗。

認知同理心測驗二：利用兩個洋娃娃——莎莉與小安，來排演這個場景：莎莉把一個玩具放在自己的籃子裡，然後離開房間。當莎莉離開時，小安偷拿了莎莉的玩具，並且把它放在一個盒子裡面。當莎莉回來時，她會到哪裡找她的玩具呢？要「通過」這個看似簡單的莎莉／小安測驗，孩子必須具有認知同理心（或是說，了解何為莎莉所認知的事實），才能夠知道莎莉會到她原來放玩具的地方找她的玩具。孩子必須意識到**自己**所知道的事實，與**別人**所知道的事實之間的區別。小孩通常要到四歲左右才能通過莎莉／小安測驗，所以這似乎是關乎大腦發展的結果。在六歲以前，大多數的孩子都能順利過關。[31] 孩子過關只是代表他們已經有能力學習認知同理心。如果孩子沒有通過測試，那麼他們在發展上還沒有準備好，但這並不代表家長不應該積極加強他們的同理心；而是代表家長可能必須運用略為不同的方式，提供更多有系統的，或是家長鷹架支持的協助。

自閉症和同理心障礙

患有自閉症的人有同理心障礙。事實上，同理心缺乏症候群（empathy deficits）是診斷自閉症譜系障礙（autism spectrum disorders）的標準之一。患有自閉症的人通常缺乏認知同理心，或是理解別人意圖的能力嚴重不足，然而他們的情緒同理心可能不會受到影響，這就讓我們有所期待，希望同理心可以被當成一個可學習的過程，而這種過程至少可以透過某種方式來培養。[32]認知過程是可以經過練習來訓練，但是比較基本的人類情緒衝動就不可教。

如何培養認知同理心

讓家長每天都能注重同理心，把同理心當成一項重要的生活技能的機會，比比皆是。這可以是把一件尋常的活動重新賦予意義，鼓勵特定的行為，或者只是為孩子樹立良好的榜樣。

淡化人與人之間的差異

我們最大的挑戰在於教導孩子，即使是對與自己不同的人，也要有同理心。因為要對別人有同理心，你必須能夠明白那個人和自己在某方面是相似的。[33]或許孩子在頭一、兩次遇見新認識的人時，不會產生同理心。讓孩子反覆練習從別人的觀點看事

情，會比偶爾一次或是零星的努力，更能培養同理心。[34-38]

培養孩子對個人差異與文化差異的開放態度，有助於培養創造力與同理心，但是當你持續淡化與孩子互動者之間的性別、文化以及年齡差異時，成效會更佳。你不希望把自己的既定想法傳遞給孩子。值得注意的是，有時候這意味著，根本就不要提起人際間的差異。刻板印象可以如此根深蒂固，以至於我們甚至不知道自己受到刻板印象的影響，然而別忘了「刻板印象威脅」（stereotype threat）這個概念（某團體成員無意識地受制於所屬團體的負面刻板印象的風險）。非洲裔美國人如果在考試前被要求勾選個人族裔認同選項，他們的考試成績會比較差；在高難度的數學考試中，事先被提醒個人性別的女生比那些沒有被問及此項資料的女生成績更差。[39-40]

強調比自己孩子小好幾個年級的小朋友也可以是朋友，並且邀請他來玩；指出你的孩子和電視影集中某個不同族裔演員的角色，如何以相同的方式面對問題；在九歲大的兒子要求和班上女同學一起玩的時候，不要多做評論。培養良好與開放的態度面對不同的文化，對於發展良好的同理心（以及創造力，如同在第五章所討論的）至關重要。

讓高年級和低年級的學生建立每週會面一次的學伴制，是在校園中練習建立跨齡關係的好方法，也就是提供學長輔佐（例如：八年級學生從旁輔導剛升上國中的七年級生）。維吉尼亞州夏洛蒂鎮附近的自由聯盟郡小學（Free Union Country School）在這方面做得很好。從二年級到五年級的每個學生，都有一名就讀幼稚園到一年級，年齡較小的夥伴。他們每年在學生升級時會更換夥伴，年幼的學生都很期待自己有一天能變成夥伴關係中的學長。

這種學伴的傳統讓不同年齡層的交友關係常態化；讓孩子能在自己平常的社交圈以外，也能擴展有意義的人際關係；讓孩子產生更大的歸屬感，也強化了每個孩子的人際支持網絡。或許最重要的是，這也讓孩子有機會，透過從不同人的角度來教導及檢視事情，來練習同理心。

鼓勵孩子閱讀

一本好書能讓你埋首於別人的生活中，幫助你從另一個角度來理解事情。（如我們在第五章所言，這對創造力也大有助益）。這些觀點不僅包括了作者的觀點，也包括了主角的觀點。經典名著與文學小說通常對各個角色的內心思維與情感有深刻的描述，並且讓讀者對書中人物未言明的動機與觀點，能加以揣測。

如果你可以讀一本好書讀到忘我的境界，一星期後，你的同理心分數會提升；但是如果你讀了一本讓你意興闌珊的書，你同理心的程度其實會降低。[41]在一項研究中，讀完一篇短篇文學小說的受試者，對理解他人的心理狀態有較佳的表現。[42]無論這個結果可能是短暫與否，但它顯示了同理心顯著的可塑性。

這個結果對兒童與大人都成立。學齡前兒童閱讀故事書的數量，可以預測他們了解他人情緒的能力。[43]甚至也有某些類型的電動遊戲，可以讓我們從別人的視角來體驗世界。要記得，同理心不是一個全然靜態的特質，而是可以藉由日常生活的經驗加以改變。

讓孩子教導別人

教導別人，無論是多麼微不足道的事情，會讓孩子需要預料學習者未知的事項，並且調整自己的教學內容，以符合學習者的程度。對於需要練習同理心的孩子，以及需要提升自信的孩子來說，真是很棒。試著請孩子和別人分享或示範自己所知的事情，無論是多麼不足為奇的小事情。

請傑生帶到校參觀的學生去看拼圖放在教室的什麼地方；請你的小兒子教大女

兒，他生日收到的紙牌遊戲怎麼玩；讓孩子教你他在學校做除法算式那種異常冗長的程序，直到你真的弄懂為止。找出孩子勝任的事，然後找機會讓他分享他的知識。這樣做不僅可以讓你的孩子覺得自己很有能力，也能提供練習了解別人的觀點，以便有效教導他們還不懂的事情。

加強識別情緒線索

請孩子用好的態度標記自己的感受，家長也可以清楚表達自己的感受。說出商場中一位顯然正在生氣的人可能的感受；討論在電影中某位哭泣的女孩；去和表弟說說話，因為他的媽媽晚來接他，雖然他嘴上不說，但臉上卻掛著擔心的表情。

教孩子如何解讀別人的情緒線索。對於在社交場合不會多加注意的孩子，可以教導他們停下腳步，解讀別人身體語言的線索。他們可以練習直視發言者的眼睛，解讀他的臉部表情和姿勢，評估他說話的語氣。你也可以把自己呈現不同情緒的表情自拍下來，讓孩子試著猜測每一種情緒。加強這些技巧能培養認知同理心。無論一個孩子會不會在情緒上有所感受，仍然可以訓練他對別人的情緒保持敏銳。這種非語言的情緒線索訓練，已經證實可以在短短三小時的訓練課程後，提升醫生的同理心行為。[44]

有一天在下課時間，小學一年級的老師麥肯錫，看到一群她班上的學生，追著班上另一名學生艾蜜莉亞跑。艾蜜莉亞並不想被追著跑。她邊跑邊哭，眼淚沿著臉龐流下來，但是其他孩子從她背後看不見她的臉。在他們又喊又叫的當口，也聽不到她的哭聲。她一直跑，一直跑，慌亂無助，直到因為過度換氣，停在另外一位老師面前。

為了回應她所目睹的場景，麥肯錫取消了她下午的教學計畫，取代的是教導學生如何識別情感線索。首先，她讓這些一年級的學生有個正念時刻。每個人平躺下來，集中心神。她請學生看著自己的肺部像氣球一樣充滿，然後把氣吐出來。當每個人都安靜起身坐好時，她問學生是否記得自己以前曾經有害怕的時候，或者曾經不喜歡某件發生的事情。每個人都點頭了。接著麥肯錫翻開幾本繪本，請班上的同學在不同的插圖中找出肢體語言，高興看起來是什麼樣子？害怕看起來是什麼樣子？她問小朋友是否可以說出書中角色的感受。

麥肯錫不只教學生如何能更好地識別同學不想被追著跑，並且還（間接）教導艾蜜莉亞該如何停下腳步，轉而清楚地告訴別人她的感受和想法。

麥肯錫也花了一些時間做角色扮演，並且討論每個人在這個情況下能做的選擇。為什麼？因為當孩子**練習**有效處理類似這種平常會在操場上發生的事件，就是為避免日後的錯誤而做準備，否則如果身體語言的線索沒有被正確解讀，「拒絕」沒有清楚傳達，將來會付出更大的代價。

練習根據線索來預測行為

可惜的是，麥肯錫在她班上所教導的這類人際互動的內容，學校卻很少教，雖然這種方法是一個名為「回應教室」的課程基礎，而此課程也被證實可以改善學生對上學的態度、減少不良行為和提高考試成績。[45-48]所以，這就得靠爸爸、媽媽來教導自己的孩子了！

家長可以讓孩子預測在真實情況和假設情況下別人的行為，帶領孩子走一遍理清各方感受的過程：「如果摩根不高興你拿到的冰淇淋比她大，你認為她會有什麼反應呢？」請孩子練習預測別人的行為，在遇到孩子可能不太認識對方的衝突情況下，特別有幫助：「如果你請坐在旁邊鞦韆上的孩子，不要把他的腳跨到你的鞦韆位置，你認為他會怎麼做？」這種合理預測未來的能力是，當孩子處於有人對他不友善的情況下能自立自強的一種方法。

我們可以教導孩子如何以正念內觀的方式處世——即培養對自己的行為影響他人有自覺的孩子。和許多父母一樣，崔西對處理她三歲和六歲孩子之間每晚的衝突很煩惱，但透過經常和他們討論，並且練習行為預測的確有幫助。「當一個孩子在肉體上或情感上傷害另一個孩子時，我總是請他們看看對方的臉。我會問：『現在這個臉上的表情告訴你什麼事情？她對剛剛發生的事情有什麼感受呢？』」藉由簡單到像是請孩子標記情緒，就可以提升他們對自己與別人所感受的情緒的識別。

第七章

應用同理心就是同情心

應用同理心是對你所意識到的情緒問題採取某種實際的**作為**，就是啟動具有同情心的行為。應用同理心起源於情緒同理心或是認知同理心：無論你是**感受**到某個問題，還是仔細**思考**過某個問題，你對這個問題採取了**某種行動**。

在朋友的小嬰兒住院的情況下，應用同理心的行動很可能會先經過情緒同理心和認知同理心的思考過濾過程。可能需要花一點時間，才能將自己的情緒反應，彙整為一個有體貼心意的創意行為，這個行為可能是贈送朋友所需的事物、一封慰問函、送拼接布做成的嬰兒毯作為禮物，或是主動替他們照看寵物。此時，應用同理心能為面對困境的父母提供情緒或經濟上的支持，也會讓付出同情心的人感覺好過些。

引發某人做出有同情心的**行為**的根源，比構成情緒同理心與認知同理心的神經網絡，更難以描述。然而應用同理心最能展現人性光輝，是許多英雄事蹟與改變生命經歷的根源。

評估孩子的應用同理心技巧

利社會行為是心理學家用來評估應用同理心的方法。這些都是主動、可觀察到的具有同情心的行為。你的孩子在利社會行為評量表上的表現如何呢？你可以進行下述兩項測驗，來了解自己孩子的同情心指數。

利社會行為測驗一：讀下面的故事給孩子聽，這篇故事是對利他主義感興趣的研究人員以前所發表的：[1]

有一天早上，克里斯上學快遲到了，所以沒有時間把早餐吃完。午餐鈴響時，克里斯真是飢腸轆轆。正當他打開三明治時，他注意到有一個孩子獨自坐著，而且看起來有點傷心，有點餓的樣子。克里斯認為他一定是弄丟了自己的午餐，或是忘了帶午餐。克里斯不知道該怎麼辦才好。

然後你可以問你的孩子：「你會怎麼做？」請孩子從以下的選項中做選擇：

A. 我會告訴老師。

B. 我不會分享我的午餐，因為那個孩子應該學習更謹慎記得帶午餐，而且因為我下午可能會餓。

C. 我會分享我的午餐，因為我可以想像，如果我是那個孩子，我會有什麼感受。

答案C顯示了最利社會的行為。但上述的情況是假設性的。下一個測驗會顯示你的孩子在現實生活中可能的實際作為。

利社會行為測驗二：這個測驗可能需要你花一點巧思。請一位和你的孩子不太熟的朋友陪你和孩子到某個地方。再來，請你的朋友把一個又重又大的東西，比如大箱子，搬進屋子或車子裡。要確保朋友的雙手都沒空著，所以無法為自己開門。

你和孩子跟在朋友的後面，但你要假裝沒注意到你的朋友需要協助。即使他好幾次撞到關著的門，也要裝成沒有注意到。你的孩子會為你的朋友開門嗎？如果你的朋友有東西掉落，像是鑰匙之類的，而你的孩子也把它們撿起來，加分。

僅僅教導孩子「做個好孩子」是不夠的。同理心的世界比那要複雜多了！為了培養富有同情心的人，我們需要孩子不能只是坐著感受，或坐著思考。我們需要具有行動力的孩子。

如何培養應用同理心

如果你的孩子對他人的情緒已經夠敏銳，那麼應用同理心就更容易培養了。然而，管控與節制情緒反應的能力，對利社會行為不可或缺。[2]你必須對這些情緒反應有所規範。同樣的，如果你的孩子具有足夠的認知同理心，你可以從那裡做起。然而一切的應用同理心行動，都必須源於情緒同理心或是認知同理心（見圖7.1）。

以下提供六種技巧，幫助孩子發展並強化應用同理心的神經通路。

讚賞應用同理心的行動

哈佛大學（Harvard University）的「讓關心普及倡議」（The Making Caring Common initiative）請一萬名初、高中學生，從以下幾個選項選出對他們最重要的選擇：（1）得到好的成績/成就，（2）快樂（大部分時間都很開心），或者（3）照顧別人。只有20%的孩子選擇「照顧他人」是最重要的。然而，與此形成鮮明對比的是，大多

圖 7.1

藉由同理心達到同情心的三種途徑

感受		思考		行動		結果
情緒同理心	+	無思考	+	應用同理心	=	那些觸動你內在感受，加上幾乎不自覺的助人行動的情境。
無感受	+	認知同理心	+	應用同理心	=	那些讓你無動於衷，卻能理解對方處境艱難的情境。
情緒同理心	+	認知同理心	+	應用同理心	=	那些讓你深受感動，發人深省，導致富同情心行動的情境。

有三種途徑可以達到應用同理心的階段。為了發揮同情心，你可以始於情緒，然後直接進而發揮同情心（第一列）；或者你可以完全略過情緒，思考整個情況，然後進而幫助他人（第二列）；或者你也可以依序走完所有三種同理心類型，從情緒同理心開始，然後是認知同理心，到最後幫助他人（第三列）。

數父母表示，培養懂得關心別人的孩子，是他們的首要任務。[3]若不是家長沒有誠實報告他們的優先事項，那就是家長沒有好好和孩子溝通關心他人的重要性。

我相信我們做家長的人，絕對是高度重視關心他人這件事，但我們並不知道該如何教導、培養、實行或獎勵關心他人。

一個簡單的起步就是，家長自己表達對周

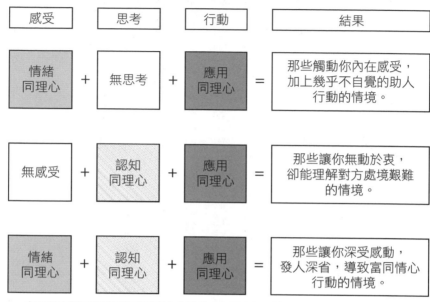

遭所看到的同理心行為的讚賞。注意到在孩子身上所看見的同理心行為，並鼓勵這種行為。捕捉孩子油然而生的同理心行為，會讓孩子更常表現同理心行為。[4-6] 許多家長早已這樣實行了。而我可能會對女兒說：「你看到詹姆士拿很重的東西，問問他，妳是否可以幫忙他一起提。我的小甜心，你很善待詹姆士。」這個目的是讓我的女兒能視自己為一個慈悲善良的人，你教孩子知道：「你是一個善待他人的人。」

在社交場合中給予孩子自主權

當你開始容許孩子做社會性決定時，初期應有大人從旁幫忙處理衝突的狀況。家長不能期待孩子在缺乏輔導練習的情況下就懂得自主。大人最初的主要任務是，說明在各種情況下孩子所能採取的各種途徑，然後告訴每位相關人等，如何把事情做得更好，或是有不同的做法。爭議沒有完全解決以前，所有的遊戲或是互動都應暫停。也許大家討論過後就能解決，也許你需要示範不同的做法（特別是對年幼的孩子）。

你不必永無止境的一直這樣做，你的目標是讓孩子盡快在社交場合能夠自主。讓孩子做決定，讓孩子一次又一次做選擇，每一次的決定都會強化孩子擅長選擇的能力。這能讓他感受到社交上的挫折，這也能讓他享受社交上的成功。做選擇的能力讓孩子主掌學習的權力，這是藉由強化突觸連結而辦到的。練習能讓孩子將來遇到類似狀況時，更有可能重新啟動那些使用過的神經通路。

一旦你讓孩子有了處理社交場合的工具，你就必須讓他們練習感受情緒同理心，控制有時還不太能駕馭的認知同理心。年齡較大的孩子比較能夠設身處地為別人著想，主要是因為他們具有較佳的自制力，也較有能力建構想像力的過程。例如：同理心的技巧似乎與孩子角色扮演的能力有關。[7]角色扮演的能力是在自由遊戲中培養的，而能夠從別人的觀點看事情則需要想像力。

在孩子的世界裡，每天都會有好多次在自由遊戲時產生同理心的機會。最近，我的大女兒靜坐在自己房間的地板上，聽著小女兒為了找不到某個玩具，在走廊裡哭個不停——她要找的是一個很可愛、很容易弄丟的小扭蛋。我看到大女兒臉上掙扎的表情持續了幾分鐘，然後，她突然起身，急急走出房間，把自己的一個扭蛋送給還在哭的妹妹，她知道妹妹覬覦那顆扭蛋已久。此刻，我心有所感觸。當我們教導孩子如何從事社會性思考時，可以促使這類的時刻更常出現，然後合乎社會化的行為就會自然發生。

加入正念與反省

「安靜時刻」可以成為發展同理心極為有力的工具，如果你已經教導孩子如何觀察社會性線索，安靜時刻會更有效力。這些反省的時刻提供了運籌的空間。正念時刻讓孩子觀照自己的內心，讓孩子有轉圜的空間，在必要時做出不同的決定。

這是一個在衝突情境下，刻意為別人留下空間，去體會他人觀點，因而讓情勢有所轉圜的例子：那是一個尋常準備上學，忙亂的早晨，三個孩子在早上七點半以前要在後座排排坐好。然而這不是如常上學的早晨，凱瑟琳早上醒來，發現她心愛的寵物兔子，在室外的籠子裡去世了。我想這個打擊大概類似是，她那九歲的世界應該要完全停止運作了，然而我們卻必須準備每個人的便當，而且只有十分鐘的時間要把書包放進車子裡。

當我幫凱瑟琳繫上安全帶時，看到車內地上有一個舊的黃色舒壓球，就遞給她。跟她說：「如果你難過，就用力掐這個球，這可能會讓你好過一點。」

果然，上路幾分鐘後，她拿出那顆黃色的球，雙手用盡力氣壓擠，雙眼緊閉著。

凱瑟琳旁邊坐著她的妹妹潔西卡，而潔西卡的小兔子依然健在。

潔西卡瞥見了那顆被掐得變形的小黃球，叫道：「那是**我的**球！別再捏了！」

就在那個時候，我注意到黃球上面有個笑臉的圖案。

我試著解釋：「親愛的，她現在真的很傷心，是我給了她那顆球，幫助她覺得好過一點。捏捏那顆球又不會壞，這本來就是那顆球的功能。」

「不行！」潔西卡尖聲叫著，「球是活的！她弄痛它了！」

我想強迫潔西卡分享那顆球，但是我阻止自己這樣做。車裡充滿煙硝味，車子繼續開著，僵局無解，直到潔西卡伸手過去把球搶走。

我又試了一次：「潔西卡，妳知道凱瑟琳現在正經歷一件很難過的事情，任何妳能幫她覺得好過一點的事，都是好事情。」我點到為止。潔西卡繼續抓著那顆球，凱瑟琳流著眼淚，把臉轉向窗外。

如果你願意，在爭端過後及時留下讓孩子自己衡情論理的斟酌空間，這是一個讓孩子在激烈爭執過後能夠釐清各種感受與想法的空間。在節奏快速的生活中，我們通常是直接匆忙度過。然而，就是在這個極短暫的時空中——這個讓我們感覺十分難受的時空中——慈悲與同情可能就此產生。在我的話語之後，潔西卡對她姊姊的回應，必須是出於潔西卡自己的決定；如果是被迫做的決定，其中就沒有真正的善意可言。

就是這類的情境塑造了我們為人的本質。如果不讓孩子經歷這種時刻，他們會在我們沒給他們機會決定自己要成為什麼樣的人的情況下成長，會錯過利用這些決定來認真勾勒自我的機會。

我們希望培養孩子真誠的愛心。真誠的行為幾乎總是發乎正念，我們需要有心靈的空間來感受與思考。培養這類的意識——有時稱為正念訓練——可以增進各年齡層的人的同理心。這種空間無需花整個週末默思冥想，它可以是當你排隊等著結帳的幾分鐘、出門找不到雨衣的時候，或是在你開車送孩子上學時。

孩子不一定會做出你希望他們做的決定，不過有時候那也可能發生。當潔西卡把球遞過去，塞回姊姊的手心時，我從駕駛座上幾乎看不見她的身影。這次讓潔西卡有反省的空間奏效了。我在後視鏡裡對她豎起大拇指，而她正笑著。

有時候，具有同理心要跨越的第一個障礙就只需要空間。特別是在陌生的人際場合裡，孩子在爭執產生之前、之中或之後，通常需要有個安靜的空間。沒有這類的停頓，孩子可能會誤認他所感受到的情緒，也可能不會花時間從別人的角度來看待當時的情況。

從事鷹架支持的練習

有些孩子比其他孩子需要更多面對社交場合的練習。鷹架支持的練習就是類似於，讓孩子對解決衝突事件的架構身歷其境，然而是在沒有其他孩子在場的情況下進行。進行的方式可以是反省，可以是深入討論當天在學校所發生的事情，或者也可以是尚未發生的事件，為孩子做好準備，以因應未來的人際衝突。

家中小孩不只一個的家長有個優勢，那就是他們多少可以控制發生爭執的雙方，因為大部分的爭執事件是發生於兄弟姊妹之間。但很多時候，特別是對獨生子女的家長而言，人際衝突會在事件發生過後才來處理。

多練習做假設性的人際關係決策，可能會使在現實生活中做人際相關決策變得更容易，就像一個玩賽車電動遊戲長大的男孩，一旦拿到駕照，他會是一個更好的駕駛人一樣。選擇一個孩子可能遇到的狀況，並請他一路做出選擇，直到假設性情境結束。找一個影片或書中的例子，特別是在某方面具爭議性，或是你認為影片或書中人物做了不智的選擇，那麼請孩子替那個人物做出不同的選擇。這些練習不一定要在特殊場合。一旦你開始注意，你會發現適合的機會比比皆是。

與孩子一起散播善行

替後面車子付高速公路通行費，能誘發後續類似的贊助他人的善意行為。[8]同樣的，其他善意與慷慨的行為，能夠引起一連串的連鎖反應，因而產生更多的愛心行為。同情心具有感染力，但需要有人帶動。在自己的社區裡找一個可以和孩子一起付出時間與精力的地方，不管是附近的動物收容所、學校的伴讀計畫或是食物銀行。

如果你找不到能讓你和孩子以有意義的方式從事志工服務的組織時，你也可以自己找方法來貢獻社區。最簡單的方法是構思計畫，籌措獻金捐贈給某個機構，像是出售畫作來幫助弱勢兒童參加夏令營。另一種方法是，花時間向別人收集某個慈善機構所需的用品，像是在寒冬收集外套給附近的收容中心。

不久以前，我找到　個新的方法，和孩子一起努力助人。大約一年前，在我居住的小城鎮裡，開始有人在路口紅綠燈處，拿著上面有黑色簽字筆書寫的厚紙板標語。有一名男士舉的標語上面寫著：「我討厭變成別人的麻煩，但我的運氣很背。」

我的孩子注意到了：「他的標語說什麼？媽媽。」

「我不懶惰，我需要食物或工作。歡迎捐助。」我把標語讀了出來。

「喔……我們有什麼能給他的？」

我心想：「我們沒什麼能給他的。」但之後我覺得很難過。

那個標語讓我覺得很難受——真的讓我感到難過。為什麼呢？因為我車上還有別人：我的孩子眼看著我開車疾駛而過；我的孩子聽我說著，「那些人」會選擇把那些受贈的金錢花在什麼地方的理由；我的孩子眼睜睜看我拒絕伸出援手。我清楚知道他們正張大眼睛看著。這些現象迫使我亮出手上的教養牌：我在那個時刻的作為與不作為，都在教導孩子，無論我做了何種選擇——無視那位舉著標語站在那裡的人、給他錢或者和他說話。起初，這種催逼的感覺也讓我感到憤怒。

然而，我一直想起那個標語：「很抱歉我成為一個麻煩。」這位男士不是麻煩之所在。真正的麻煩是無家可歸、殘障人士、錯誤的人生選擇、各種成癮的問題，以及我們自己對人的猜疑。這些我們想要眼不見為淨，令人反感、內疚以及尷尬的事情，才是麻煩所在。我們很難啟齒對孩子談論醜陋的現象，而要解決這些問題，則是更大的難題。

後來女兒和我想出一個主意。那位站在路邊的男士和我女兒之間有許多差異，所以我們專注在倆人共通的事情上。她畫了一張卡片，花了很長時間思考，要在卡片裡寫些什麼話。她寫下：「有時候人們對你不友善，但是也可能有默默關心你的朋友。」我們把卡片和一些堅果、麥片棒、蘋果泥和瓶裝水裝到袋子裡，送給這位男士。

現在我們會在車子後座準備了包裝好的類似袋子，隨時都可以送出去。如果我的女兒坐在車子裡，看見有人站在紅綠燈的地方，她就會趕快準備好一個袋子，搖下車窗，把袋子遞出去。當號誌燈轉綠，我從後視鏡回望，在車子開走時，她總是眉開眼笑的。「快樂袋」讓**她**快樂。

光是想起和另一個人有親近的私人關係，就讓人感覺更願意無私助人，會讓他們表示更有可能幫助需要幫忙的陌生人。人際關係讓人更可能提供金錢援助，例如：閱讀與人際關係相關的字眼，已被證實可以提升像對紅十字會這類組織的慷慨捐獻。[9]

餽贈已經證實可以讓人更快樂。相較於不分享，學步期的孩童從自己的份內分享金魚形狀的小點心給玩偶時，他們更開心。若相較於從另一位大人的份內拿金魚點心給玩偶，反而是從他們自己的份內分享點心給玩偶，更能使他們感到快樂。[10]研究人員證實，在贈與行為符合三個互有關聯的條件時，餽贈行為對餽贈者有最大的益處：（1）當餽贈行為和你自身有某種相關性，（2）當餽贈行為的確滿足了某種需要或有所貢獻，（3）當你不是被強迫付出時。[11]

當有人獲贈二十美元，並被要求把這筆錢花掉時，那些把錢花在別人身上的人，到頭來覺得比較快樂。如果他們把錢留下來沒有花掉，反而會感到不好意思，壓力荷爾蒙皮質醇的濃度會增加。然而，如果你問那些參與實驗的人，他們卻說，把錢花在自己身上會讓自己更快樂。我們的觀點錯置了；我們不夠重視餽贈的價值，因此我們很可能會把錢財留給自己，以為這會為自己帶來幸福！[12]

這類的研究有助於非營利組織的領導人，制定出很棒的推廣策略。這些研究也提醒我們，那些感覺被愛、人際關係良好的孩子，更願意付出時間與金錢來幫助他人，而且付出越多，孩子越快樂。

實踐修復性正義（或稱修復性司法）

修復性正義是一種處理衝突的架構。這是一種把犯罪視為不但是違反法律，而且還對人際關係與社區造成傷害的觀點。修復性正義的重點是，修復所造成的傷害，理想的做法是讓各方相關人士，共同尋求互惠的方法。

修復性正義的原則已在多種場合實施，其中也包括學校。因為這個方法的效力足以作為監禁的替代方案考量，青年司法委員會對新英格蘭和威爾斯的受害人與青少年犯，進行大規模的實行，注重犯罪的深層原因。研究指出，受害者也從面對面的修復性正義對話中受益。[13]

喬伊是一名初級中學駐校諮商心理師，她回憶起名叫傑克森的學生使用奇異筆，在廁所牆上寫了另一名學生的壞話。她的修復性正義決議其中的一環是，舉行一場小團體圓桌討論，傑克森和所有受到他行為影響的人士都共同出席。那位被他寫壞話的學生出席了，必須清理他留下的文字的清潔隊人員出席了，必須懲戒他的校長出席了，在懲戒期間必須讓他停課的老師也出席了。

團體中的每個人輪流解釋，傑克森的行為如何影響自己。例如：清潔員說，他花了一個多小時擦掉那些字。因為無法把那些時間奉還，監護人問傑克森，是否還有其他補救的方法。傑克森主動提議，每週兩次在放學後去協助監護人。由於這個緣故，傑克森和監護人之間產生友誼。修復性正義使得傑克森從過去行為的恥辱中獲得解脫，讓他能原諒自己，無論其他人是否也原諒他，這給了他一個重新做人的機會。

父母需要一種系統，在這個系統中用積極、一貫的態度，將同理心技巧植入家庭生活中——將情緒同理心與認知同理心結合起來，並留下空間讓應用同理心因應而生。這是我們迫切需要的——在社會教育上的鴻溝急需填補。然而就像說故事一樣，家長不能只做一次性的教導。家長需要將這個系統編排到日常生活中，就像每天晚上睡前重複說著同一個最喜愛的童話故事一樣。

以修復性正義教養孩子

在家裡，我們經常被淹沒在那些有創意卻很糟糕的道歉方式中。這些聽起來比較像是羞辱般的道歉，被丟到另一個人身上，用戲謔的語調嘰嘰喳喳說著，以表示自己少有歉意；壓低嗓門，用幾乎聽不見卻充滿了怒意嘟噥幾聲；或是不屑的抬高下巴，眼睛擠出一瞇縫隙。

作為一名家長，我真的受夠了。我不想再聽到「對不起」這個說詞了，我希望你不要再亂扔沙子；我不想聽到「對不起」，我希望你不要打弟弟。我希望你改變你的行為。

「對不起」無法讓事情回復原貌，「對不起」也不能真正弭平兩個人之間的嫌隙。充其量，這是一個序曲，一個重修舊好的美意。道歉幾乎總是和解的先決條件，卻未必是尋求寬恕，而且——對教養而言，重要的是——道歉並不表示相同的行為不會再發生。[14]

承擔自己的行為是邁向改變的第一步。研究顯示，承認犯錯並且懺悔，確實有助於改過；但是承擔責任，並進而彌補，對悔過者有最正面的好處。[15]換言之，說「對不起」並不能真正幫助闖禍的人，但是賠罪補償，卻對犯錯的人有益。

在成人之間，說完「對不起」之後的對話，通常會使情況和緩；但是對孩子來說，如果沒有從旁指點，這類對話幾乎是不可能發生的。缺乏後續行動，藉著道歉所遞出的橄欖枝會錯失扭轉未來的良機。孩子需要有人介入其中，與他們一起面對。

當有人故意傷害另外一個人時，道歉就特別困難。如果不是意外事件，那就無所謂本能的道歉，說：「喔，我撞到你了，對不起。」因為那個傷害是故意的。很多時候，我可以看出孩子一點悔意也沒有。但旁觀者都希望這種行為不會再發生，我們也知道對方不應該受到這種待遇。那該怎麼辦呢？

我不要求孩子說「對不起」，而是要求他們使用OUT的架構和另一個人重修舊好（請參看「OUT架構」）。我們要求孩子針對所發生的意外事件，即使這聽起來有點荒謬（反正孩子做的一些事情本來就很荒謬）。

如果孩子想不出要說什麼，不能讓他免除。家長不妨替他們提詞，讓他們隨著你複誦。重點是，OUT的架構不需要對方的回應，所以如果孩子在外面玩的時候傷害到陌生人，無論故意與否，你都可以使用 OUT 架構。這個架構提供一套方法，讓你可以為孩子以及陌生的對方示範同理心。如果兩個孩子在學校相處不睦，或是兄弟姊妹的互動不友善，你可以讓雙方輪流說話。

OUT 架構

我使用三個字的字母縮寫，組合成 OUT 一詞，當成一個有三個步驟的架構，來幫助我的孩子決定如何改過向善：

Own——承擔自己的作為。

Understand——了解自己的作為如何影響他人。

Tell——說出下次你會有什麼不同的做法。

以下的例子是孩子在 OUT 架構下可能說的話：

Own——承擔自己的作為：「在你不注意的時候，我舔了你的桃子。」

Understand——了解自己的作為如何影響他人：「你可能非常生氣，還必須去洗桃子。」

Tell——說出下次你會有什麼不同的做法：「我下次不會再舔你的桃子了。」

這套方法也可以用來處理更大的事件：

Own——承擔自己的作為：「當寇納爾想要搶你的鞦韆時，我掉頭走開了。」

Understand——了解自己的作為如何影響他人：「你可能覺得很難過、無助。」

Tell——說出下次你會有什麼不同的做法：「下次有人對你無禮時，我不會走掉。我會告訴他，他不能那樣做。」

在我家，我們可能會卡在第一個步驟。有時候在某些情況下，我們很難看見或承認自己的罪責。舉例來說，有一次我兒子追著姊姊跑，穿過主臥室，跳上床，翻過床。他急著要抓住姊姊，而姊姊跳下床閃躲時，剛好踩到我裝髒衣服的籃子上，把它踩壞了。然後我兒子跑掉了。當我逮到他時，他認定是姊姊弄壞籃子的。的確是姊姊踩壞的。但是為了讓他看見自己在其中所扮演的角色，卻演變成一場關於他到底是從犯、同謀或是（如他聲稱的）旁觀者的法律辯論。因此我們仿效著名的聖誕電影，實行《風雲人物》（*It's a Wonderful Life*）法則。如果世上沒有他這個人，如果他從未出現在現場，那麼這個事件還會發生嗎？如果答案是肯定的，那麼他就不用對此負責。如果答案是否定的，那麼他就有責任，並且必須承擔責任。

暫時隔離的不同做法

當你用暫時隔離來管教孩子時，與其讓他隔離一段特定的時間（例如：按照孩子的年齡，每一年一分鐘），不如請他在想好和解方案之前不要出來。要求孩子對自己的行為提出和解的方法，讓他在那段安靜的時間裡有一點思考的頭緒——他必須思考自己要說的話，該做的事——這比起僅僅要求說聲「對不起」的代價還更有效用。

你的孩子可以使用OUT架構，透過話語來修補關係；他可以修復他損壞的玩具；他可以主動分享他的美術用品。他重獲自由的代價可以是（1）表現應用同理心的行為，或是（2）使用OUT架構說出他對那個情況的認知同理心，並說明他下一次會如何做出不同的選擇。

如果孩子的行為是故意的，那他一定要走完OUT架構的流程。如果他說這些話的時候還是稍嫌無禮，那他就不能解除暫時隔離。當這場對話結束後，受到他行為影響的對方，可以選擇原諒與否；然而身為家長的你要寬宏大量，對孩子既往不咎，讓他重新開始，給他嶄新的空間，做出下一個決定。如果使用得宜，暫時隔離可以是一種正念時刻。

霸凌與解決衝突

在二〇一〇～二〇一一學年，將近30%接受問卷調查的初中和高中學生說，他們曾經被霸凌。[16]在我居住地區的一所中學，老師每一學年會多次發出問卷調查，請學生寫下他們認為會霸凌同學者，或是被霸凌同學的名字。如果某個學生的名字在「被霸凌」的分類中出現超過四、五次，輔導學生的老師會請被霸凌的學生到輔導室來，看看如何提供援助。

這所學校使用一套以字母縮寫簡稱為RIP的霸凌辨識系統：故意性權利失衡複發事件（Repeated incidents Imbalance of power Purposeful or deliberate）。

R代表重複

I代表失衡

P代表故意

霸凌者在這個系統中幾乎得不到任何援助，而且還可能會因為重複犯錯，被學校處以停學的懲戒。很驚訝我竟然擔心霸凌者得不到援助？有些研究支持的觀點是，強制那些冒犯別人者做出補償，或要求犯錯的人「改善現狀」，比監禁他們更有效。[17]

有時法官可以利用富創意的懲罰來遏止未來的行為，但重要的是，要提供觸法者選擇的機會——也就是說，觸法者必須自願接受懲罰。例如：俄亥俄州（Ohio）的法官麥克・瞿肯內提（Mike Cicconetti）為在學校區段內因超速駕駛判刑的人，提供不同選擇：吊銷駕照九十天，或是減免吊銷駕照的天數，外加到學校當一天協助學生穿越馬路的交通指揮。他說協助孩子安全穿越馬路，可以降低超速駕駛再犯的次數。他還要求一群因為蓄意破壞校車而被判刑的高中學生，為那些因該事件而取消校外教學的學弟妹們舉辦一場野餐。[18]

行為矯正在乎的是自覺與實行。對教養而言，規模或許不同，但理念是一致的。我們如何對待觸法的人——或是霸凌者——大大顯示出我們社會運作的狀態。我們幫助了今日的施暴者，將有助於孩子的未來。未經矯正的霸凌者，還會再以你的孩子或是他人的孩子為目標。而且，那未經矯正的霸凌者長大後，可能會成為你孩子的老闆，或是別人孩子的老闆。或者，我們希望不要發生的是，你的孩子也有可能成為霸凌者，因為我們每個人都有可能出此下策，特別是在有權有勢的情況下。

有許多方法能夠獲得社會權力：你可以擁有知識、財富、體能的技術或是個人的技藝，讓你有過人的優勢。（更多有關權力的資訊，請參見第98頁）而且，就一種觀察霸凌行為的角度而言，社會權力對同理心的舉動產生深遠的影響。一般而言，人越有權勢，就越少有同理心。在一項研究中，回想某次感到無能為力經驗的受試者，比那些回想自己處於有權力地位的受試者，更能啟動鏡像神經元。[19] 請記住，鏡像神經元可以讓你更善於預測其他人的反應。看起來權力的確會「沖昏人的腦袋」，並且會暫時改變大腦的運作方式，令人難與他人產生共鳴。

小學校園的霸凌現象與不易察覺的霸凌

不幸的是，霸凌並不僅限於初中和高中，而且總是不明顯易見。讓我們假設有一個小女孩，名叫溫妮，剛開始到一所有資優班的新小學上學。她有著一頭金髮，臉上有雀斑，具藝術氣息，適應性強，像一名優雅的芭蕾舞伶。然而她和班上同學的相處有點問題，特別是一名叫作德萊妮的女孩。德萊妮稱霸操場，溫妮很怕她。德萊妮會玩一個稱為「公車」的遊戲，一群女孩排隊等著讓德萊妮背。德萊妮就是那輛公車，搭載乘客四處移動。看在下課時間站在一旁照看學生玩耍的老師眼裡，這種場面可能滿溫馨的。在遊戲中，搭乘德萊妮的公車要收費，當然不是收取真正的金錢。但是今天在溫妮之前的那個女孩被收取想像貨幣五分美元。現在輪到溫妮了，溫妮搭乘公車的費用是一百元美元。為什麼？因為德萊妮說溫妮的體重非常重。

不過，這件事不只涉及溫妮，家長的抱怨湧向德萊妮的導師，一位非常有愛心，和善的人，她坦承自己也對班上學生的互動，不知所措。有什麼好辦法呢？而家長因為受夠了自己的女兒被刁難，做了一些T恤，上面寫著「德萊妮是霸凌者」，準備在學校發送。那麼，在這麼惡化的人際互動中，而且情況已經從學生之間，擴展到家長和整個學校，我們該如何幫助溫妮呢？我們可以教導她——以及她的同學——處理並解決衝突的基本生活技能。有時候孩子會發現自己處於無法著力的處境，這時告訴孩子嘗試解決問題很重要，但同等重要的是，如果自己無法改變他人的行為時，該如何改變自己對這種處境的反應。

教導孩子處理衝突的方法

當發生霸凌行為時，我們可以先聯絡老師或是學校的輔導人員。但如果學校或是其他家長的反應仍顯不足，該怎麼辦呢？又或者，如果孩子不希望你和別人提及此事，那又怎麼辦呢？以下處理衝突的方法可以幫助你的孩子度過霸凌（不僅只是全身而退，還會透過這種經驗而真正成長）。

解決衝突的方法一：教導孩子清楚而明確地表達

有效解決衝突頗具難度，因為即使成年了，我們當中許多人仍然為這件事情困擾不已。我們從小就沒有學會如何妥善解決爭端，我們逃避、我們提高嗓門、我們蠻橫無理。然而即使你自己不善於處理衝突，為了能成功裝備你的孩子，你需要教導他成為自己的調解人以及自己的支持者。這些事對某些孩子來說是天生自然，但另外一些孩子則要掙扎其間。無論你的孩子就讀哪所學校，這些技巧在學校裡都教得不夠。

你的兒子在公園裡和另一個小男孩發生爭執，你正巧在旁邊，你會怎麼做？你可以單獨和兒子談論這個問題，而無視另一個小孩的粗魯行為，或是你們可以離開現場。但是，堅持一下，做件稍有難度的事情——直接和那位小孩交談——反而更好。為什麼呢？首先，要記住，你和那位小小冒犯者互動的方式，會讓兒子看見你如何處理衝突——即使你並不擅長面對衝突。還有比面對小孩子更好的起點嗎？這對你而言或許會容易一點：孩子對你的拙態不會那麼在意。衝突對我們某些人來說就像是外來語，為了讓自己更熟稔，我們必須要練習，為孩子做示範。

但是，如果孩子自己解決棘手的情況，需要協助時，怎麼辦呢？我的女兒常在面對衝突時感到不知所措，我們為她想出一個字母縮寫詞，以便如果有人欺負她，或是她被別人排擠時，能記得採取明確的步驟。

這個字母縮寫詞是STAFF，它能支援被霸凌者：

說（Say）出你的感受。

告訴（Tell）他們，他們的行為是不對的。

訴求（Ask）你認為對的事情。給對方空間回應你。如果這樣做無效……

找（Find）別人玩。妳決定不想跟哪些人一起玩是妳自己的選擇。如果這不適用於當下的情況……

找（Find）大人。有些情況不應該完全由孩子自己處理。

解決衝突的方法二：確保孩子知道到哪裡求救

「找大人」是最後的辦法，但仍然不失為重要的方法。我們不想培養出凡事第一個衝動就是找老師的下一代，但是孩子必須知道在每一種狀況下，哪裡是安全的所在，無論是在班上、在午餐時間或是在校園以外的場所。

解決衝突的方法三：練習用有創意的方法來解決問題

在有衝突的情況下，家長可以為幼兒想出一些有創意的方法來導正情況。但這會讓家長在教養的初期階段疲憊不堪：不只身體疲憊，而且還得負擔創意的部分。家長要儘早為孩子提供鷹架支持來討論所發生的事件，以及預測事件的後果。如果班尼在班上常常被某位女孩用鉛筆戳，他有數種行為的選擇。但是首先，他必須先用頭腦思考行為的後果。班尼可以用鉛筆戳那個小女孩、他可以哭、他可以告訴那個女孩停止這種行徑或是他可以換座位。讓班尼自己負責想出有創意的替代方案，來解決現況（請參見第五章的創造力範例），然後再強化你所樂見的解決方案，使之持之以恆。

這種方法不一定會奏效，因為有時無論你的孩子怎麼做，霸凌者依舊是橫行霸道的霸凌者。在那種情況下，請孩子想出一些方法，改變自己的行為，讓自己更開心一點。無論想法是否可行，請孩子想出一個讓霸凌者足以認清自己行為的方法，以期改變霸凌行為。請孩子設計一種方法，來幫助其他在學校被霸凌的學童。把這些想法寫下來，然後幫助孩子採取主動的態度來改變他的世界。

解決衝突的方法四：培養對霸凌者的同情心

對霸凌者抱有同理心是孩子對同理心發展出成熟理解很重要的一環。請記住，研究顯示，如果你認為某人與你自己截然不同，那就更難去理解那個人的觀點。試著請兒子把這個霸凌者當成是他最要好的朋友，來解釋霸凌者的行為。談論個人的感受——你兒子的感受以及霸凌者的感受。讓孩子扮演偵探：嘗試解讀霸凌者的肢體語言，找出霸凌者的行為模式和動機。讓孩子畫出霸凌者的面容，並畫一些話框，寫出霸凌者心裡的話。

有一個名為認知本位同情心訓練（Cognitively-Based Compassion Training，縮寫為 CBCT）的課程，使用正念訓練來加強孩子的同情心——是的，甚至對霸凌者也要有同情心。CBCT 課程是由埃默里大學（Emory University）的研究人員負責，課程內容是每天花幾分鐘的時間，反省人與人之間相互的關係，目標在於讓人變得更加無私，更具同情心。[20]當孩子與他們認為具威脅性的人打交道時，身體的壓力反應與面對野熊可能會產生的反應，幾乎沒什麼差別。在課堂上增加這些正念時刻，有助於減低學童的壓力反應，基於同樣的道理，在家裡有正念時刻，也會大有助益。

這裡有個例子：四歲的卡爾森和九歲的連恩倆兄弟，抱怨他們玩的怪獸卡車電動遊戲中那個「惡霸」汽車。「他有多惡劣啊，老是搶在我們前面，也不遵守規則。我不喜歡他！」卡爾森這麼說。他們的爸爸布雷德里常常和他們一起玩電動遊戲，昨天還幫助他們晉級，他說：「哦，沒關係啦，小朋友。他只是想贏。我想是因為他的媽媽生病住院，他只是努力想贏錢付她的醫療費用。」卡爾森停了下來，看著他的父親。你可以看到他正在思考這件事。「才不是，」卡爾森說，「他才不是這樣。」「真的是這樣」，布雷德里繼續說，「他媽媽又老又病，他會全力以赴去贏得比賽，因為他非常愛他媽媽。當他獲勝時，他媽媽會以他為榮。也許比賽結束後，我們可以一起去醫院探望她。」

教導孩子採取同理心的立場，讓孩子的個人力量獲得大幅提升。首先，他會對處境有更佳的理解，因而能夠根據別人的情緒，來預測他們的行為。其次，如果他理解別人的情緒壓力，而且能易位思考，他就更可能有所行動。第三，他選擇是否有所作為的能力，能夠轉變霸凌者與被霸凌者之間的權力平衡。有功效的同理心其關鍵在於掌控情勢的力量——那正是應用同理心的力量。

亦友亦敵

孩子成長中所經歷的負面人際關係，通常都不是和陌生的霸凌者。相反地，你的孩子可能有些不和善的朋友，或是友敵（Frenemies）——這種關係是如此常見，以致於還有一個特別的稱呼。

友敵是和你頗有交情的霸凌者。這類關係的棘手程度難以想像，因為間歇性增強（intermittent reinforcement）是最有效的增強作用（reinforcement）類型：我喜歡你、我討厭你。據研究顯示，將霸凌者視為和你相似的人，有助於產生同理心。所以在很多方面，遇到不和善的朋友，更容易教會孩子同理心，因為孩子認同這個人，否則他們一開始就不會成為朋友。然而，特別是當小朋友剛開始學習私人朋友的界限時，孩子和不和善朋友的相處，需要家長從旁協助。

發生這種情況時，我們幾乎無法告訴孩子，對不友善的互動該如何反應，特別是在沒有人違反任何規則，但當孩子離開現場時，有人會心情不佳的情況下。校園中學生之間互動時，老師和學校職員不可能隨時在場，因此我們需要孩子自行釐清這類的事件。如果你期望孩子有獨立的社交能力，並且長於與人交往，那麼你必須為孩子提供一些方法。

以蘿拉為例：蘿拉八歲的女兒艾娃，每天放學回家後都會因為夏綠蒂而掉眼淚。夏綠蒂是一位不和善的摯友，有點像個大姊頭。蘿拉和夏綠蒂的媽媽在電話中談過這件事，夏綠蒂的媽媽還滿和氣的，但她對女兒的交友狀況一無所知。在此同時，艾娃正在計畫如何轉學，或是自己是否可以努力唸書跳級，來逃避她的勁敵。

蘿拉為班上買了一些關於人際關係與霸凌的書。她和老師討論過，也和校方談過，他們很關心也願意傾聽，但是事情並沒有改善。艾娃請媽媽在下課時間來學校，蘿拉有一天真的去了，然而並沒有看見任何異狀。她懂了老師說的話：這類亦友亦敵的關係幾乎是無法察覺的。

但是有一天，蘿拉送午餐到學校，看見艾娃下課時間和一群女孩圍在一起。當蘿拉走近時，聽到助理老師鼓勵夏綠蒂告訴艾娃和茱莉安她的感受——說她們在下課時間排擠她，很不友善。蘿拉前一晚看過夏綠蒂傳來的三十四則簡訊，威脅艾娃如果她太慢回覆，就不跟她做朋友了；她也知道夏綠蒂上星期是怎麼嘲笑艾娃有星星圖案的靴子，以致艾娃把靴子藏在她的床底下；昨天還看到夏綠蒂快速從溜滑梯滑下來，衝過茱莉安在操場上正在進行的遊戲，還拉長聲音喊著：「戲劇性進場！」

反正不管怎樣，到頭來就一定是和夏綠蒂的感受有關。然而，當夏綠蒂開始哭的時候，蘿拉覺得自己就像那群小女孩一樣迷惘，就像那位無力的助理老師試圖把話講開時一樣迷惘。她為夏綠蒂感到難過。

社會權力或個人魅力，是這些不友善的女孩或說是友敵，身上常見的。RIP的霸凌類型分類法通常用數字（一群孩子刁難一個孩子）、年紀（年齡較大的孩子刁難年齡較小的孩子）或體型（一個美式足球型的肌肉男刁難瘦骨嶙峋的書呆子）來界定權力。但社交能力也是一種權勢，甚且會令人生畏。如果你將夏綠蒂修飾過的社交技巧也算為權力，那麼夏綠蒂的行為也是一種霸凌。

是的，即使她哭了。沒有人說霸凌者就會是快樂的人。

如果你是一個有權勢的人，像夏綠蒂，很容易讓別人對你的感受感到迷惘，即使你只有八歲大。事實上，社會權力是一種令人極度垂涎的特質，即使是在小學階段——這是我們的大姊頭。若不加以規範，就會變成發洩情緒的地方。當孩子年紀還小的時候，比較容易看清這一點，這些孩子並不想要這類的衝突。霸凌者不會開心，而受到刁難、受到控制的孩子也很難過。

隨著孩子年齡的增長，情緒和各種處境會變得更複雜，我們可能需要清楚界定，在社交場合中，哪些元素是我們希望孩子加以注意的。我們不能待在一個只討論情緒的世界裡。那是一個起點，之後，我們必須告訴孩子該如何思考，如何行動。衝突是操練同理心、創造力和自制力的機會。

那麼蘿拉應該如何回應呢？她（或那位助理老師）不僅要給這些女孩們一個解決方案，還要給她們機會練習，好讓她們不會又回到舊有的模式。蘿拉需要讓這些女孩協助她建立一些基本規則，建立某種架構——一套主動行動並回應的範本。以下是她們可能會同意的規則範例：

- **幫助這些女孩制定包容的基本規則**——「艾娃和茱莉安，你們不能排擠夏綠蒂。當她靠近時，你們不要跑掉。」
- **幫助這些女孩制定公平遊戲的基本規則**——「夏綠蒂，你不能一加入就改變她們正在玩的遊戲規則。如果妳加入她們的遊戲，妳只能改變一條規則。」
- **這些女孩應該知道，如果遊戲不公平，她們可以不必參加**——「如果夏綠蒂加入，並且改變妳們已經在玩的遊戲一項以上的規則，那麼妳們就不必和她一起玩。」

之後那位老師必須要有後續的行動，查看這些女孩的情況。但是蘿拉也不必等著老師這樣做，家長可以詢問孩子她們所建立的鷹架支持的效果，為孩子示範解決衝突也很好。或是找時間請她們喝喝熱可可，先聽聽她們的看法，給每個孩子兩分鐘的說話時間，看看這些規則實行得如何，詢問她們是否遵守所訂定的基本規則，讓她們負起責任。如果有需要，也可以更改規則。

第四部

培養自制力

第八章

自制力的神經科學

為什麼自制力對孩子而言如此困難？這是因為管理自我並不容易，而且培養自制力所需的技能是一個漫長的過程。自制力是一種不作為的狀態；是一種能夠阻止看似妥當行為的能力；是一種停止預設反應的能力。

自制力要求一個人既要是位有遠見的籌畫者，又要是位行動家。[1]把孩子想成同時是美式足球聯盟（NFL）球隊的老闆，也是總教練。每當發生衝突時，老闆和教練就需要展開對話。他們雙方都是同一個球隊的負責人，但是在做決定時，必須考量現在與未來的狀況，共同做出對球隊最好的選擇。那個球隊就是你的孩子，你的孩子要對自己的一切負責。

神經成像學的研究顯示，更成熟、更受控制的行為發展在青春期和成年期仍持續進行。這些自我控制的技能隸屬於**執行功能**（executive function）之下，執行功能涵蓋了家長會不斷提醒孩子該做的那些事務中的大多數，包括：專心、聆聽、記憶、追蹤事情的進度。[2]

年紀較小的孩子根本無法規範自己的衝動，相反地，他們只會根據腦中首先浮現的想法行事。慢慢地，當周遭環境裡有某種原因阻止他們做出令人討厭的事情時，孩子才會開始克制自己那些令人無法容忍的行為，例如：他們可能不會把球扔進水中，因為球大概會拿不回來；或是他知道媽媽就站在身旁，這樣做會給自己惹麻煩。年齡大一點的孩子則可以預見不良的後果，例如：媽媽會對他不高興，或是他會因為自己脾氣失控，或者因為自己讓媽媽失望而難過。這有部分原因是，髓鞘化的神經元在不同發展階段上，有不同的調節差異；還記得在第二章所讀到的內容——最後成熟的神經元是負責成熟的判斷、控制衝動與做決策。

然而，**延宕滿足**（delay gratification）與長時間投入目標導向行為能力的個體差異，早在學齡前就存在了，而且這種差異性會持續一輩子。在實驗室的情境下可以延宕滿足的孩子，在青春期也能更加良好地處理沮喪及壓力。[3] 一九七〇年有一項經典的研究，詢問了一千名四到六歲的孩子，看他們是要當下選擇一個小獎品（一顆棉花軟糖、小餅乾或是蝴蝶脆餅），還是願意等待一段時間，可以得到更大的獎品（兩顆棉花軟糖）。[4]有些孩子幾乎是立刻就把點心吃掉了，但大多數的孩子能夠等待長短不等的時間，以期獲得兩份點心。孩子越大就越能夠延宕滿足。

追蹤這一千名兒童直到他們進入成年期，研究人員發現，學齡前兒童所擁有的自制力高低，可以預測他們成人後的健康狀況、財富以及犯罪率——這種預測比智力或社經階層更能準確預測上述狀況。這些「高延宕滿足者」在青少年時得到較高的SAT分數，四十年後，他們接受後續自制力測驗時，這些個體差異顯然持續保持穩定。[5]

在這項後續研究中，研究人員測試受試者在接收到相互矛盾的社會性線索時，是否能夠抑制衝動。由於用棉花軟糖當作獎品，對四十多歲的成年人可能不夠誘人，因此改為當受試者看見一個開心的面容時，他們的自然衝動會予以回應，但受試者被告知不要有所反應。這個後續研究的神經影像發現，**紋狀體**（striatum）和額葉皮質在這項任務中都會被啟動，然而「低延宕滿足者」在紋狀體有更多的腦部活動（腦部比較下方的區塊），而「高延宕滿足者」則在額葉皮質有較多的腦部活動（與推理能力及處理來自紋狀體區塊的輸入訊息相關的大腦區塊）。這些發現在四歲的坎卓克和四十四歲的坎卓克之間看起來大致相同。自制力長期下來似乎沒有太多變化。

等等！你的自制力在四十歲的時候和四歲時相同？這聽來不妙。茱莉亞的兒子皮特洛十分聰明，但是他卻無法抑制衝動。他很難控制自己的行為，以符合周圍的人對他的要求（想像一下正在上課的老師或是正在演練戰術的教練），而且只在極少數特定的情況下，才能夠延宕滿足。對他來說，目標導向的行為必須以一種能讓他投入的方式呈現，否則就起不了作用。換言之，他必須要在乎那個目標。皮特洛會毫不猶豫一口吃掉那個棉花軟糖，微笑，享受棉花軟糖時還會一邊踢著雙腳。這個棉花軟糖的研究使得茱莉亞非常擔心。

自制力與意志力

自制力和意志力本質上是相同的，但通常我們認為自制力是能夠駕馭自己的欲望和衝動，使其不會對**他人**造成負面影響；而意志力則是駕馭自己的欲望和衝動的能力，使其不會對**我們自己**產生負面影響。在一個有著二十個人的房間裡，**自制力**意味著，「嘿，自制一點」，這樣才不會妨礙他人；而**意志力**則是指你的自我爭戰，到底該吃一片或三片檸檬口味的磅蛋糕。當你稱之為**意志力**時，唯一可能陣亡或落敗的就是你自己。

孩子的自制力低落並持續下降

然而，不是只有茱莉亞會擔心自己孩子控制衝動的問題。許多研究已經證實，自制力對於成功人生的重要性，但如今最令人憂心的是，兒童的自制能力在過去二十年裡卻逐漸降低。[6-9] 最近有個實驗複製了一個原先在一九四〇年晚期完成的研究。研究人員要求三歲、五歲及七歲的孩子做一些肢體動作，包括讓孩子完全靜止站好，不要動。在一九四〇年，三歲的孩子根本無法安靜站立，五歲的孩子可以靜立三分鐘左右，七歲的孩子則能根據研究人員要求他們靜立的時間照辦。當研究人員在二〇〇一年重複此一實驗時，卻發現截然不同的結果：根據心理學家伊蕾娜・波卓瓦（Elena Bodrova）的報告，現今五歲兒童的表現是六十年前三歲兒童的水準，而七歲兒童的表現則和六十年前五歲兒童相當。[10]

二〇一七年，非美裔兒童也做了這個著名的棉花糖測試，其結果看起來略有不同：將近一半的美國兒童可以「通過」這項測驗（為了獲得第二顆棉花軟糖而等待十分鐘的時間，在等待期間不吃掉第一顆棉花軟糖），但德國（Germany）兒童卻只有大約30%可以做到。然而這個研究裡真正的搖滾巨星則是喀麥隆（Cameroon）的四歲兒童，有將近70%能夠足足等待十分鐘的時間，以獲得第二顆棉花軟糖。沒有人能真正明白為什麼會存在這種差異，只不過德國人通常採取更貼心的兒童本位教養方式，而喀麥隆的家長則從嬰兒時期，就要求孩子要有高度的自制力，並且用前後一貫的方式來管教孩子。喀麥隆的孩子在成長過程中，會協助家中的自給農業，並從小就要照顧年幼的手足。這項研究顯示，孩子的教養方式，對他們在棉花軟糖的測試表現，有重大的影響。[11]

自制力測試

整體來看，我們的孩子沒有足夠的自制力。那你的孩子如何呢？有許多方法可以讓家長自行在家測試孩子的自制力，但有時候獲得的結果很難解讀。目前有兩種常見的方法來測試自制力：受試者可以填寫一份問卷，檢視相關行為（自我報告）；或是可以請心理學家對孩子進行一些測驗（實驗室觀察）。科學家證實，這兩類的自制力測量結果，與近千名青少年男性首犯的再犯罪，都沒有密切的關聯性，這與澳大利亞（Australian）的一項自制力行為與優良人生成就有正面相關的研究相左，但是自我報告的結果比實驗室測試的表現，對再犯的可能性會是更好的指標。[12][13]

那麼衝動行為呢？以一名過去擔任神經心理學技師的我來看，家長使用常見的評量，來檢視孩子的行為是否需要糾正，這的確有很大的益處。

自制力測驗一：這是一個簡單的自制力測驗，只要孩子的年齡大到懂得按比例量表回答問題，就可以適用。請孩子使用1（**假**）到5（**真**）的量表回答下列陳述：

「我做事情缺乏足夠的思考。」

「我會變得『瘋狂不受控制』，做出讓其他人不喜歡的事情。」

「當我只是為了開心好玩而做某件事情時（例如：參加朋友聚會、裝瘋賣傻），我往往會失心瘋，失了分寸。」

「我往往會脫口而出心中的話，沒有詳加考慮。」

「在我採取行動以前，我會停下來把事情想個透徹。」（這題是反向編碼，所以這題的**真**是1，**假**是5）。[14]

該項評量是溫伯格適應量表（Weinberger Adjustment Inventory）有關衝動控制的分項。由來自十一個國家的一萬五千多名，十二到二十八歲的年輕人，所計算出來的分項平均得分為2.48（計分範圍為1～5，得分越高代表自制力越低）。[15]把孩子的總分計算出來，然後除以五，看看他和2.48的平均值有多接近。

做這類評量可以提供一個安靜時刻來反省自己的行為。孩子是否照著自己的心意行事呢？對於年齡較小的孩童，監護人／老師的報告是評量自制力問題最常見的方式。但是如前面提到的，自我陳述其實是預測結果的較好方法。孩子比任何人都更了解自己，包括自己的想法和感受。

除了讓孩子回答問題之外，我建議家長另行以家長身分為孩子做這項測試，然後比較你的得分和孩子的得分。親子可以就雙方得分是否雷同，好好聊聊。孩子的自我陳述是否忠實表達自己的行為呢？

雖然自我陳述容易有錯誤陳述的可能，但心理學家所做的測驗結果就無法造假了。這類的實驗觀察可以測試，例如：一個人延宕滿足的能力（像是著名的棉花糖測驗）、維持注意力的能力或是抑制某種反應的能力，像是我們接下來會檢視的去／不去（Go / No-Go）任務。[16]但是在實驗室的設定下來測試自制力，只能讓你評估已經建立的多面向行為中的某單一面向。

自制力測驗二：你可以透過教孩子玩一個規則很簡單的遊戲，在家裡做類似去／

不去任務測驗。遊戲是這樣玩的：當我用手指著你時，你就對我做出和平的手勢；如果我對你做出和平的手勢，你就用手指著我。就是這麼簡單。一旦孩子熟悉這個遊戲，你就改變規則。所以現在遊戲變成：當我對你做出和平的手勢時，你用手指向我；當我用手指向你時，你什麼都不要做。其實這個遊戲的第二輪才是真正的去／不去任務。當你改變遊戲規則時，孩子的表現如何？你已經教孩子用某種特定的方式玩這個遊戲，當遊戲規則改變時，要推翻那些第一反應並不容易。[17]一旦確定孩子了解規則變化，要他按照新的規則來玩遊戲是否有難度呢？

心理學家認為，在所有可行的選項中，像去／不去這類的反應抑制任務測驗，對於認識自制力的本質，可能是最有用的，因為他們會運用到額葉皮質，與調節第一時間的衝動反應或本能反應相關的大腦區塊。[18]但是話說回來，自制力的評量，只有在受試者有充分動機的情形下才會準確——也就是說，受試者願意接受測驗，並且盡全力配合。否則，問題會出於動機而非自制力。

然而，就像許多自制力測驗一樣，動機的概念很難捕捉。而坐在神經心理學技師的面前，沒有一個孩子會拿出最佳表現。事實上在心理學家辦公室裡的表現並不重要，重要的是現實生活中的自制力表現。值得慶幸的是，在結束學前教育後，這項技能仍會繼續發展一段很長的時間。[19]

棉花糖研究外一章

因此，若以一個孩子等待棉花糖的能力，就能預測成年後在許多領域的成就，那或許我們應該培養孩子等待棉花糖的能力。但是，計算孩子等待棉花糖時間的長短，真的就是在測量自制力嗎？這項研究的確測試了等待與延宕滿足的能力。研究人員妥善地將其定義為自制力，然而這是一個狹窄的定義，用來解釋這個研究的結果。如果仔細加以檢視，這個研究同時還測試了孩子順從和服膺權威的程度。它也測試一個孩子是否認為實驗執行者說的是實話，以及這個孩子對社會的信任度。它測試一個孩子有多喜歡以糖果作為獎品，也測試孩子的價值觀。

「皮特洛會等著吃棉花糖嗎？」這個問題取決於兩件事情：第一，皮特洛有等待的**能力**嗎？如果皮特洛真心希望不要吃掉那顆棉花糖，卻又無法阻止自己這樣做，那就是一個大問題了。有些情況的確是需要孩子能夠延宕滿足。有時就是必須等待，而有時候等待就是值得。要牢記，雖然延宕滿足在某種程度上是一種發展歷程，但自制力也是可以改進的。我們可以幫助孩子在重要時刻等待：可以教他們想像，可以教他們默想，也可以教他們玩個遊戲、發揮創意、思考同理心。

第二，皮特洛**想**等待嗎？教養一個能夠服從的孩子是重要的，可是只有當這種服從符合他自己的價值觀時，那才重要。身為家長，我真的不在乎皮特洛是否順從那位在心理實驗中告訴他不要吃掉棉花糖的權威人物。事實上，我希望他要信任自己的直覺，判斷某人是否值得信任，選擇哪些人是值得服從與敬重。

等待棉花糖不是單純的自制力測驗

你大概不會訝異知道，等待第二顆棉花糖的能力，大多來自經濟與社會背景的塑造。對棉花糖研究的一項新的分析顯示，縱然具有優良的自制力，也可能不足以抵消在貧困環境成長與家長教育程度較低的長期影響。[20]即使是等待像棉花糖這麼微不足道的小東西的能力，也和過去與貧困有關的經歷息息相關（例如：如果你不確定明天廚房裡是否會有食物，你或許更會馬上把你眼前的東西吃掉），而且這種能力很容易轉化為對於延宕滿足與報酬這類更廣的概念（如果你從來沒想過上大學，你就不太可能會為這筆巨額費用存錢）。貧窮或缺少教育，可能會迫使你只能生活在**現實**中。

「服從」在課堂上是有幫助的，但這並不代表著孩子就是在學習、成長，而且也很難說服大家說，符合期待是孩子成功的最佳指標。事實上，似乎很多成功的故事都是來自那些反潮流、完全不願墨守成規的孩子（想想沒有讀完大學的比爾・蓋茲）。

但是，舉例來說，如果皮特洛不想等著吃棉花糖，是因為把棉花糖吃掉了表示雅各和羅文就吃不到了呢？如果皮特洛無法在這類情境下，清楚知道並尊重合乎社會規範的事情，那就大有問題了，我們必須要教導他。孩子自制力問題的根源，其實是另一個更大的挑戰，那就是如何在他們身上培養價值判斷與動機。我們不希望教導孩子等著吃棉花糖；我們希望教導孩子以帶有人生智慧的方式來選擇報酬，來決定什麼事情對他們而言是值得等待的。

例如：穿越街道時延宕滿足是有其道理的。不要等到孩子想越過馬路去撿球時，才教導他這個道理。相反地，下次你們一起走路到某個地方的時候，就把這堂課融入日常生活中。當你們走向馬路時，仔細說明穿越馬路前必須停下來等待的原因。讓他聽完你的說明，容許他決定何時可以安全穿越馬路，然後讓他帶頭過馬路（假設他選擇正確！）就孩子而言，這個做決定的場合與時間都很恰當。只要兩分鐘的時間，卻讓他不只為過馬路，也為其他事情的成功做好準備。這也同時教會他，生活中仍有空間可以暫停腳步，做出好的決定，避免了緊急情況下的慌亂。因為是他做的決定，所以他更會牢記學到的這一課。他練習了掌控自己的行為，經歷行為的後果。孩子會更有自信，而做父母的你也正在學習放手的路上。

涉及自制力的大腦區塊

你不可能擁有良好的自我調整能力，除非你首先具備優異的執行功能技巧：你必須駕馭的不只是自制力，還有注意力、決策力、意志力、目標導向行為和控制衝動，這要在你有機會使用這些技能來達成目標之前辦到。它是一個冗長的清單。

重要的是，這些過程受到發展階段的控制，大腦會從幼年時期由下而上的訊息處理過程，轉變為由上而下的過程。[21]這代表，隨著年齡的增長，控制高階思考的大腦區塊，會開始下傳反饋到大腦下部的區塊，那些區塊控制我們的本能反應，像是打消為自己搶最大塊餅乾的衝動，或是抑制從理髮師的剪刀下逃跑的衝動。合宜的執行功能取決於**大腦皮質**中額葉的成熟度，以及在此過程中持續發生的突觸重塑（synaptic remodeling）與髓鞘形成。

從進化的角度來看，較進化的大腦區塊的發展並沒有改變原始大腦區塊的功能，而只是允許較新的大腦區塊透過限制或增強其下的舊系統活動，來改變整個生物體的行為方式。[22]我們使用由上而下的方式，也就是我們較進化的大腦區塊，以控制來自原始的腦部衝動。我們有辦法根據自身的利益來調整自己的行為。

神經影像顯示當受試者必須等待獎品時，**腹內側前額葉皮質**（**ventromedial prefrontal cortex**）（較進化的大腦）和腹側紋狀體（ventral striatum）（較原始的大腦）之間會有交流。對這類大腦活動的研究顯示，比較衝動的人原始腦部的活動較為活躍，並且對即時獎賞的價值更為敏感，或許是因為他們從獎賞感受到的快樂更為強烈。[23]

但即使在較進化的大腦中，大腦同時扮演NFL球團老闆和總教練的角色時，自制力是使用了兩種不同的腦部通路：（1）訊號從位於相當「短視」的腹內側前額葉皮質中的評估迴路產生，（2）這些價值評估的訊號由決策電路加以詮釋，決策電路是「有遠見的」**背外側前額葉皮質**（dorsolateral prefrontal cortex），涉及認知控制、工作記憶與情緒調節等功能。有關自制力的神經影像研究顯示，當受試者在做進食決定時，若盡力自我克制的話，前額葉皮質中的系統會被啟動。[24]

例如：在選擇食物的時候，你可能會重視美味、健康或是備餐時間的快慢，這些價值選項很可能與你的飲食目標一致。當前額葉皮質有「遠見」的部位，必須整合在比較「短視」部位中數種不同的價值時（例如：你非常餓，而健康的食物需要花長一點的時間才能準備好），那就得運用到自制力。自制力的差異可能取決於，有遠見的背外側前額葉皮質能夠協調短視的腹內側前額葉皮質到何種程度。有趣的是，這些有遠見的區塊也關係到情緒調節與認知控制，這或許能初步解釋，為什麼這些能力與整體智能及自制力會有關聯性。[25]

第九章

如何幫助孩子發展自制力

就像同理心一樣，自制力會受到所處情境的影響，但它同時也是相對穩定的。自制力可以被想成像是肌肉——使用肌肉會讓你耗費體力，暫時感到疲憊。但長期下來，操練自制力將會強化自制力，累積你的資源。[1]

為什麼大家認為自制力的資源是有限的呢？自制力需要付出代價：首先，它需要情緒上的犧牲。你必須在當下延宕滿足才能有將來的收穫（你現在付費上大學，因為你知道大學畢業生的整體職場生涯收入，會高出一百萬美元以上）。其次，自制力也需要生理上的犧牲。當大腦必須努力成就某件事時，需要實質上消耗額外的能量。

自制力**會**耗損，我們都有這種經驗。在一項研究中，一開始強迫自己吃小蘿蔔而非巧克力的受試者，到頭來會較快放棄無解的謎題。[2]然而，自制力的潛能會因人而異，也會隨時間而變化。大腦就像電腦一般，沒有極限。由於神經元有無限的方式來處理各種狀況，所以我們通常有著超乎自己想像的潛能。事實證明，自制力是一種由注意力與動機驅動的過程，高度取決於我們自己對自制力運作的看法。簡單來說，我們可以教導孩子讓他自以為自己擁有更多的自制力。

增強孩子自制力的策略

有一些不同的方法可以在自制力耗損後，短時間內讓它回復，或是從一開始就避免自制力耗盡。

經常操練自制力會強化自制力，就像肌肉經反覆使用會變得更強壯，而且某部位的進步會擴及其他部位。[3] 一項研究顯示，花兩週時間訓練自我控制的大學生（每天矯正自己的體態或控制自己的飲食習慣），比沒有訓練的學生，有更多自制力潛能。經過這個訓練之後，所有的學生被要求在五分鐘的時間內，**不要**想到一隻白熊，這需要靠自制力去避免，然後，在假定他們是處於自制力耗損的狀態下，所有學生被要求進行握力測試，這個測試也需要靠自制力，在他們即使想要放鬆手部時，仍要持續施力。最後，做過自制力操練的學生，在握力測試上有更佳的表現。[4]

在短期內反覆練習這些技巧，長期下來將會強化自制力通路。我們可以透過教導孩子，如何以分散注意力或是哄騙自己的方式來增強自制力。自制力奏效的方法有點像是聚會時會玩的把戲——把狗食放在小狗的鼻頭上，命令牠不能吃，直到你說「可以了」為止。

我們都明白，某方面的自制力進步了，也可以擴及到其他方面，這表示，作為家長的你，可以選擇一個容易的事情來努力，先從那裡開始，再確定這個成果可以轉移到其他方面。例如：一項研究發現，如果人們在幾週內調整他們的金錢支出，他們會看到自己的儲蓄增加。而同樣的這群人也說，自己開始更有規律、更有效率地讀書，更認真做好家事，減少抽菸，而且似乎在其他領域也更有效地發揮自制力。[5]

在教養子女時示範自制力

自制力的操練，家長要先從**自己**做起，因為我們回應孩子的方式，可以改變他們自制力發展的軌跡。以對孩子有意義的方式，示範良好的自制力，可能比涉獵創造力，甚或同理心更難。這代表，不要對孩子吼叫，不要打他們屁股，不要回擊等等。在某些日子裡，這可能很難辦到。

不意外的是，培養家長的創造力和同理心，也有助於讓家長更富自制力，因為我們會有更多可運用的方法。如果你能找出有創意的方法來解決問題，在從托兒所把孩子接出來以後，或許能避免一場與一名又餓又累的幼兒的正面衝突。一歲大的孩子，如果媽媽能善體人意，會談論並且體貼孩子的情緒，同時也鼓勵孩子獨立，這些孩童在六到十二個月後的自制力任務中，會有較佳的表現。[6]

潔西是一位新手媽媽。她覺得自己尚未著手教她的幼兒這些技能，不過她自己倒是正在加強這些技能：她認為自制力是「當孩子哭鬧不停的時候，自己能把手中的嬰兒放下來，而不要怒吼或感到沮喪」。如果孩子的哭鬧讓自己手足無措，那麼給自己一個休息的時間，要遠勝於把挫折發洩在幼兒身上。潔西在重新投入教養工作的艱鉅挑戰前，給了自己一個正念時刻，調整好自己。在不傷腦筋的情況下，她的教養方法中也示範了同理心，而這些價值觀將會傳承給她的孩子。

費歐娜認為自制力是「知道某種反應已經超越分際，並且有足夠的餘裕來阻止自己」。即使是對待自己的孩子，她也知道自制力是教養子女重要的一環：「和我七個月大的孩子相處時，我必須經常努力操練我的自制力，她常常拒吃晚飯。那是漫長一天的尾聲，我們倆人都累了，我試著餵她我親手做的，磨成泥狀好吃的晚餐，當她拒吃的時候，真是非常令人沮喪。但是我提醒自己，如果她不想吃，也沒關係。她累了，而且正在長牙，她可能不餓。通常我就放棄了，改餵她優酪乳，然後等第二天午餐時再試著餵她。」這也是再次示範了解決問題的些許創意，同時也顯示出對還不會說話的女兒所感受的同理心。

為孩子補充腦力

如果孩子情緒失控，首先要確定他不是因為肚子餓。研究人員已經證明，意志力耗損的人可能是因為腦力不足。人腦是一個高能量器官，由穩定供給的葡萄糖（血糖）提供動能。一些研究人員提出假設說，努力維持自制力的腦細胞，消耗葡萄糖的速度，比它獲得補給的速度要來得快。換言之，肚子餓的孩子自制力會比較低。[7]事實上，在實驗室的測試任務中，必須使用自制力的受試者，在受試後的葡萄糖濃度，低於沒有被要求使用自制力的對照組的受試者。[8]

因此，在學校裡一整天不停地行使自制力，結果在晚餐前鬧脾氣，是完全可理解的。幸運的是，恢復血糖顯然有助於重振低靡的意志力。有一項研究發現，飲用含糖檸檬汁（內含葡萄糖）可以恢復意志消沉者的意志力，而飲用無糖的檸檬汁就沒有這個效果。[9]所以要盡快餵飽你那正在鬧脾氣的小孩。

改變孩子對自制力的態度

孩子對於自己的自制力以及想要控制自己行為動機的想法與信念很重要。對自制力耗損的認知，甚至比實質的耗損對個人而言更形重要。[10]這個意思是說：如果你認為自己的意志力無窮，那麼你的意志力就會是無止盡的。如此的思維會使一切成真，會讓你更能致力於目標導向的行為，讓你更快樂，即使是任務艱鉅。

教育孩子，讓他們能學習改變自己自制力潛能的方法，是讓這一代孩子增強自制力的第一步。可是孩子們接收到清楚又明確的訊息，認為是DNA塑造了他們的本質，於是認為：「我怎麼可能每天挑戰自己的基因遺傳呢？」因而很容易為自己卸責，然後接受以遺傳基因的組成作為引領其人生最強大的力量。現代文化強調基因遺傳，連父母也容易過分專注於孩子的遺傳傾向：「噢，我們有家傳的憂鬱症，所以難怪你有適應上的問題。」孩子完全不知道有可以改變自己神經系統運作的方法，真是可惜！不過那些相信自己意志力無限的人，會為了更高的目標努力不懈，而且更為快樂。[11]

教導孩子自制力不一定要運用有限的資源。教導他們了解腦部的神經通路是如何形成的，以及如何透過操練自己的作為，來掌控自己將成為什麼樣的人。教導孩子如何說服自己有所為與有所不為。大腦的多變性是電腦永遠無法辦到的。大腦可以靈活轉變，並且不斷更新，對自制力而言，最重要的是，大腦可以操縱自己，改變既有的想法。大腦能出人意料之外。

以自我對話作為自我管理的策略

自我對話在另一個極為重視練習的領域，受到積極的推廣：運動表現。教練推廣自我對話作為一種可以提升運動表現的心理技巧。自我對話能夠增強決策能力、提升專注力/注意力、減少干擾的想法，正向的自我對話，甚至可以對成績表現產生正面的影響。[12]

鼓勵孩子利用自我對話，出聲提醒自己，讓自己在需要按照一系列的指示行事時，能保持注意力。提供口頭提示——好比幼稚園收玩具時所唱的整理歌——來幫助孩子專注於眼前的任務。口頭的自我提醒也能幫助孩子遵守複雜的規則。當遊戲規則改變，新的規則需要孩子抑制衝動時，自我對話可以幫助孩子阻止自己用舊有的方式回應，比如說，在他們玩的遊戲裡，當他們看到正方形圖案時，必須改成拍手而不是跺腳。[13]

讓孩子有好心情，有益意志力

在一項研究中，那些觀看喜劇節目或是獲得驚喜禮物（如：一袋致謝的糖果）的受試者，會表現出較少自制力耗損。[14]在一個特別傷神的任務之後，愉快的心情有助於重振自制力。善待孩子，讓他們開心，有時裝瘋賣傻一下，休息片刻，吃點冰淇淋。快樂的孩子比悲傷的孩子有更佳的自制力。

讓孩子有情緒宣洩的出口

有一項研究是向受試者播放一齣令人心煩的電影，並要求部分受試者壓抑他們對電影的觀感。那些克制情緒的受試者，在隨後的一項體能耐力測驗中的表現，不如那些被要求自由回應電影對他們情緒影響的受試者。[15]談論情緒對我們有好處，就像是有個處理這些情緒的體系一樣。和孩子討論感人的事物，可能會激發自制力，同時也能幫助他們學會辨識他人的情緒，預測他人的感受。

孩子仍需努力之處，要提供具體的提醒

有時候，幼兒需要別人提醒他們該做的事情，才能持續做好一件事。例如：在學校，如果孩子和閱讀夥伴要輪流閱讀同一本書，請讓閱讀者手上拿一張嘴脣的圖片，聆聽者拿一張耳朵的圖片，作為外在的提醒，告訴他們應該做的事情。當這套技巧被使用在名為「心靈工具」（Tools of the Mind）的情境式課程時，幾個月過後，學生就不再需要使用這些圖片了。[16]

日常的活動可以輕易地稍作變更來提升自制力，並且融合創造力。例如：你正試著調解一場衝突，看下一個該輪到誰使用彈跳床，在你和孩子們充分討論這件事情的時候，可以讓他們輪流拿著嘴脣和耳朵的圖片，再請他們想出具體的辦法，該如何確實記錄每個人使用彈跳床的時間。他們可能會想到輪流戴上跳彈跳床手環和等待手環等主意；也可能會請你給他們一個可以計時十分鐘的計時器；或可能會說，在等待的時間，沒有跳的人可以吃點心；甚至可能會說如果超過跳床時間，在等的人就可以用水管向跳床的人噴水。手環和計時器能作為具體的提醒；點心可以調整權力平衡，也提供一點消遣；然而水管或許可以把衝突轉化為一場有趣的遊戲（但也有可能因而產生更多衝突）。要確保是由孩子想出解決的辦法，或至少孩子是真心認可這些辦法，

同時要確保你也同意他們的做法，因為最後是你必須清理戰場。你仍然是他們的家長，你需要核准他們的解決方案。

讓大孩子製作他們自己的待完成事項清單，或是幫忙在他們自己的手機上，設定自我提醒事項。讓我們善用所擁有的工具來維持事情的運作。

容許孩子自我監督

安排一些能鼓勵孩子既可以自我監督，也可以和別人共同監督特定行為的情況。讓一個孩子執行某項任務，例如：在玩撲克牌以前，請他數數一副撲克牌裡不同花色的牌卡，或是替家人的待洗衣物分類，然後請另一位孩子檢查同伴的進度。分類的人和聽命的人都必須做好自己分內的事，而另有一名夥伴來協助他們把事情做好。[17] 共同監督是自我監督很好的練習，因為（1）共同監督要求孩子練習等待，（2）共同監督讓孩子練習監督其他人的行為（這可能不是一件容易的差事，如父母所知）。當孩子看見別人做出相似的行為，這會給孩子一個更好的比較標準，判斷某個行為恰當與否。要信任孩子可以辦到。孩子喜歡承擔責任，願意負責，他們的表現可能會出乎你的意料。

當我兒子十三歲的時候，一位鄰居問他是否願意替她照看她的兩個孩子。我的兒子躍躍欲試，但是當他在家裡照顧弟妹時，事情並不很順利。我請他做一次實習，在家長和老師會談的時候，照看弟妹們一個小時的時間。我告訴他的弟妹們可以為哥哥寫介紹信，我們會把介紹信呈給哥哥的準雇主。他們可以勾選「推薦」、「保留性推薦」或「不推薦」。實習照看的時間順利度過，弟妹們都勾選了「推薦」的選項，並且在推薦函上寫滿了哥哥盡責的例子：有人鞋子掉了的時候，他如何幫忙，以及其他重要事項，讓鄰居知道。在他第一次幫鄰居擔任保姆工作時，他覺得自己已經可以勝任那份工作了。他的弟妹們基本上就是在共同監督他的工作，他們也覺得自己很管用，因為有人會真正在乎他們所提供的意見。在此同時他們學習了如何共同監督與自我監督。

嘗試祈禱

自制力是許多宗教對信徒應具備行為中很重要的元素，因此這些宗教歷代以來就懂得如何發揮自制力。光是提及潛意識中的宗教概念，如：「上帝」或「神聖的」，就足以打消參與研究者自制力耗損的結果。[18]但禱告其實在一開始就能夠避免自制力耗損。有一項研究顯示，在被要求發揮自制力之前，五分鐘的引領禱告比五分鐘的自由思想效果更強。研究人員要求受試者看到有趣的事物不准笑，用以消耗他們的自制力，然後使用斯特魯普實驗（Stroop test）的表現，作為受試者自制力的分數。斯特魯普實驗要求受試者讀出以不同顏色字體所書寫的顏色名稱，所以受試者必須抑制自己對字體顏色的反應，才能正確讀出顏色的名稱。不管參與實驗者信仰的虔誠程度，事先祈禱的人在自制力耗損後所進行的斯特魯普實驗中有較佳的表現。[19]

自制力與自我調整的對照

儘管有一千名孩童所做的的棉花糖研究，但是我們不應該把焦點全部放在自制力對成功人生的助益上。自制力在乎的是**不作為**——不要在課堂上說話，不要告訴姨媽她看起來很胖，或是打不還手。但是，我們需要的孩子是既可有所不為，也可以**有所作為**——也就是具有高度自我調整能力的孩子，而不是只具有良好的自制力。

自我調整容許你，既可以在別人的原則下行動，也可以訂定讓自己能夠達成自己目標的新規則。有時候這表示你要有自制力，或克制自己的行動，然而你還是有許多其他可行的管道。

自我調整不是無所事事。自我調整的定義是「讓一個人隨著時間的進程，在各種不同的處境中，能夠用以指揮自己目標導向活動的過程。」[20]具有良好自我調整能力的人，能保持彈性，有所自覺。若有必要，他不僅擁有可以遏止本能反應的自制力，並且可以衡量當下情況複雜的認知層面與社會層面，然後以富有創意的方式，思考不同的作為。他有足夠的自覺來決定採取不同的作為。自我調整不只要運用決策力，也要運用創造力與同理心。我們可以從自制力入門，但做父母的主要目標是要進展到優異的自我調整能力，我們將在後續的第五部加以探究。

第五部

自我調整
乃致勝之道

第十章
什麼是自我調整？

自制力，假設性來說，是一種會用盡的資源；自制力耗損就是當你還在節食時，卻決定投降，並拿起剩下的最後一塊披薩的那個片刻。但是，無論你是否還有保留的自制力，自我調整仍會持續發揮作用。即使你不能夠再使用自制力，你仍然可以使用自我調整的能力，有目的地努力朝目標邁進，自我調整被定義為「為改變一個人的行為所做的任何努力」。[1]讓我們把這個定義應用在課堂中的衝突情境，有同學用鉛筆反覆戳班尼，班尼可能很快就會用光他的自制力。一旦他連一秒都無法再繼續坐在那裡而不還手，我們會說他的自制力已經耗盡了。他可以拿筆回戳他的同學，或是他可以用其他方式來**調整**自己的行為。

我們不希望只是擁有驚人自制力的孩子。我們不希望自己的兒子，因為有著驚人的意志力，整堂課都坐在那裡被人用鉛筆戳。不，我們所希望的是，自己的孩子是個能夠解決問題的人。我們希望他下決心，帶著同理心，以具有創意，尊重每位相關人士的方式來化解難題，即使他的自制力已經用盡了。自我調整比單純的自制力要重要得多，這不只是暫時停止作為，而是要保有彈性，調整行為。自我調整是指朝著目標開闢道路的能力，但在此同時，卻仍然和身邊的人維持信任與互助互惠的關係。

持續發展中的自我調整有下列三個主要的元素：[2]

- 先見或計畫
- 行動本身
- 行動後的自我反省

我們的社會通常只關注第二個元素——個體的行為。「行動」所指的是，當孩子放學回家，肚子很餓，吃掉了弟弟萬聖節要來的糖果，或是和同學吵架後咬了同學一口。我們可以預先計畫在這個部分做得更好，為孩子做好準備，讓他們在第一次獨自解決現實生活中的這類事件時，能穩操勝算。我們可以教導孩子更多自我反省的功夫，幫助孩子理解事情的來龍去脈，以及下次如何改進。這可以幫助孩子從小就能嫻熟基本的人際互動，讓他們有更多餘裕來調整自己的行為、具有創意、富同理心、深入思考自己人生的軌道以及人生抉擇（見圖10.1）。

自制力此時就只是輔助自我調整的另一項工具。自制力所運用的許多大腦程序，和主掌同理心與創造力的程序相同。就如同創造力與同理心，自制力也是能熟能生巧的。你可以明白這些系統之間的緊密連結，而最終統合於自我調整。這是一個為了能完全主導自己的精密協調運作。你和你孩子都必須覺得這種努力是值得的。

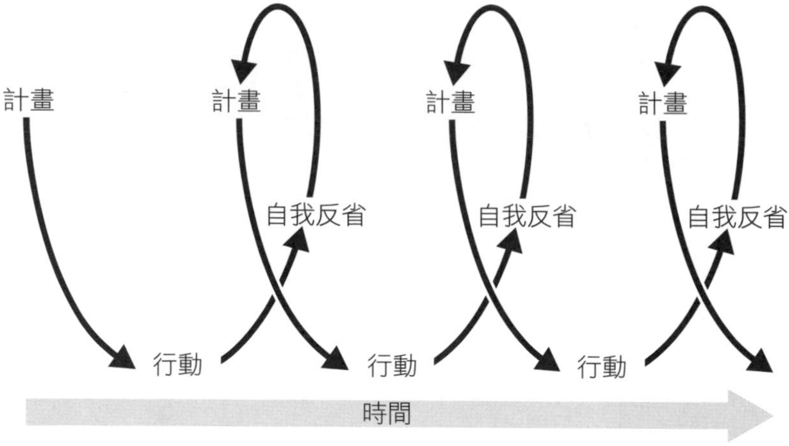

圖 10.1

自我調整是一個持續的螺旋式進程，會歷經三個獨立卻相關的階段：計畫、行動與自我反省。 計畫階段是設定目標，提出策略，又或只是對某種情況由衷感興趣。 行動則是為了做決策而需要專心，並且監督自己。自我反省的階段是檢討自己的表現、應對進退，以及——很重要的——下次可以改進的地方。每個步驟都是自我調整的要素。

如何幫助孩子發展自我調整的能力

自我調整的能力不是與生俱來，或是無法改變的特質。自我調整是一項可以透過練習而改進的技能，但是我們的孩子需要家長的協助，因為他們在學校裡無法操練這種能力。

過去二十年來，美國的幼稚園（kindergarten）改變甚多，幾乎和過去都不一樣了。一項大型的研究比較了一九九八年和二〇一〇年的美國公立學校幼稚班，結果顯示，現今的老師對學生有較高的學業期待：他們將更多的學習時間花在識字、數學和考試上面，而減少了美術、音樂和科學的時間。現代的幼稚園老師將更多時間用在老師主導的教學上，卻減少了由學童自主選擇活動的時間。[3]提高對學業的重視表示，在幼稚教育的課程幾乎沒有安排自由遊戲的時間，而且校園中用於教授其他技能，例如：社會意識、個人決策、自我調整能力以及解決衝突等的時間也減少了。這些改變實際上代表著幼稚園等同於新式的一年級，或甚至是二年級。

正式的教學架構與測驗方法大都有賴於學童能夠專心與專注於教學的內容。最近的一項研究顯示，當孩子在六歲，而不是五歲，才進入幼稚園讀書，那他們到七歲時，無法集中注意力以及過動的問題較小，而且這些差異到十一歲時仍然存在。[4]這項研究對我們是很大的警訊，告訴我們，幼稚園的教育必須有所改變。

這個就學準備度的研究是在丹麥（Denmark）完成的，丹麥的學前班是義務教育，因此丹麥的家長可以選擇讓孩子晚一年上小學，讓孩子繼續留在一個有更多自由遊戲時間，與更適齡發展的課程環境中。那麼，在學前班不夠普及，學費又昂貴的美國，情況如何呢？美國有八個州，加上哥倫比亞特區（District of Columbia），要求五歲孩童必須就學。[5]家有五歲幼童的美國父母會面臨四種選擇，其中沒有任何一種選擇是理想的：（1）太早把孩子放在學校的環境中，（2）額外支付多上一年學前班的學費，隔年再以比同學大一歲的年紀上幼稚班，（3）支付有不同教育哲學的私立幼稚園，或（4）在家教育／請願免除義務。孩子不應該陷於為制式教育而犧牲自由遊戲的處境，父母也不應該為了孩子的益處而不敢讓孩子就學。

其實我們還可以有另一種選擇：如果能以一種同時能增長兒童的選擇、經驗、遊戲、所有權與自我調整的方式，重新設計課業內容的傳授，我們就可以同步教導孩子如何學習、如何生活。有證據顯示，這個選擇的立足點是上述技能可以在校園中學習，而成果則符合神經科學的課程改革。

為兒童設計的自我調整訓練課程

據研究顯示，至少有兩個沉浸式（immersion）課程可以改善幼兒的自我調整。這兩個課程都使用遊戲本位（play-based）學習，但方法有別。

第一個課程名稱是「心靈工具」，課程著重於建立學齡前兒童自我調整技能的方法，這是以俄國心理學家李夫・維高斯基的理論為中心，理論主張兒童早期的社會戲劇性遊戲（sociodramatic play），有益於發展自我調整。[6-8]「心靈工具」有助於學齡前兒童及學齡兒童（包括被診斷出患有過動症的兒童）的執行功能技能（工作記憶、注意力和行為控制）。[9]而這個訓練課程的確有效：參加心靈工具課程一至兩年的高危險群學齡前兒童，相較於沒有參加該課程的孩童，具有更佳的執行功能技巧。[10]

第二個課程是蒙特梭利教育，這個課程的基礎是義大利醫生暨教育家瑪麗亞・蒙特梭利（Maria Montessori）有關行為正常化的觀念，從「無序、衝動、漫不經心，到自律、獨立、有序、和平」。[11]雖然鼓勵孩童遊戲，然而這個課程並不強調社會戲劇性遊戲；相反地，孩童投入在各項實際活動中（例如：孩子不是玩辦家家酒，而是真的烹調）。後續評估顯示，到五歲時，蒙特梭利兒童的執行功能技巧優於上其他幼稚園的同齡兒童，也有更佳的社交能力與學業技能。到十二歲時，雖然這些差異消失了，但蒙特梭利學童在寫作上所表現的創意，仍然優於就讀其他類型學校的兒童。[12]這些結果清楚顯示出，幼兒的確有能力學習自我調整的技巧，而且蒙特梭利的課室，也是對師生雙方壓力都較小的環境。身為家長的我們可以為孩子尋找這類的教育課程，或是也可以依據這類有實證基礎的研究，選擇自己在家裡做些改變。

自我調整的方法

如果孩子沒有參加這類沉浸式課程，那麼有何方法能夠增加孩子的自我調整能力呢？以下就是我們在本書已經討論過的大多數方法的融會貫通。

正念與反省

我們需要讓孩子放慢步調。在為期六個月的時間裡，當老師每天在課程中加入十到三十分鐘的正念／瑜伽練習，研究人員發現學童的注意力、延宕滿足與抑制控制（inhibitory control）都有進步。這項研究最棒的發現是，在學年初期最無法規範自己行為的孩子進步最多。換言之，那些「麻煩」的孩子從這項訓練中獲益更多。[13]

我兒子小學一年級開學的第一天，老師點了一根小蠟燭，放在地毯中間，學童圍坐成一個圓圈。這是讓人家安靜下來的時間，沒有人說話，沒有人向圓圈另一邊對坐的孩子扮鬼臉。孩子應該注視蠟燭，安靜不動，聆聽、觀察、反省、體察自己。這是回應式教室課程的一環，認為正念時刻能夠讓每個孩子在早晨有個好的開始。但是這個方法對六歲的孩子真的奏效嗎？過了兩分鐘，開始有些騷動，老師溫和地輕聲糾正，然後時間到，他們開始晨會時間。

我喜歡這個主意，我也想和我大學部的學生一起實行。我很欣賞在當下片刻的回歸。但是直到我在五月再度參加晨會，我才看到令人驚奇的轉變。老師點起蠟燭，孩子安靜下來，燭光搖曳閃爍，孩子們持續靜修。我盯著蠟燭看了許久，都覺得時間稍嫌過長了，然而舉目環顧，訝異這位老師在這短短幾個月的時間裡所辦到的事情。

思緒飛快，說話滔滔不絕的賈斯伯坐在老師的膝上，雖然有點扭動但卻是安靜的。剛剛才哭著和媽媽難分難捨的內瓦赫安坐地上，專注地看著蠟燭。向來我行我素的泰勒低頭看著地毯，不看燭光：我一直在等著看他會不會突然把鞋子丟到圓圈的中間，或是和坐在他旁邊的希奧嬉鬧，可是並沒有。

當我坐在那裡，原來兩分鐘的安靜時間延長到五分鐘，然後再延長為十分鐘。那些額外時間的威力超乎尋常，但每個學童都做到了。我保證，在開學的第一天，沒有一個孩子能夠辦到這一點。然而他們每天早上都在練習。這是送給明年二年級老師多好的一份禮物啊！也是給這些孩子多棒的一種技能，十分鐘就是做自己的能力。沒有電動遊戲，不玩手機，他們可以獨自面對自己。

在課堂上培養這項技能並沒有特殊的魔法。其實老師之所以必須教導這項技能，是因為學童就學時並沒有所需具備的自我調整能力，好讓自己成為學習經驗中能有實質貢獻的一份子。每位家長都知道，只需要一、兩個孩子就可以破壞教室中所有人的學習，老師要不斷浪費教學時間來管理某個孩子，真是很煩人。然而家長卻可以輕易地在家裡教導孩子自我調整的能力。

成熟的遊戲

遊戲是一種很好的方式，讓孩子藉由規範自己的行為及磨練自制力的機會，在日常生活中練習執行功能。而最佳的練習時間就是在非正式的時候：在遊戲中。學齡前時期的遊戲經驗容許幼兒以不受成人掌控的方式來探究生活。一旦他們進入學校，並且教學開始著重閱讀與數學技巧，他們的活動就變成由成人主導，甚至連課外活動和體育活動，也通常都由成人主導。如此便少有機會能練習自我調整與執行功能的能力了。自由遊戲是一個不容改變的童年空間，你永遠不會再有如此盡情玩辦家家酒的機會，遊戲此後也不會再像現在一樣被視為是如此重要的學習工具了。

但僅僅是自由遊戲還是不夠的。我們希望的是**成熟的遊戲**，才能促進自我調整的技能。[14]「在這類型的遊戲中，孩子練習做決定，而且必須提前規畫。「心靈工具」的課程透過要求孩子在行動前先思考，並透過畫出場景與他們所扮演的角色，來規畫遊戲，以此鼓勵成熟的遊戲。孩子開始玩了，老師會巡視各個小團體，看看遊戲是否順利進行。

成熟的遊戲不是玩「抓鬼」遊戲，也不是在下課十分鐘玩辦家家酒。成熟的遊戲有豐富的常態人物，有背景故事——護士對有生命危險症狀的假扮患者進行檢查；遇到停電的店家，在冰淇淋融化之前，提供免費冰淇淋給社區的小朋友。一場成熟的遊戲可以延續數週的時間，並且會涉及孩童之間複雜的人際溝通。兒童有能力從事角色扮演，這是需要有自制力來延續人物角色，並能抑制衝動，以免用不切合他們在遊戲角色的方式行動。[15]

孩子們的遊戲時間比以前更少了，研究人員也觀察到，當孩子可以玩遊戲時，成熟的遊戲也較以前少。[16-18]然而成熟的遊戲需要靠**時間**來發展——但現在孩子所欠缺的正是這種遊戲時間。孩子必須學會玩遊戲——他們先要假裝切蔬菜，然後成為廚師，或許後來終於開了一家餐廳。如果我們給孩子的遊戲時間，只足夠開始這個過程，我們就是把他們監禁在只能切蔬菜的階段。

假設我們不給孩子足夠的時間，他們永遠不可能贏得虛構的**廚師大賽實境秀**的比賽，然後把百萬美元的獎金捐贈給當地的食物銀行。我們無法直接跳接到結局，這是一種過程。孩子遊戲時間很少的這個事實，著實令人不安，尤其是當我們也看到幼童自我調整能力下降的這個事實時，因為我們知道這類遊戲可以提升自我調整能力。

創造力與自制力

創造力關乎變通規則，但是當情況需要時，你必須能夠照規則行事。適應力好的孩子兩者都可以做到。我們如何教導孩子，在必須等待的時候好好等待呢？我們可以教他們如何解讀當時的情況、如何創造、如何預測、如何做白日夢、如何哄騙自己。這類的自我操縱也是自制力的一種形式，知道如何運用以及何時運用則是關鍵。

研究顯示，兒童在角色扮演以及演出某種情境時，會展現出更強的自我調整能力。以「靜立」這項超級艱難的任務為例，家長知道要孩子長時間這樣做，幾乎是不可能的（甚至對某些孩子來說，連十秒都做不到）。可是當學齡前兒童假裝是虛擬工廠的一名警衛，要管理其他孩童，這時比只是單純要求他們靜止一段時間，他們可以花更長的時間立正站好。如果你請小孩假裝成「瞭望者」，比起只要求他們靜止不動，他們可以靜立更長的時間。一項研究指出，「瞭望者」平均站立十二分鐘，而其他孩子則是四分鐘，這是驚人的差異。[19]

在相當單調的任務中加入創造性的遊戲元素，可以讓孩子以按照指示的方式，練習自我調整的能力。例如：在一項研究中，當研究人員加入一個想像的人物，從旁觀看參與的兒童是否遵循指示，這些兒童可以花更長的時間，將一根根的火柴，從某一堆移動到另一堆（一項既單調又毫無意義的任務）。[20]和孩子一起做這類的事情，有助於使自制力成為一種習慣。當然也可以練習必須抑制衝動才能獲勝的遊戲，像是紅燈／綠燈，當有人說「紅燈」或回到原點時，你必須停止奔跑。在遊戲期間所完成的事情，仍然是種練習，它們都是可以培養技能的。

把事情遊戲化並非溺愛孩子，相反地，這是一種把等待轉換為內在思想的方法，也是一種教導孩子，在無意義的情況下尋找意義的方法。有一項對六至九歲兒童的研究顯示，那些內心想像世界比較活躍的兒童，比內心想像世界乏善可陳的孩子，更能長時間保持安靜。[21]想像的歷程是個有力的工具，能夠控制幼兒的注意力，也能夠為較年長的兒童提供恰當規畫能力的靈感，因為要製定一個連續性的行事計畫，你必須能夠預想結果。這是另一個激勵人心的理由，來培養孩子的創造力，在沒有設定為遊戲的時間裡，找時間玩耍。

人生中無聊的事情不會變得比較不無聊，成年人只是更懂得對付無聊。其實，成年人甚至可能並不是更善於等待，因為隨著智慧手機的出現，任何時刻都不至於「浪費」掉。就這一點而言，我們大人可能是在要求孩子做一些甚至連大人自己都辦不到的事情——等待時不拿別的事物填塞空閒。

教養孩子的時候使用想像力或是角色扮演，顯然需要家長方面的創意，但這可以讓那些孩子需要等待的情況，變得更能忍受一點。我們藉著利用創造力過程來哄騙孩子進入短期的自我控制，這會成為一種習慣，最終自制力就能長期保持。如果家長能提供這種的輔助練習，孩子將會更快開始調整自己。

創造力和自制力看起來好像是相反的概念，但它們是彼此互相增長的。練習自制力可以增進創造力，因為當缺少了平常的選項時，反而更能夠有彈性。例如：如果你被要求寫一篇故事，但是寫作時不能使用字母 a 和 n，那你就會想出新穎的方式來表達自己的想法。[22][23]

同理心與自制力

自制力大多取決於我們的行為對其他人所造成的影響，如果我們把行動放在這種脈絡中，那就更容易彰顯這個行動的意義。為了要了解別人在某個情況下的觀點，公開思考這件事情並考量不同的處理方式會有幫助。當你對著孩子說：「我們不打人，你打人媽媽會痛」的時候，你已經開始教導孩子這種自覺了。

觀察有益，觀察有助於整合你的所見與所知，觀察有助於嘗試預測未來，並且這些技能越用越精。有創意的角色扮演也有助於此。這個做法可以簡單到只是問道：「如果有人打你，你會有什麼感受呢？」

儘早加強這些社會情緒技巧非常重要，因為過渡到小學的難易，大多取決於這些技巧。[24]社會情緒技能會界定執行功能的各部分，並結合其他技能，包括心智理論（能夠從另一個角度看待事物）、長期記憶檢索（long-term memory retrieval），當然，還有自我調整。[25-27]

孩子還小的時候，我們習慣和孩子談論他們的行為對其他孩子的影響，但是我們不會一直繼續這種對話。有時候這還會是小學低年級教育裡的一部分，但後來我們會假設孩子懂了，老師轉而著重學業內容，而大人很快就會對一個調皮搗蛋的孩子感到不耐煩。

考慮他人的感受是生活適應的一環，你會理解教導同理心對解決自制力問題有多麼重要。我們必須**有理由**讓自己不做出某些行為，所以動機便顯得相對重要。一個人可以為了達到自己的長期目標，而控制自己的行為；或是因為考量到其他人的感受，而控制自己的行為。做為一位想教導孩子生活技能的家長，行為的動機還不如**練習**控制自己行為現象下的實體神經結構來得重要。我們希望孩子能夠從運作良好的大腦架構中湧現出恰當的行為。練習的目的是讓孩子儘可能毫不費力做出正確的事情，這樣他們便可以把精力省下來做更高階的思考，用來創作，用在應用同理心，用來解決問題，用來改變世界。

透過正念來培養自我調整的能力

令人困擾的人際互動在這個世界上總是無可避免，許多人在與人發生衝突，結束爭執的那一剎那，會希望自己先前採取了不同的作為。家長可以使用正念和鷹架支持，來幫助消解衝突對孩子可能造成的壓力。但我們也希望利用這些經驗，作為一種學習工具，來增進往後的自我調整——無論我們的孩子是在引發衝突的哪一方。以下的五個要素：身體、心靈、情緒、事實、反省，能在遇到麻煩時，幫助你使用創造力、同理心與自制力，來促進自我調整。這套完整程序可能需要花上一段時間，因此所有的過程不一定得一次完成。

- **平靜的身體**——為了獲得沉靜的心靈，首先要把重點放在幫助孩子把身體安定下來。這可能表示得請孩子坐下來，花一分鐘左右的時間，專注於自己的呼吸一進一出時，身體的感覺。[28]
- **沉靜的心靈**——接下來，孩子可以致力於讓腦子停下來。平靜的肉體與沉靜心靈之間的橋梁是感官知覺。可以透過請孩子專注於身旁的刺激，靜默地想著所聽到的三件事物，用觸覺感受到的三件事物以及能聞到的任何氣味，來幫助孩子練習知覺。[29]
- **對個人情緒的敏銳度**——接著，藉著說出自己感受到的三種情緒，培養對自己感受的敏銳度。你希望孩子了解自己的感受，標記這些情緒對這個過程會有所幫助。

- **承認事實**——接下來，你可以藉著敘述這個麻煩狀況中所發生的事情，來和孩子討論。這種自覺必須先有事實基礎，然後他才能夠進一步預測其他人的情緒或是可能造成的影響。孩子可以考慮自己在這個特定的情況下，所能夠採取行動的所有選擇，但他首先需要承擔與接受所發生的事情。
- **批判性反省與預測**——最後，孩子可以更進一步對這種情況進行批判性反省：下一次他如何能有不同的作為來改變結果，或是他有無能力解決這個問題呢？這就是他可能需要運用認知同理心以及一點創意，來決定將來的行動，這些行動可能也需要有點自制力。藉著為孩子提前做好準備，你正在幫他預備行動，讓他對這個特定的狀況更為老練：他會有行動方針可以依循。你幫助他預先策畫好自己的自我調整。

如何使自我調整成為第二天性？

每個人都應該認識神經科學

- 所有的老師和家長都應接受有關正常大腦發育的訓練，認識練習如何改變突觸連結。
- 兒童應該學習神經元如何運作，這會幫助孩子了解創造力、同理心與自制力等素質不是天生的特質，而是他們可以努力學習，並熟練的技能，無論他們是誰。

改變教學方式

- 從學前班到大學的教學方法，應加入創造力，使它成為一種普遍的學習方法。
- 創造力應該成為教導自我調整與同理心的一個尋常環節，這樣孩子就可以想出更好的選項，因而對自己個人的處境能有更多掌控。
- 孩童早期教育的重點，應該放在自我調整的技巧上，而不是在自制力上。

改變孩子使用時間的方式

- 每個孩子每天應該至少花三十分鐘從事自我引導，而非玩具導向的遊戲。
- 學校教育應該要有社會教育的成分，其中包括解決衝突。
- 學校每天應該要找時間，讓每個學童有正念時間，或是有個安靜的空間。

增加教養資源

- 家長遇到難解的教養問題時，應該有容易的管道來獲得專家的建議——讓專家可以在那種時候一步一步協助家長，了解該怎麼做，並協助訂定往後的教養策略。
- 家長應有資源來發展自己的創造力、同理心與自制力。成人的身分並不代表我們來不及在這些事情上有進步，如果我們在自己的生活互動中示範出這些品質，孩子也更加有可能實踐這些行為。
- 家長在讓孩子服用藥物治療行為問題之前，應該知道本書中所傳達的資訊，特別是對於有注意力缺失疾患的孩子，因為對還在發育中的大腦，使用任何種類的甲基安非它命（methamphetamine）可能會產生問題。

第十一章
教養的致勝之道
——動機・管教與賽局理論——

有時候孩子有足夠的動力去做我們認為正確的事情，但更多時候，教養這回事往往變成一種要孩子不要採取損人又不利己的行動（套用心理學家的行話來說）的掙扎。想讓孩子重視自我調整，你必須先讓他們相信，並且支持自我調整的理念。要做到這一點，你必須讓自我調整顯得有吸引力、可預測，並且值得做——不只是在短期間，對長期而言也是如此。

身為父母的我們，可以採取各種不同的方式來助長孩子的動力，這包括了讓孩子處於獎勵自我調整的處境、運用管教/後果，甚至使用賽局理論來制定孩子最適用的遊戲規則。自我調整的方法形形色色，它們的宗旨都在於提供孩子策略，讓孩子練習控制行為，練習調和需求與渴望，以使孩子表現出符合社會意識型態的行動，在各方面增進孩子的個人幸福。

動機：如何激勵孩子

動機是一種影響力，影響你選擇從事某件事情的理由、從事某件事情的時間長短和你追求目標的努力程度。[1]為了了解孩子的動機來源，你必須明白孩子為什麼可能會願意為了自我調整所要求的一切而努力。動機分為兩種類型：內在動機和外在動機。

內在動機

內在的道德感是你行事的自然方式，由不可見的力量引導著，這種力量現在知道是由神經網絡所驅動的個人品格。孩子將行為的標準內化，並且知道該如何遵從這些標準，以某種內在的道德指南，作為行為的指標。因此，兒童能夠將「家訓」內化，遵循一套行為標準。當你有個順從的孩子，再加上動機，教養可以是件容易的工作。

然而，當孩子的道德指南方向偏差時怎麼辦呢？當然啦，內化那些家長視為重要的觀念是首要之務，但也必須有一種方法，可以在對抱持不同目標的孩子灌輸我們的道德觀點時，仍然能重視他們的觀點。

以皮特洛為例：他有屬於自己非常強烈的道德理念，然而這些理念並不總是和其他人一致。他有發展良好的公義感，常常以忠誠與關懷的方式支持弱者，但是這可能會讓他無視於那些他認為已經具有優勢者的感受。皮特洛的母親茱莉亞必須繼續加強皮特洛某些同理心的特質，因為在某些情況下，皮特洛超有同理心，而在另外一些情況下，卻顯得毫無同理心可言。茱莉亞會示範、做鷹架支持、練習同理心。比起其他孩子，她對皮特洛需要付出更多努力。

例如：有一天早上，當皮特洛被分配的晨間工作是「把洗碗機清洗好的碗筷歸位」時，他發了一頓脾氣。茱莉亞很清楚，他的脾氣至少有一部分是假裝的，但他的三個兄弟姊妹中有兩個人為他難過，所以自願和他交換工作。他是發脾氣來算計他的兄弟姊妹嗎？沒錯。但他也運用了一股超能量：同理心。

操縱一詞讓人想起的，與我們通常會與同理心相關聯的一切，大相逕庭。然而操縱和同理心有非常緊密的關聯。操縱是經過精心策畫的大腦運作，不僅要對他人的感受有所認知，也要對自己的行為如何能夠改變他人的感受，有進一步的理解。

皮特洛兩歲的時候，由於還太小，所以無法針對他每個行為的優劣做理性的對談，儘管茱莉亞真的很努力想和他進行這類的對話。但現在皮特洛十一歲了，茱莉亞已經厭倦了不斷對他重複說著相同的事情。茱莉亞開始覺得好像自己的做法錯誤。皮特洛已經變成一個坐在角落，心中盤算著：「很好，我的計畫很值得。」的小男生。而在此同時，他周遭的人都成了受害者。

茱莉亞總是告訴皮特洛，他應該利用他的能力行善，而非行惡。他可能無法完全明白她話中的含意，但是藉著不斷的重複和示範，他有一天會懂的。藉由教導他對自己的每個行動深思熟慮，茱莉亞可以把她具有高度認知同理心的孩子，從一個「操縱者」轉型為一位「領導人」。

茱莉亞知道皮特洛**能夠**改變。但是她如何讓他自己也有**意願**呢？茱莉亞要從根本做起，她可以透過讓皮特洛練習同理心，來建立他自己的價值評估系統。她可以利用創造力是皮特洛的強項這個事實，來幫助他解決衝突。她可以說明清楚，哪些是社會所能接受的規則與標準，為他示範他該做到的事，並且對皮特洛行為的後果有明確規定。為孩子提供錯誤行為方式的替代作為，並且要求他們做不同的選擇，是孩子幼年期教養的主要工作。但同時，皮特洛需要家長付出更多心力。茱莉亞還需要釐清另外一些事情，正如其他有動機低落子女的父母一樣。當孩子的內在動機不足，家長有其他方法助他一臂之力，這就是外在動機可以派上用場的時候了。

外在動機

外在動機如同它的字面意義一樣：孩童從事某件事乃是出於己身以外的理由。外在動機就是當孩子知道別人對他們行為的期待，然後選擇了為他們的良好行為所提供的「獎勵」。[2]作為父母，我們能做的最重要事情之一就是，鼓勵孩子（經由練習）逐漸讓外在動力驅動的事務，轉化為內在動力驅動的事務。當這些事經由內在動力驅動時，就會成為孩子的第二天性，而當我們練習這些事情後，它們便自然成為習慣。我們可以透過一些方法來加強孩子的自我調整行為，以幫助孩子練習這些事情。

要求孩子練習承擔

內在動機與外在動機的觀點對所有權（承擔）或是「責任」的概念有所不同，而外在動機通常會導致對行為的承擔較少。讓我們把教養想成是一家公司，家長是公司的執行長，孩子是員工。心理上的所有權是商業世界中有效運用的一種工具：它的理論是說，一個人對自己目標的掌控程度越大，他對目標的所有權（承擔）就越多，也就會越努力去實現目標。[3]心理所有權涵蓋了五件事：責任感、認同感、責任承擔、自我效能（self-efficacy）和歸屬感——這些都是我們希望孩子所擁有的品格。在商業環境中使用這種方法可以留住人才，並且造成更佳的態度（也包括投入工作的程度與責任）、自尊心、自我效能、自我認同、動力、承擔責任、績效和歸屬感。[4][5]這個方法對家庭生活也應該具有相同的效果。

你希望孩子從頭到尾承擔起自己的行為——你要這樣要求他們。如果你就某個狀況和孩子詳談過後，清楚知道他做錯事了，在孩子承認自己有錯之前，不要結束談話。要求孩子承擔自己的行為，是改變孩子行為的必要條件。你具體說明那些我們所**不樂見**行為的詳細方式，就是為點出我們所**樂見**的行為預留了空間。而那就是下一步：你需要問孩子，下次他們的行為會有何不同，而他們需要想出答案。留出時間暫時停下家裡的活動，直到完成這場對話。如果孩子猶疑不定，或是無法想到任何辦法，那就請他們想出他們的行為會影響其他人的三種方式；這通常會是找出改變行為的具體方法的一個良好起點。

所有權是一種強大的心理工具。想想以下這個簡單的心理學研究：受試者被要求將有圖案的卡片放入自己的籃子或是放入別人的籃子裡。事後，受試者記住自己籃子裡的卡片圖案比記住別人籃子裡的還多。[6]如果我們擁有某項事物，那我們對這些事物的記憶就會比較多。同樣的道理，孩子透過幫忙訂定規則與規定後果，而認為自己就是那個自始至終做成決定的人，那麼孩子會對自己的選擇更有把握。

但是沒有人能永遠遵守規則，當他們犯規時，一定要讓孩子遵循正確的方式行事（如同在第七章「OUT架構」中所寫的）。這是為真實的世界所做的**練習**。請記住，家長為孩子設立的世界，是他們能無後顧之憂，來練習這些生活技能的唯一地方。

鼓勵目標導向的行為

鼓勵所有權的一個很棒的方法是，讓孩子為自己設定目標。設定目標是將屬意的結果（目標）設定為一個人行動標的的過程，這也是提升成績，老套卻仍然有效的方法。[7]這件事向來為人周知。設定目標是舊聞，並且在教育環境中一再顯示有效。[8,9]但父母仍然努力不夠。設定目標可提升動力，而設定十分具體的目標，比起只是告訴別人會盡自己最大的努力，能更有效地提升動力。[10-12]在孩子有需要改進的事項時，幫助他們儘早設定目標很重要。

我們明白自己對孩子的目標，或許遠比他們為自己所設定的目標更長遠。沒有多少孩子會把目標訂為：長成一個善良莊重的人。那是父母的工作。藉由告訴孩子身為父母的我們目標何在，並解說將如何實現這些目標，可以教導孩子訂定目標，並且努力實現這些目標。孩子在這些過程中所扮演的角色，比家長更形重要。潛移默化發生在他們身上：所以我們有充分的理由讓孩子參與教養的過程，不要對孩子隱瞞我們的動機。家長的教養方式是孩子的第一個榜樣，教導他們學習如何改變長程行為，如何循序漸進地朝著目標努力。

善用童年時期的神經可塑性

一名研究成癮症的研究員提供女兒一千美元的獎金，請她在二十一歲以前不要嘗試任何毒品。我們注意到他沒有說**永遠**不要嘗試毒品。但他知道，在大腦發育的過程中，神經迴路非常容易依據通路的啟動而重新連結，特別是多巴胺獎勵迴路。

你的孩子可以等到他們上大學才開始學習自我調整，但到那個時候，他們的學習會困難許多。他們總是優先使用在腦部積極成形時所啟動的那些神經迴路。這些是強有力的神經連結，受到經年累月使用的強化，使得這些神經元更容易被激發。

雖然這並非不可能，但是要改變預設的神經迴路，要持續選擇啟動不同的神經通路，這種改變對處於發展後期，或是大腦主要發展已經完成的大腦而言，難度更高。要讓一名直到成年期才開始飲酒的人成為一名酗酒者，並不容易。[13]

如果你能夠支付某組織一千美元，請他們為你的孩子打造自我調整的神經通路，你想呢？那會是一個蓬勃發展的行業！但最佳的商業企畫應該是，從孩子年紀還小的時候就開始，每天和他一起花幾分鐘的時間努力。這會替你省下一千美元：你就是那個組織，你可以辦得到。

就來賄賂孩子吧

賄賂**是**外在動機，外在動機的核心問題在於「我能獲得什麼好處？」當二年級教師公布用貼紙和披薩作為獎勵系統，鼓勵優良行為，這使得所有「優良」家長不免為難，忖思：**我**永遠不會賄賂孩子行好，但我猜這個方法或許會對課堂上那些**麻煩學生**奏效。然而，賄賂，作為一種外在動機的方法，在神經科學上的確有其用意。賄賂絕對值得在大腦發展的敏感時期使用，來形塑大腦發展。

我們知道練習可強化神經迴路。無論你行為的動機為何，最終，你決定這麼做所運用到的神經元連結是相同的；而練習會啟動的，也是那些相同的神經通路。利用放置在大腦中的電極片，你就可以啟動神經通路，如此也會產生相同的效果，這些神經通路的功能會愈發強化。一旦這些通路被使用，它們下次就更有可能再度被使用到。

為了讓賄賂策略奏效，你需要記住兩件事情：

- **信任很重要**——人如果無法完全信賴獎賞的來源，他們就比較不可能為了接受獎賞而等待。[14]身為家長，我們可以努力與兒女建立可信賴的關係。家長需要說到做到。如果你承諾給孩子某種獎勵，那就要給孩子應得的獎勵；如果你承諾某種懲戒，要明確說明，然後澈底執行。
- **獎勵很重要**——獎勵必須是孩子所重視的事物，而且從一開始，獎勵就要有一貫性。如果孩子一直都清楚遊戲規則，那麼他們就能更加投入。

管教

好了，我現在要談談「管教」這兩個字：**管教**（動詞）意思是「訓練（某人）遵守規則或是遵守某種行為準則，用懲罰來糾正不服從規則的人。」[15]管教是在打造神經元突觸時不可或缺的一環。不過讓我們把管教以其名詞——紀律，來思考問題。我們都希望培養出一個**有**紀律的孩子。請謹記以「紀律」的角度來教養孩子——教養努力實現目標的孩子，有高度自我調整的孩子。讓我們使動詞的**管教**符合其名詞的意涵。畢竟，它們是同一個語詞，而且管教的含義也比僅只是懲罰還廣得多。

管教是兩種元素的組合：（1）告訴孩子「不行」，然而同時也要（2）強迫孩子「答應」去做某些他們不一定想做的事情。當然，這一切都是為了孩子的好處而做。我們要構建一個人工版充滿「獎勵」與「後果」的世界，來模仿人生實際運作的方式。然而，管教充滿了易犯的錯誤，以及過度管教的可能，而且當我們變得被動反擊時，會更容易犯錯。但即便如此，打造適當的神經元連接，還是教養的核心環節。

告訴孩子「不行」

我們需要孩子聽我們說「不行」，我們需要他們練習回應這些禁令。每當孩子的行為會對其他人造成負面影響時，你應該告訴他「不行」。或是從反面來說，當他必須做一些他不想做，但為了個人的成長應該去做的事情時，你應該強迫孩子答應，以練習某項重要的生活技能。

生活中多數的「不行」都不是最終禁令，而是你在到達最終目標前，必須解決的一些難題。聽從並接受「不行」是重要的——並不是要把它當成一個終點，而是當成一次挫敗。家長有幾個簡單的方法，可以將接受偶爾的「不行」納入日常生活中，這包括幫助孩子等待、練習自主行為。

讓孩子等待

「等待」不再是我們文化中的一部分了。我們現在看電視節目可以隨意轉臺，我們在不當季的時候也吃得到橘子，我們在簡訊上可以看見點點的訊號，表示有人此刻正在回覆我們的簡訊。然而等待某件事情代表著你對它的重視，而這和目標導向的行為是有所關聯的。

等待對每個人來說可能都很難，所以有時候當你要求孩子等待時，教他們如何運用創造力，會讓等待變得容易些。像是在開車旅行的漫長路途，猜測開過的車子裡陌生人的職業，這樣的活動是我們會用來「打發時間」的活動。但打發時間**正是**等待的藝術，這是孩子所需具備的一項非常重要的技能。

教孩子在他們有話要說的時候，先解讀社會性線索也很重要。不要讓孩子隨意說話，如果你正在與人交談中，他們需要等到一個暫停的時間點。他們的意見是重要的，但其他人的意見也一樣重要。這樣做會降低孩子自以為重要的想法，而在輪到他們說話時，他們仍然可以保有良好的自我價值感。

不要讓孩子永遠是贏家

沒有人喜歡輸，但每次都贏，卻是讓孩子以完全失真的方式，體驗這個世界，所以當親子一起玩的時候，一定要確保孩子有**輸和贏**的兩種經驗。和孩子玩抓鬼遊戲時，如果你抓到他們，你就是抓到了。如果你很會打高爾夫球，那麼在玩迷你高爾夫球時，應該多半會是你贏；但這樣的你回到家，應該玩一些孩子比你還擅長的遊戲，比如：誰能最快找到他們最愛的睡前讀物。安排情況讓孩子有贏的機會，與讓孩子贏，是完全不同的兩回事。

人生就是這樣：有時候你贏了，有時候你輸了。一旦遊戲結束，運用同理心來理解整個狀況，如此孩子才能從贏家和輸家雙方的立場來看事情。不要等到有人因為輸贏而傷心才開始這類的對話。

不要為孩子善後

有時候能幹的孩子也會表現出無助的樣子。如果你不介入幫助，他們會被迫自己試著解決問題，不管是要拉上外套的拉鍊、整理房間或是和心情不好的同學聊聊。這些方法需要創意。立下一個原則，只有在自己試著解決問題後，你才能幫忙他們。

當家長必須不斷提出有創意的方法來解決問題時，教養這件事就會變得令人感到疲乏，而你的孩子也沒練習到他們的創造力。不如提供鷹架支持，和孩子談談他們所遭遇的事情：為什麼你的同學會戳你呢？到底能夠有什麼解決方法呢？把問題丟還給孩子。讓提出創造性的替代方案，成為孩子自己的任務。

教導孩子肯定式同意（Affirmative Consent）

我們的社會對「同意」的概念碰到問題：我們如何表明同意？我們如何確認同意？然而有兩件事情使這個問題更加惡化：（1）那些不習慣聽到別人說「不行」的天之驕子，以及（2）解決衝突能力很差的孩子。如果我們的社會把「肯定式同意」降格到只用於性關係的世界，那就是無視於肯定式同意其實是個強大的社會工具。

肯定式同意不是只和性有關。肯定式同意是關乎尊重，也因此，肯定式同意是一項工具，父母應該和孩子從小一起練習使用。兒童早在青少年以前就需要知道什麼叫「同意」——不只要懂得如何徵求同意，還需要知道如何予以同意。

父母有很多機會教導孩子肯定式同意。例如：凱莉最近帶她兩個兒子到湖邊玩。她十一歲的兒子凱爾拿出兩把大型的水槍，要他五歲的弟弟布雷迪選擇一把。當布雷迪還站在那裡不動時，凱爾已抓起一把水槍，朝著弟弟的臉上猛噴水。他將另一把水槍扔給布雷迪，不等他撿起來，他就繼續玩噴水，好幾次直接把水射向弟弟的眼睛。但布雷迪似乎若無其事，拿起地上的另一把水槍，瞄準凱爾。

「布雷迪，你想玩這個遊戲嗎？」凱莉問。

「嗯，我不是真的想玩。」布雷迪在水柱後說著。

「凱爾，遊戲到此結束，除非布雷迪要你拿水槍射他。」凱莉說。

布雷迪臉上露出鬆了一口氣的表情，凱爾抗議好多次，但是這個原則不變，因為念幼稚園的兒子沒有給予肯定式同意。

使用肯定式同意作為教養工具的意思是，我們必須讓孩子彼此談論那些令他們感到不自在的事情。只靠觀察肢體語言，或是從社會性線索來推論，是不夠的。或許凱爾看不出布雷迪是被迫加入打水仗，畢竟布雷迪看起來沒事。孩子不僅要學習在把玩伴推下沙丘之前事先問過：「你想要玩山大王的遊戲嗎？」他們也必須能夠接受別人的拒絕。

如果他們在小時候養成徵求別人同意的習慣，那麼當他們需要釐清青春期和青年時期的一團混沌時，這種習慣就有助於消解迷惑。

讓我們的孩子在學校裡——不管是幼稚園，還是高中——懂得肯定式同意的觀念，也讓我們在家裡練習肯定式同意。孩子需要明白，在與人的接觸上，同意是其中一個環節。他們需要知道，不管是要揪坐在前面那個女同學的馬尾、拍打和他們一起玩抓鬼遊戲的小男孩的手或是哈利叔叔要給他們一個大大的擁抱，都必須獲得同意。

從道德的角度來看，同意不僅可以保護人們免於不受歡迎的身體冒犯，或財產上的侵害，也可以讓我們界定出願意配合的事項。在那天的湖邊，布雷迪後來請哥哥和他打水仗，但是那個開始玩水槍的審慎決定，必須是出於他自己。「說『是』才算同意」，是一種維持社會權力平衡的方式，教導頗為自信的孩子懂得體諒別人，並給予那些比較被動、羞怯的孩子掌控權與自信。

我們不應該讓孩子等到上大學才學習關於「同意」的事宜。他們在年紀更小的時候，就需要了解這種觀念。我們需要為我們文化中的教養觀注入一種觀念，那就是——肯定式同意不僅只是規範性關係的法令，而是君子的為人之道。

教導孩子服從

有時你就是需要努力把事情做好。茱莉亞到皮特洛的學校參加家長會，皮特洛的學校是一所抱持自由、進步主義教育的學校。那次會面在各方面都很愉快：老師真的很了解皮特洛出色的地方，對他樂於助人以及富有創意，也大為讚賞。但她提到，皮特洛沒有按時交家庭作業，也沒有完成課堂上的功課。茱莉亞希望皮特洛在下課時間，留在教室裡把功課做完。然而當老師說：「我希望他終有一天會真心想要完成這些作業。」茱莉亞明白，寄望未來永遠無法幫助皮特洛完成目標。他需要練習做那些他並不想做的事，而且要每天練習。家長如何讓孩子做那些他們並不想做的事情呢？

令人生懼的家庭作業夢魘

對一個在自我調整方面有困難的孩子來說，家庭作業是一天當中最討厭的事情。據研究顯示，七年級到高中三年級的學生，家庭作業和較佳的考試成績之間有相關性，而這種相關性對於年齡較小的孩子就相對薄弱。[16]也因為低年級的學生在作業和成績的相關性較弱，所以教學良好的學校，可以讓低年級的小學生在放學後，除了做功課，還有餘力從事其他活動。

要培養一個均衡發展的孩子，孩子們亟需在放學後，從事非課業性的活動，去玩耍，去調整自己的行為。理想的情況下，在小學四、五年級以前，不要有家庭作業。在習慣以考試測量成績的小學，這真是得強迫推銷的觀念，等到孩子發展到能夠從家庭作業中獲益，再開始給家庭作業，可以讓孩子有時間練習那些被忽視但卻很重要的生活技能（如：自我調整），也不至於讓孩子失去任何可能的學業優勢。

過早給孩子太多家庭作業，可能導致孩子對學校教育抱持負面態度，也會限制孩子放學後可以自在做自己的時間，這些時間包括孩子從事戶外活動或是自主活動。做作業的確可以帶來更佳的考試成績，但和家庭作業量的**多寡**卻沒有關聯性。如果家庭作業的分量過多，以致孩子討厭做作業，要開始做作業就躲到衣櫥裡去，那麼做家庭作業就變成了一場爭戰，孩子反而學會逃避或是敷衍了事。

小學畢業前，孩子需要開始練習做家庭作業，並且能夠把功課做好，以培養良好的讀書技巧。但是，透過遊戲來練習自我調整，可以增強自我調整的能力；而自我調整能力增加則讓孩子以後必須開始做家庭作業時，更能做好。所以如果能在正確時程分配恰當的分量，在家庭作業中練習自我調整的技巧就有益處。17

教孩子分擔家務

兒童不應該是家庭生活的重心，但也不應該被視為二等公民。孩子應該做家事。不一定要指派孩子特定的家務，或分配做家事的時間表，不過有時候這不失為一個好的起點。找機會讓孩子不是因為被命令而幫忙，是更符合現實生活的方式，來教導孩子分擔家務的責任，這或許會更有意義，不過實行不易，監督上也要多些技巧。遇到有孩子能幫忙的機會就要告訴孩子，學習他們也要分擔家事的責任，永遠不嫌早。

讓孩子體會為人服務的感受

為人服務的孩子知道付出是值得的，特別是如果孩子能夠看見他們的付出有所貢獻。服務學習（Service learning）在教育上頗受歡迎，不只在於它能充實課程的內容，也因為它提供偌大的機會幫助個人成長。撿拾沙灘上的垃圾，即使不是你丟的；在你的社區裡幫助所看到的無家可歸者；捐贈舊的玩具和衣物。你也不需要尋求正式的志工組織來為周遭的世界服務：我們要學習的功課是，每個人隨時都可以有所貢獻。

（請參閱第七章「與孩子一起傳播善行」，其中有更多建議。）

運用賽局理論教養子女

為了讓孩子做他們沒意願的事情，我們可以將教養視為一場必須獲勝的遊戲。為了求勝，我們需要在教養子女時運用賽局理論。賽局理論是一種專研互相鬥智競賽的數學，但它也是神經科學。甚至早於二十世紀中葉，賽局理論的名稱首次出現之前，它就在人類史上一直被廣為運用。運用賽局理論的原則可以強化教養方式，因為——我們不得不承認——有些時候，教養子女感覺就像是一場親子間的角力競賽。

讓我們用兩個人玩剪刀石頭布的遊戲，來理解賽局理論的原則。賽局理論認為，如果你玩遊戲的時候採取「混合策略」（mixed strategy），也就是說，你每次都隨機出剪刀、石頭或布，而且完全不知道對方會出什麼，那麼直到遊戲結束，是不會有真正的贏家，因為最後輸贏會扯平，導致勝負不分。這個想法假定人類能夠做到隨機（然而這是我們無法辦到的），而且假定我們永遠不會試圖預測對手可能的做法。

如果教養孩子就像隨便玩玩剪刀石頭布的遊戲一樣簡單的話，那我們就不需要讀這本書了。但真實人生並不是如此進行，教養子女當然更不是。當我們和孩子「平手」時，我們就無法順利進行教養；家長需要獲勝，而為了求勝，我們需要認識會改變遊戲的社會建構。經濟模型假設所有人都是理性而且自私的，然而當我們在賽局理論中添加另層的社會建構時，結果就大不相同了。我們所有的選擇都取決於過去的經驗，與未來的方向，所以當我們在一場競賽裡——或是教養子女時——也必須把我們認為孩子會因應而生的決定，列入考量中。

就本質而言，教養是一種合作賽局（cooperative game），在賽局中，雙方可以進行談判，達成協議。這種協議有時不必言明，但總是關係到某種可以強制執行的實際後果。合作賽局有某種道德義務的成分，而且其中或許也有潛在的罪惡感（例如：當你的手機充電器掉了，你去偷了媽媽的充電器），或是會有明確的後果（像是因為在乎自己的手機電池壽命更勝於媽媽的，因而被剝奪使用手機權利一個星期）。

從賽局理論研究中可以清楚地看出，社會性面向會以出乎意料的方式改變賽局，導致我們並不總是會做出對自己最有利的決定。例如：在「最後通牒」（Ultimatum）的遊戲中，兩個人共同擁有十美元，其中一方可以決定兩人如何分配這筆金額，而另一方要接受這個出價，如不然，則雙方都不能獲得任何報酬。實務上，中數報價的金額約為四美元，而且通常會被另一方接受。

從理性的角度來看，如果一個人獲得任何金額的出價，即使是一分錢，他們都應該接受，因為這顯然比原先的狀況更佳。然而，當你將社會期望的約束力，加諸於這個情況時，研究人員發現，任何低於兩塊半美元的出價，都很可能被第二方拒絕。換言之，接收方的意思是：「對我而言，讓你一文不名，比讓我獲得兩塊半美元更有意義。」這是一種合作社會契約的類型。負責分配金額的人，必須權衡對方的反應。[18]

讓賽局理論這麼有趣的是，這個遊戲有另一個版本，在這個版本中，一個「獨裁者」獲授十美元，他可以給賽局的另一方任何額度的金錢，然後自己保留剩餘的錢，最後結束遊戲。獨裁者平均提供兩塊半美元給對方，即使他們並不一定要給對方任何東西。所以，在「最後通牒」的遊戲裡，如果我們的報價被拒絕，我們連一毛錢也拿不到的情況下，我們會提供大約40％的本金。但如果我們是獨裁者，我們會提供25％，即使我們毫無損失。那25％代表了我們的善心，或說是我們的利他主義。然而在玩「最後通牒」的遊戲所提議的額度（40％），與玩獨裁者遊戲所出價的額度（25％）之間有15％的差異，這15％的差異是出於我們為了避免自己被拒絕的動機。在賽局理論中，你所做的每個決定，都有一個相對應的價格與代價，即使是善意也一樣。[19][20]

賽局理論大多取決於對情境公平性的認定。有一些研究專注於記錄單一神經元，或單一大腦區塊的活動，例如：**杏仁核**（amygdala）和紋狀體。當一個人期待獲得獎勵，認為賽局的社會面向饒有意義時，這些區塊就會被啟動。賽局理論研究顯示，當賽局的一方在考慮另一方的道德品格，在決定對方是否足以信任時，紋狀體區塊的活動會有所調整。說得更詳細一點就是，在賽局中互惠的合作，會增加紋狀體中的大腦活動，但是當合作沒有獲得回饋時，大腦活動就會減弱。[21]

在每個教養情境下，無論是否意識到運用了賽局理論和孩子互動，我們都試圖預測孩子的動向，試圖讓孩子遵循規則。然而，要達到目的最有效的方法就是，建立一種情境，讓孩子接受我們的提議。從賽局理論的各個角度來看，身為家長的我們，早已和孩子達成合作協議。我們正在教導他們一場漫長的人生賽局，如何進行人際談判，以及如何保持互動。但是我們必須謹慎行事，因為在這種場域中，家長的功能可以是對手、陰謀者、警察、看管者或是救星。我們的角色吃重，而且我們（教養時）所表現的公平性，將會影響孩子未來的行事風格。

一名嚴厲的管教者會確保孩子順服。家長一開始很容易變成嚴厲的管教者，但長期這麼做會令人精疲力竭。要從基礎建立一套能夠讓孩子信服，能指引孩子的價值評估與動機體系，是比較艱難的工作；然而一旦建立了，在日常生活中以這種方式來教養兒女，就容易多了。賽局理論對家長有利，但這表示我們需要理解什麼事情能激勵孩子，並製造這些動機。要成為成功的父母，我們不能像是利用含混的策略來玩剪刀石頭布的遊戲，我們必須順應和因應每個教養的情況，而且要審慎用心。事實上，我們還得提前得到孩子對規則與行為後果的同意，否則教養的道路會崎嶇難行。

規則

事實上，孩子們會選擇要遵守哪些規則，要無視哪些規則。孩子只有10％的時間會抗拒道德性的規則，但是有大約70％的時間會不願意遵守那些屬於他們認為自己應有自主權的生活領域方面的規則，比如：他們的穿著和他們對交友的選擇。[22]所以家長要慎選孩子在生活的哪些面向需要遵守規則，儘量給孩子越多自主權越好（以選擇的形式呈現）。讓孩子認為自己有掌控權的認知，能讓孩子在這些地方願意接受。隨著孩子的成長並且更加熟練時，你就越可以讓他們自行承擔決定的後果，直到他們對自己生活的掌控不再只是練習，而是貨真價實的。

自我調整有困難的孩子需要儘量多給予他們選擇的機會。如果現在的孩子總是很能接受別人對他們的指示，那就不會有自制力急遽下降的問題。這些孩子是那種「不管如何，我現在就要吃掉你給的棉花糖，它們很好吃，接下來要做什麼呢？」的孩子。所以，讓他們自己訂規則，只要這些規則是你能同意的。我們請十多歲的兒子自己訂定使用手機的規則，我們只做微幅調整，然後很樂意把它們張貼出來：只能在公共區域使用；一次使用時間不得超過三十分鐘；只有在做完家庭作業與家事後才能使用。

家長可以張貼簡單的規則，並請孩子大聲把規則讀出來。研究顯示，張貼書面規則會讓孩子更可能遵循這些規則。有一項報告指出，如果給孩子互相矛盾的書面和口頭指令，孩子會選擇遵守那些有書面資料的規定，特別是對三到六歲剛會認字的小朋友。[23]（如果孩子還沒有開始學習閱讀，那麼書面規定之舉，對他們就不會有任何影響。）

行為的後果

有自我調整問題的孩子需要有足夠的架構，讓他們能在越多情況下預測自己行為的後果越好。因此，與手機使用守則息息相關的，我們請兒子提出破壞規則的後果，他的決定是：一個星期不能使用手機。他必須承擔這些規則，他必須要，因為規矩是他訂的。現在，當我們偶然發現他不守規定時，我們會告訴他這樣不對，問他該怎麼辦，他會回答說：七天內不用手機，然後我們再把手機拿走。他訂的規則；親子雙方達成的協議；他做的決定。他讓父母的工作輕鬆一點，而且我們不一定要扮演壞人。不過請記住，雖然規則和行為後果很明確，但並不表示永遠不會出現戲劇性的場面。規矩就在那裡，會繼續生效，除非我們再次坐下來一起重訂規則。

讓孩子不只為自己制定規則和行為的後果，也讓他們為別人制定規則與後果。假如我兒子傷害或欺負弟妹，我們通常會讓被傷害的一方選擇兒子行為的後果，不過他的弟妹通常比我還要更善待他。你想要闔家安寧，你希望大家彼此恩待。如果在玩捉迷藏時發生爭執，而你的解決辦法是罰兒子停止玩五分鐘，那麼當五分鐘的時間到了以後，那個問題仍然存在。孩子會重新回到同一個戰場。如果你告訴女兒，只有在她覺得可以的時候，哥哥才能再回來一起玩，那麼哥哥的態度會突然有所改善。他不一定會道歉，但是他會改變態度，那時妹妹是遊戲的主角，而不是被排斥的一方。權力平衡已經改變了，權力在妹妹的手中。當妹妹允許他回來玩遊戲時，那場遊戲已經和之前不同了。

賽局理論教我們自我調整

教導孩子賽局理論的概念，這些概念是教導孩子如何在社會環境中，做出良好決定的好方法：即使是對別人感受或是對發展同理心不感興趣的孩子，也會迷上賽局理論——我們隨時都置身於一場錯綜複雜的賽局中的想法，很能吸引孩子。請記住，用賽局理論來說，一切攸關價值與獲利。以這種方式來思考行為，會幫助孩子做出審慎的決定。

雖然我們開始了解所涉及的大腦區塊，但要解說實際的神經通路頗為困難。當社會決策牽涉到他人時，其背後的神經科學，比起個人決策背後的神經科學又更為複雜。賽局理論考慮到人們想要極大化自己的個人利益（也就是說，我們想**贏**），但賽局理論也同時體認到，人類會考量到別人的福祉，而這種考量可以由不同的因素來調整。當你在上面又添加社會層面時，這些社會互動就不只是自制力的問題了，它們變成複雜的自我調整的難題。這些難題牽涉到同理心：你可以明瞭心智理論，或說了解其他參與者動向的能力，絕對是成功運作賽局理論策略的關鍵所在。

這些自我調整的難題也涉及創造力。請孩子想像某個特定社交場合的規則，把它想成是一部電影。當電影裡的主角違反規則時，你認為會發生什麼事？當你和孩子討論某些社交情境時，告訴孩子，他們通常可以透過討論規則或目標，來提高獲得他們完成目標的機會，這就是賽局理論。在教養中使用賽局理論。如果某項規則不斷被觸犯，那麼其中就有問題。

花在電子產品上的時間無法取代真實世界的體驗

花太多時間盯著螢幕看，有礙孩子的自我調整技能——倒不是因為盯著螢幕看會妨礙大腦發展，而是電視和電動遊戲占用太多他們原來應該用來實際操作的體驗時間。當孩子被動接收某個故事，就沒有內在的因果推論，也沒有機會「選擇自己的探險」。即使他們學習認識外在世界，也不是經由親身經歷。然而沒有任何事物可以替代親身體驗外在世界，並且自己決定如何與外在世界互動。我們應審慎使用電視，要知道電視不能取代實務的學習以及其他活動。對年齡稍長的兒童，電視可以是認識新的觀念與新知的有用工具，不過兒童學習的最佳方式是，去實際探索周遭的世界，而不是透過虛擬世界的媒介。

結語

家長塑造孩子未來的自由意志

新興的神經科學領域為我們提供了關於大腦如何運作的奇妙答案，讓我們看見學習如何在細胞的層級上發生，也提供技術讓我們能夠一窺大腦的奧祕。這些研究對教養的社群而言，彌足珍貴。每位家長都應該知道孩子的學習方式。許多資料顯示，後設認知（metacognition），也就是，思考自己的思考，有助於教學與學習，而且兒童的後設認知能力，在十二歲到十五歲之間會有巨幅的增長。[12]

重要的是，兒童應該學習神經元如何運作，以及練習如何能強化神經通路與神經元的連結，因為這些知識對自由意志的認知，與我們對自己會成為什麼樣的人有多少掌控，存在著巨大的影響。

各地的幼稚園常使用的口號是：「做出好選擇」，但是在二〇〇九年一篇《自然》期刊的文章中，哈佛大學的科學家羅伯特・道爾（Robert Doyle）宣稱「自由意志乃生物屬性，既非天賦，也非神祕事物。」[3]如果人類所有的思想與意圖，都來自於個人的神經解剖學背景，那麼我們孩子的實際行為選擇，就受制於他們入學當時所擁有的既有神經通路的限制。而這就是為什麼以經驗打造神經元是如此重要的原因。

勒內・笛卡兒（René Descartes）的觀點，認為人類的心靈是與生俱來的——完全獨立於身體之外——在現代神經科學技術興起之後，已經如幻影般消失。神經元記錄的實驗顯示，簡單如按按鍵的動作，在受試者甚至意識到自己決定按下按鈕之前，就可以被偵測到。如果一個人的行為是受到意識所無法觸及的神經通路的支配，那麼這個人的選擇和行動可能就不受真正的自由意志所支配。而在這當中，最值得家長重視的部分是，隨著神經科學研究往神經元連結定位的方向推動，我們的課題是，如果能夠追溯大腦神經迴路，我們也可以以近乎百分百的準確度來預測行為。

根據神經可塑性的基本原則，兒童剛出生就有龐大的突觸連結網絡——為數眾多的可能神經連結，之後會因未加使用而被一一剪除。相對的，已經被啟動的神經通路，像是學習字母 g 的通路、辨認出燕麥餅乾味道的通路、了解不能打玩伴的通路等等，則會受到強化並保留下來，因為神經通路會因被使用而增強。因此，隨著年年成長，孩子的自由意志會開始以最純粹和誠實的形式來呈現。

做決策的自由是可能的，雖然這些決定受到神經解剖學的控制，而神經系統無法即時變更。我們是由自己的神經迴路來界定的，這些神經迴路則是經由使用來界定，而這些神經通路不停地進行突觸調整，使得通路更有效率。

如果我們所謂的自由意志是一種自然的生物性歷程，那麼不只是神經科學的專家可以追蹤這個過程，父母也處於一種獨特的地位來打造這個過程。身為父母，我們有這個神奇的機會，只是藉著決定孩子練習的內容，就能為孩子設立那些極為重要的大腦神經通路。當反覆練習使得某件事成為習慣時，神經生理學會改變，未來的行為選擇則隨之縮減。

雖然我們可能把自由意志視為一間充滿各種生活用品選擇的雜貨店，但實際上自由意志卻更像是一臺自動販賣機，在販賣機裡，最可能的選擇就是那些已經預先為我們選擇好的品項。真正的改變仍然是可能的，就像是多打幾次電話給你的食品供應商，或許會讓某種新類型的果醬餡餅，幾天後出現在自動販賣機裡。但是你的能耐早已經設定好了，有意義的改變需要多次啟動不同的神經通路，才能開啟不同的路徑。

專家表示，我們的社會不太可能放棄自由意志的假象：當我們正視自由意志不復存在的這種想法時，人們更有可能做出不道德的舉動。那些不相信自由意志的人，更不可能去幫助別人，更不可能努力獲得好成績，更不可能認為人生有何意義——而這些都是我們迫切希望我們的孩子有一天能辦到的事情。[45]

幸運的是，父母可以做的不只是幫助幼兒建立優良習慣，還可以使用相同的神經元原理，來幫助各個年齡層的孩子處理自己既有的神經通路。我們可以培養孩子的自制力，讓孩子有能力停止壞習慣；我們可以培養孩子的創造力，來幫助孩子找到更好的解決方法。自制力和創造力都是可以藉由練習來加強的生活技能，並且這兩種能力可以互相效力，打造具有高效能的個人。

那麼，我們的孩子有自由選擇權嗎？答案是，孩子的選擇能力會隨著年齡的增長而限縮，除非他們能夠停止本能反應，或是他們能接觸到不同的事物。我們把對孩子的所有希望寄託在，他們能夠做出良好決定的事實上，但其實孩子會受到他們大腦神經結構的支配，他們也必須在家長透過每日的教養所為他們建構的環境中運作，而這個環境架構則是在有高度可塑性的童年時期所確立的。家長對孩子的期待不過是，希望孩子能做出良好的決定。然而，當我們的孩子大到足以清楚表達自己是否是真正獨立於神經系統外的存在的問題時——例如：「是我控制我的大腦，還是我的大腦控制我？」——他們的神經涌路已然大勢底定。

大腦不是與世隔絕的創造，而是遺傳基因與其成長環境的產物，而環境也會形成大眾對自由意志的集體看法。父母撫養孩子的方式顯然會影響孩子大腦發展的方式，然而我們要知道，如同經驗打造孩子的習慣，經驗也會影響孩子往後的自由意志。

自由是讓自己有能力、有方法、有渴望，來追求那些在你所能想見的遙遠未來，能讓你快樂的事情。[6]所有的父母都希望自己的孩子長大後能體驗真正的個人自由。但這個概念是建立在一種假設之上，那就是孩子的決定不會妨礙他們日後的選擇。因此，在教導孩子做決定的過程中，家長需要藉著教導成功人生不可或缺的三項技能，來為孩子的成功做準備。這三項技能是：（1）自制力：以防他們被拒於通往人生理想境界的大門外，（2）同理心：他們能有心進入比自己更寬闊的天地，（3）創造力：他們有能力清除阻撓他們往實現目標前進的障礙。這三個要素無可避免地經由自我調整而連結在一起。它們互相給力，互相支援，形成穩固的基礎，以建構一個饒有意義的人生。

感謝

布蘭蒂・鮑爾斯（Brandi Bowles）和艾米・羅斯特（Amy Rost），感謝妳們兩位專業的協助，將這門科學推薦給大家，並且讓本書問世。

感謝審閱本書的同事們，感謝妳們貢獻寶貴的時間與神經科學的專業知識：潔西卡・考區（Jessica Couch）博士、愛梅・瑞恩（Amy Ryan）博士、凱瑟琳・柯若福特（Catherine Croft）博士、卡莉塔・法福若（Carlita Favero）博士、夏儂・哈爾地（Shannon Hardie）博士以及潔西卡・珍妮捷克（Jessica Janiczek）博士。

爸爸、媽媽，感謝你們在本書寫作期間的支持。

賽斯，我為孩子而感謝你，謝謝你這麼愛他們。當我們二十年後一起坐在亞伯立斯威（Aberystwyth）回顧時，我們會知道，我們已經為孩子們付出最棒的努力。

關於作者

愛琳‧柯拉博（Erin Clabough）是四個孩子的母親，也是位神經科學的博士。她的教養方式深受她在神經科學背景的影響。

她是維吉尼亞州一所小型文理學院的助理教授，教授生物學與神經科學。她領導一個活躍的研究計畫，探究如何改變神經元的突觸可塑性，以及胎兒酒精譜系障礙（fetal alcohol spectrum disorders）和神經退化性疾病（neurodegenerative disease）的腦功能發展。她也對體驗式學習在課堂上反映神經科學原理的學習方式，深感興趣。

愛琳在一九九七年獲得蘭道夫—梅肯學院（Randolph-Macon College）心理學與英語文學學士學位。在進入丹佛大學（University of Denver）認知神經科學發展科系之前，她曾擔任一年的神經心理學技術人員。在丹佛大學她參與了唐氏症（Down syndrome）、自閉症（autism）、思覺失調症（schizophrenia）的研究。她於二〇〇六年獲得維吉尼亞大學的神經科學博士學位，專精亨汀頓市舞蹈症（Huntington's disease）和神經退化性疾病的基因研究。之後，她在維吉尼亞大學的神經科學和生物醫學工程系從事三年的博士後研究。愛琳的科學研究讓她發表多篇經同儕審核的期刊論文。

現在，她為《現代心理學》（*Psychology Today*）、《身心健康》（*mindbodygreen*）和《當代教養》（*Today Parenting*）等網站撰稿。

附錄一

簡易神經解剖學

人類大腦的十個構成要件

最容易理解的方法，就是把神經解剖學視為人體對自然界所呈現的各種問題的解決辦法。人類需要與世界互動的方法，而為了達成這種目的，人類使用大腦。人類大腦的建構需要十個基本要件。

1. **起始材料**。人類從發育中的胚胎打造出大腦和脊髓要經過一個自然過程，這個過程受到遺傳訊息和鄰近細胞信號的管制。這個過程稱為神經管形成（neurulation），是發育初期的定義性特徵：胚胎起初是球形細胞，然後當細胞分化成神經物質時，球形會延伸拉長，未來的脊髓會出現在胚胎背部。

2. 基本功能：呼吸與心跳。這些非自主性活動由腦幹主理，腦幹是脊髓的自然延展，進而連結大腦。呼吸使人把氧氣吸入肺部，然後進入血液中，心跳使人將在身體各部位的氧氣和營養物質注入細胞。特別是腦細胞會從血液中吸收大量的葡萄糖，以提供代謝所需的能量。大腦只占一個人體重的百分之二，但大腦耗用人體所攝入葡萄糖的百分之二十強。[1]

3. 運動能力。運動控制（控制動作）主要是由小腦負責，小腦是位於大腦下方的圓形結構，形狀看起來就像是一個微型腦（見圖A1.1）。小腦專司平衡與姿勢，但對小腦患者的研究顯示，透過讓小腦與其它大腦區域聯結、溝通的複雜反饋循環，小腦也參與了全腦的運作，像是認知和情緒。對反饋循環最簡單的解釋就是，它像是一個永不休止的循環接力賽，當你交接接力棒時，還會向下一個跑者提供一些該如何鍛鍊跑步技巧，以利更為精準有效率的跑步技巧。「我提供你某些訊息，然後你也會回以訊息，而你回報的訊息也會改變我下一次傳送訊息的方式。」

4. 接收環境訊息的能力。人類和所有動物都透過感官輸入來接收環境訊息。人有五種基本感覺（味覺、觸覺、嗅覺、聽覺、和視覺），再加上第六種感覺——本體感覺（proprioception），也就是能夠知道自己肢體所在位置的能力。外來訊息依各感官

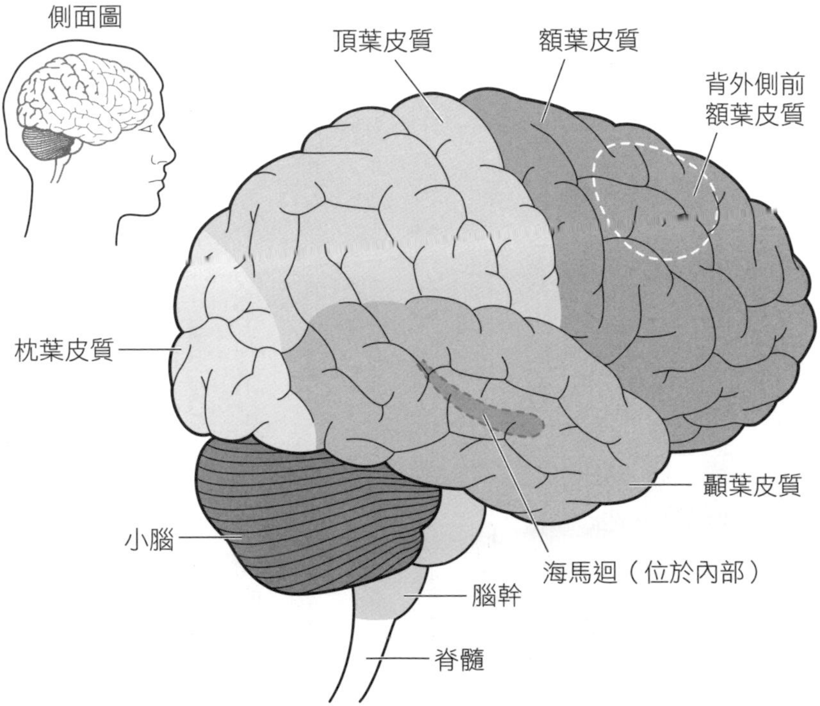

圖 A1.1

腦部和脊髓構成中樞神經系統。腦幹負責像是心跳和呼吸等基本功能，而小腦則專精於平衡與動作。皮質可以處理並協調腦幹和小腦的活動。

知覺，經由不同的輸入點進入人體，在稱為丘腦（thalamus）的核心位置做處理，然後送往皮質的不同區塊進行思考。例如，觸摸的訊息可以來自身體的任何部位，通過丘腦，然後在大腦皮質頂葉區域（parietal lobe，位於頭頂右側，如果你戴上皇冠的話，就在那個位置的下面）的體覺（somatosensory，身體感覺）區塊進行處理。

5. **主動分析訊息並決定保留哪些訊息的方法**。我們無法記得每天所經歷過的每件事情。所以，我們用很私人的角度來整理每天的經驗，過濾環境，找出自己在乎的事情：關注自己感興趣的事物，並且只記住自己注意過的事物。一切的記憶對我們都有意義；否則它們就不會被收存在大腦中。有時候意義只是簡單到像是注意到某個場景中的某件物品－在充滿細節的花花世界裡，被我們挑選出來的事物一定具有某種程度的重要性。終其一生，我們每天都要經歷同樣的過程，在週遭的環境中挑選出對我們來說重要的事物。而其它時候，記憶帶有情感的成分，讓它在我們的腦海中凝結。而有時候則是我們生存的基本本能，決定了我們的記憶。

6. **儲存訊息的方法**。最著名的記憶結構是海馬迴，它可以根據我們所注意和反覆練習的內容，將短期記憶強化為長期記憶。海馬迴，加上皮質上的其它區塊，負責記憶儲存。然而大腦還是有其它不同的記憶方式，例如程式性記憶（procedural memory，記得如何騎腳踏車），或是藉由制約的學習（知道如果碰觸熱的鍋爐，就會被燙傷），事實知識（記住你就讀小學的校名），以及視覺空間記憶（知道從你家到工作地點的路徑）。這些不同的資訊，儲存在大腦的不同部位。

7.提取訊息的方法。記憶提取是經過一段時間後，讀取訊息的能力。我們無法提取這些訊息，除非我們儲存了這些訊息，而只有在我們起初就已經注意到這些訊息，我們才可能記住它們。回想某件事的任務與形成記憶，使用的是不同的腦部迴路。[2]

8.改變與適應的能力。就神經元的溝通而言，有時候舊有的做事方式必須被丟棄，而以新的系統來取代，這就稱為學習。學習需要數個大腦區塊之間有計畫的協調合作，[3]而這正是人類神經科學的核心——神經網絡的互動性質。大腦中形成的各種神經網絡型態是學習的基礎，而且一個人的自我認同也完全有賴於這些神經連結（見圖A1.2）。

對於人類來說，記憶行為似乎並不能使我們與其它動物區隔。事實上，學習和記憶的細胞基礎，稱為長效增益（**long-term potentiation**，**LTP**），最初是用來描述海蛞蝓，並且無分物種，似乎都以類似的方式發生。記憶如何在生理上實質改變大腦的描

圖 A1.2

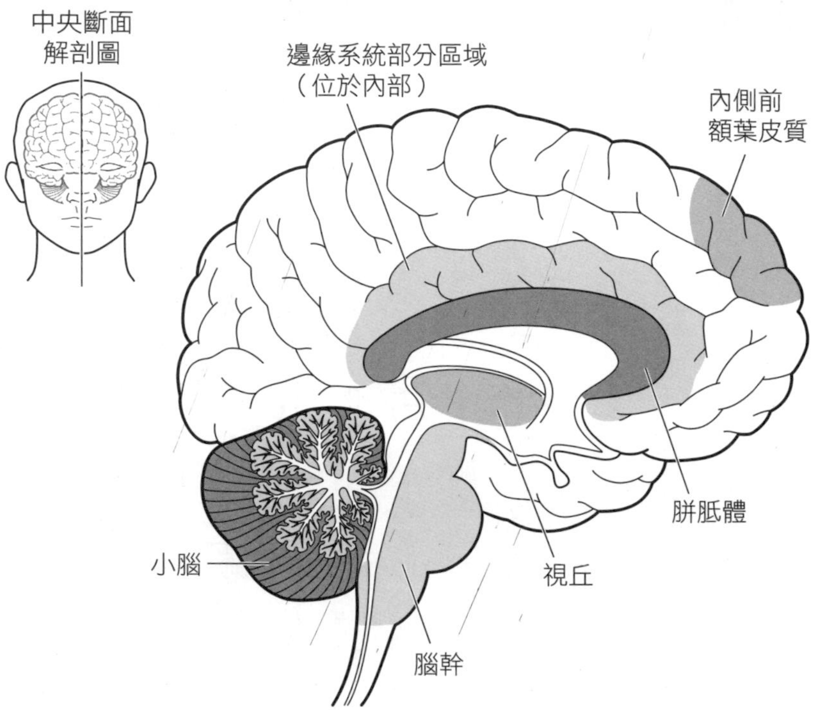

我們已經檢視了皮質中的「高階」大腦訊息處理中心，但我們無法看到大腦的內部結構，除非我們把大腦從兩眼的中間剖成兩半，並且從側面觀察。從這種角度，你可以看到某些負責本能反應與情緒的大腦區塊，像是邊緣系統，它確實位於大腦較「低」的位置。你可以很容易看到視丘中心將接收到的訊號，傳送到皮質右側區域進行處理。然而還是有一些大腦結構看不到，例如海馬迴（負責形成記憶）以及邊緣系統更底層的部位。 在自我調節的過程中，邊緣系統區域和皮質區域之間會持續互動。

述，為奧地利裔的美國神經科學家艾瑞克・坎德爾（Eric Kandel）贏得了二〇〇〇年的諾貝爾獎。[4]

9. 處理情緒反應的能力。情緒反應主要源於一群互相連結的大腦區塊，統稱為邊緣系統。來自大腦多個不同區域的結構，是這個邊緣系統的一部分，雖然它們各自具有不同的角色，但它們共同運作以整合情緒感受。舉例來說，我們知道杏仁核負責恐懼和攻擊行為，因為當杏仁核被移除或受損時，恐懼反應就產生障礙。在神經成像學的研究中，當受試者敘述感覺害怕時，從影像中可以看到杏仁核的活動。[5]這並不是說杏仁核唯一的功能就是調節恐懼感。就像其它大腦結構一樣，杏仁核與其它腦部功能有極複雜的連結，其中也包括管理記憶與人際互動。

10. 在某些時候可以停止情緒反應的能力。我們的第一個情緒反應並不總是最佳選擇，但那就是我們無可否認的人性反應。控制那些出自邊緣系統的情緒訊息，對做出合理判斷、自制力、以及我們所謂的「成熟」行為，是關鍵要素。這種能力存在於皮質，特別是在前額葉皮質，能讓我們調整自己的行為，以符合社會期待，並且與自己的目標導向行為一致。

附錄二

表觀遺傳學

天性與教養的交互作用

互動論的科學，稱為表觀遺傳學，是對天性與教養如何配合，做抽絲剝繭般的解釋。環境事件可以在發育期和成年期打開或關閉基因。表觀遺傳學是過去幾十年來最酷的發現之一。這個學說提出天性與教養可以在人體內相互作用。一個人的後天經驗真的能夠改變在細胞中哪些基因會被「開啟」。雖然你的基因構造始終是底線，然而如果基因沒有被開啟，那麼這些基因對你就沒有太大的影響。

每個人都擁有固定數量的基因。基因製造蛋白質，而蛋白質決定萬物。然而，你知道你的身體可以開啟與關閉這些基因嗎？這是科學家才剛剛開始要瞭解的現象。雖然孩子天生具有相對而言很不可能改變的 DNA 代碼，但孩子成長的環境可以決定他的基因是否能表現出來，並且成為體型和性格上的特質，又或者這些基因是否會保持沉默。

大衛・休謨（David Hume），一位十八世紀蘇格蘭的哲學家，提出這樣的觀點，認為兒童出生於世，如同一張白板（*tabula rasa*）。這種環境決定論是當時的主流觀點，直到十九世紀，受到查爾斯・達爾文（Charles Darwin）著作的激發，科學家們才專注於人類能力的遺傳現象。天性/教養的爭辯中高舉「天性」旗旗的旗手是法蘭西斯・高爾頓爵士（Sir Francis Galton），他是優生學（eugenics）領域的先驅，與他的許多同儕堅信，先天獨力決定了孩子的一生，如同在他一八六九年出版的《遺傳的天才》書中所表明的：

我對那些偶爾會聽聞到的假設十分不耐，這些假設通常會暗示，特別是在教導孩子要循規蹈矩的那種童話故事裡，嬰兒出生時幾乎都很類似，還有，造成男孩與男孩，男人與男人之間有所不同的唯一途徑就是持守德行。[1]

再看看約翰・華生（John Watson）的觀點，他是一位著名的二十世紀行為主義心理學家，是「教養」派的倡導者。在他一九三〇年出版的《行為主義》（*Behaviorism*）一書中，他做出下列陳述：

> 給我一打健康的嬰兒，身體健全，讓他們在我規劃的世界中成長，我保證，我可以在其中隨機挑選任何一人，視我的選擇而把他訓練成為任何一種專業人士—醫生、律師、藝術家、商人，嗯，沒錯，甚至是乞丐、小偷，無論他有何天賦、偏好、傾向、能力、職業，也無論他祖先的種族背景。我承認我這是言過其實，但是支持相反主張的人也是如此，而且他們數千年來都是那麼主張的。[2]

現在透過現代遺傳學與神經科學的眼光來看，我們可以知道沒有人能夠在天性與教養之間做出正確的選擇。環境經驗可以在我們的 DNA 上加置表觀遺傳的標記，來改變細胞中的哪些基因可以被開啟或關閉。

這些標記是細胞在它整個生命週期中，所接收與回應過的所有訊號的總和。這些標記很重要，因為細胞的訊號是短暫的，而細胞需要一種方法來「記憶」自己是何種型態的細胞，以及自己的基因應該執行何種功能。藉著這種方式，我們的經驗被記錄在我們既有的 DNA 之上。

這種**表觀基因組**（epigenome）為基因組（genome）提供了另一層的結構：它緊密包覆住不活躍的基因，使它們變成無法讀取，並鬆開活躍的基因，使其 DNA 序列能夠被轉錄，然後翻譯成蛋白質，並為細胞所使用。細胞使用調節因子來開啟和關閉基因，而調節因子則由其它蛋白質控制。下一個要開拓的領域是要明白，如何開啟DNA當中我們所希望的基因，你可以想見這會是神經科學研究中，極其令人興奮的一個領域。

懷孕母親的角色大多在於對表觀遺傳過程有所警覺，以幫助正確解讀遺傳密碼。對母親從服用產前維他命的那一刻起，就積極參與了調節孩子基因表現方式的過程。對表觀遺傳調節的一個很好的例子是，葉酸（folate）如何影響神經管形成的過程（腦／神經管形成的最初期）。研究顯示，葉酸是控制神經管形成的基因能正常運作所不可或缺的元素。[3]事實上，大約60％到70％的神經管缺陷顯然與葉酸有關。[4]因為葉酸不足是神經管缺損的風險因子，這導致一項有效的宣導，教導孕婦在日常飲食中補充葉酸（一種更具生物利用性的葉酸）。[5]葉酸屬於B群維他命，但我們的身體無法自行製造；而必須透過食物或補充劑來攝取。

最常見的表觀遺傳標記是甲基群，而葉酸非常重要，因為它可以讓身體有效製造那些甲基標記。甲基群可以阻斷那些通常用來開啟基因的蛋白質的附著。甲基就像一個停止標誌：甲基以一種我們樂見的方式附著到DNA上面，將基因關閉，讓神經管形成能夠發生。

如果食物可以改變表觀遺傳學，那麼胎兒早期的營養，就能夠對孩子長期的健康狀況，有決定性影響。事實上，根據我們對表觀遺傳學的了解，母親在懷孕期間的飲食，對於孩子實際的成人健康來說，其重要性令人難以置信。我們的身體無法製造甲基群；它們必須來自我們的食物，或是在胎兒時期，必須來自母親供給的養分。在寶寶出生前，母親所攝取的食物就會有所影響。[6]例如，研究人員證實，出生時關鍵基因的甲基化狀態，與近十年後兒童體重過重有關。[7]在懷孕期間接觸到有毒物質（無論是有意的，如吸煙，或是無意間接觸到），都會引發嬰兒的一些表觀遺傳上的變化。[8]

我們的DNA終其一生都不會改變，但是表觀遺傳的機制，能夠迅速回應來自環境中的訊息，包括看似平凡無奇的瑣事，像是人際互動、體能活動、飲食、以及荷爾蒙等。在發育初期，表觀遺傳的訊號來自其它細胞、母親的飲食、與母親的壓力程度。出生後，幼兒的人際互動、體能活動、飲食、以及（青春期）的荷爾蒙變化，會影響孩子的表觀基因組。

基因調節

大腦可塑性是一種快速因應外界訊息的動態神經元能力，這種可塑性乃透過：（1）在突觸連結進行特定的改變，以及／或者（2）在髓鞘形成進行改變。要維持大腦可塑性，神經元必須不斷監控週遭發生的事情，並且要開啟或關閉基因，以滿足細胞的需要。表觀遺傳標記不是調節基因唯一的方法。每個細胞分子中也有調節基因的蛋白質，這類分子能夠以非常迅速和靈敏的方式，開啟或關閉DNA，以支持神經元的連結。

突觸和髓鞘可塑性多數也是如此調節的。例如，當神經元接收到訊號顯示某個突觸經常被使用，應該被強化時，我們會開啟基因，來製造強化突觸所需要的各種元素。神經元使用蛋白質調節因子來開啟和關閉基因，而這些調節因子則受到其它蛋白質的控制。這樣的過程在細胞中持續進行，因為每個神經元都有基因，而每個基因都要受調節。

這是神經元學習的基本模式：長期記憶需要開啟基因，來幫助強化新的突觸。所以，每一次孩子學會某件事，每一次你學會某件事，基因表現必須改變。

環境能夠開啟與關閉基因

我們對表觀遺傳學還無法一窺全貌，但我們知道表觀遺傳學有時候的功能是關閉有害基因。例如，你的孩子可能天生具有思覺失調症的基因，但是如果這些基因從未被開啟，那麼它可能就不會罹患思覺失調症。

事實上，有研究正在探討以沉默基因，做為一些棘手病症的治療選項，特別是腦部疾病，因為血腦障壁（blood- brain barrier）會使藥物難以送達腦部。這個道理很簡單：當你把某致病基因關閉時，那個基因就無法引發疾病。

基因控制的爭戰持續在細胞當中進行著，爭奪表現某些基因與沈默另一些基因的權利。正如我們方才所討論的，懷孕母親的飲食與孩子的飲食，會改變孩子基因組的表觀遺傳標記，這種改變會持續到成人期。研究人員發現，高果糖飲食可以負向改變我們大腦中近千個基因（包括海馬迴的學習/記憶中心，與下視丘的代謝中心）。[9]

對家長來說，這種消息令人憂慮，因為無數加工食品中添加的高果糖玉米糖漿就是果糖。最近我們必須要特別留心才不會從商店買回含有高果糖玉米糖漿的食品。但是在同樣的動態模式之下，許多因為食用高果糖兒引起的負面基因變化可以被 DHA（二十二碳六烯，Docosahexaenoic Acid，一種 omega-3 脂肪酸）解消。DHA 的功能是輔助正常視覺系統發育，但它也可以逆轉果糖所產生的一些表觀遺傳變化。

隨著科學家開始研究基因調節如何發生，何時發生，我們發現環境物質，也可以具有開關的功能，來開啟與關閉基因表現。這些能使表觀遺傳產生變化的物質到處可見，並且可能因為無意中暴露其間而被人體吸收，例如接觸到酚甲烷（bisphenol A，簡稱 BPA）。[10] 這就是為什麼 BPA，一種用於製造聚碳酸酯塑膠（polycarbonate，通常是塑膠材質一號和二號）的化學物質，是如此嚴重的問題。BPA 是一種仿雌激素（estrogen），可以關閉良好的基因，會對發育中的大腦和行為產生負面影響。BPA 的廣泛使用代表居住在已開放國家中的人，幾乎持續暴露其間：BPA 包覆在超市給你的收據表層，大部分食品包裝中含有 BPA，並且95%的人的尿液中可以檢測到 BPA。[11]

表觀遺傳學是父母所擁有的最有力工具

表觀遺傳學從本質上改變了我們對基因的想法。基因是一種可以使用的工具，而不是命運的獨斷專行者。然而在現今世界，想成為一名好家長，可會讓人心力交瘁。孩子的飲食、孩子接觸到的化學物質、還有我們做父母的言行舉止，都有改變孩子如何使用 DNA 的效力。然而這個系統不可思議的彈性，既是家長的負擔，也是家長的救贖之恩。

表觀遺傳學可能解釋了像是自閉症、肥胖症、和氣喘等疾病現象，這些疾病的發病率上升速度之快，更甚於一般人口的DNA序列變化。[12]這並不是由於新型的壞基因突然出現，而是孩子既有的基因，正以異常的方式被運用。雖然這類疾病的突增是可議的，但其實知道這些疾病或許存在環境因素，也是令人振奮。要改變一個人的基因序列幾乎是不可能的，但是我們能夠很容易地改變一個人的環境，而這會進而改變哪些基因會被開啟或關閉。

腦部的遺傳彈性乃基於兩個事實：第一，神經元與環境維持著一種有生命力、持續互動的互相連繫。環境會以某種方式啟動或抑制神經元活動，而神經元能夠回應與改變。這種表觀遺傳彈性的第二部分是，如果我們刻意讓孩子接觸我們知道會開啟有益的基因，以及／或者關閉有害基因的事物，並且限制他們接觸與以上所述相反的事物，那麼這些基因遺傳的改變是能夠被逆轉的。總合來看，這兩項事實意味著，家長的做為會造成影響，家長有偌大影響力。孩子不是天生既定，無法改變的成品。相反的，家長的任務是幫助孩子運用他們的天賦才能，把他們的能力發揮到極致。

我們正在探究表觀遺傳學如何改變人類的行為，以及如何運用表觀遺傳學對我們最有利的初期階段。表觀遺傳學允許人們運用基因的方式今天與昨天有別，甚至是此刻與上一刻有別。家長能夠理解並刻意運用這些表觀遺傳的過程。有目的性地運用表觀遺傳的過程，可以培養態度、熟練程度、體重、或即時反應方面的重大改變，對個人產生可觀的變化。做為父母，我們可以受益於這種觀念，那就是，分分秒秒，天性與教養都在孩子的大腦中交互作用。經驗決定了神經元的結構，結構決定了功能，神經元的功能決定了行為，而行為造就孩子的本質。

附錄三

大腦迷思對照大腦真相

閱讀本書時，你會讀到對某些大腦迷思的解構，有些迷思在父母圈中還真是根深蒂固。為什麼大眾文化中會有這麼多對大腦的迷思呢？多數的情況是，這些神經科學的迷思都是對難解的神經學課題，過度簡化而起的。有時候，某一研究催生了某種流行的觀念；有時候，某種風潮可能是被過度簡化到失真的地步；也或許一項研究結果，在某種文化或生活的層面上，打動人心，引發大眾共鳴，例如尋找自閉症的成因。

迷思在網路上迅速傳播的一個好例證就是「莫札特效應」。一九九三年，研究人員發現大學生在聽過莫札特奏鳴曲後，在智商測試非語言部分的抽象空間推理得分，會有短暫的提升。[1]這些結果演變成，「聽莫札特的樂曲讓你更聰明」的說法，然後以音樂為中心的被動式「學習」浪潮，隨即橫掃美國。

誰不想要有個容易的方法，讓孩子更聰明呢？一九九八年，喬治亞州（Georgia）州長澤爾・米勒（Zell Miller）開始一項倡議，確保每位喬治亞州的新生兒，都獲得一張名為《培育寶寶大腦：藉音樂的力量》（*Build Your Baby's Brain: Through the Power of Music*）的古典音樂光碟片。不幸的是，聆聽古典音樂**不會**讓你更聰明。莫扎特效應觀念的狂潮，是媒體失控的一個案例。莫札特效應事實上是完全無效，除非你教孩子學會在樂器上演奏莫札特樂曲。音樂對大腦能的長期益處是來自學習演奏樂器，而不是來自被動的聆聽。

一旦在大眾媒體中傳播開來，最新的單項研究似乎要比之前所有的文獻都更重要、更切身。關於大腦的觀點在流行文化中到處充斥，甚至連科學家都很難對事實進行查證。當莫札特研究的原作者，對莫札特效應的結果，在媒體上被報導的方式，提出抗議時，幾乎沒有產生任何作用；大勢所趨，無法抵擋。[2]

這些現象下面的原因是因為，人們迫切需要了解大腦是如何運作的。我們的社會渴望獲得有關大腦的資訊。我們希望擁抱這些知識，而且我們很想將這些發現，應用到日常生活中。有研究顯示，當使用一點神經科學的資訊來解釋某些事物時——無論其科學訊息是否真確——這會影響人們評估和接受這些解釋的態度。一項研究顯示，當你向外行人解說心理現象，並且加入一點神經科學證據來加以解釋時，即使兩者間沒有任何邏輯上的關聯，人們也會對這類解說更為滿意。[3]

這表示我們很難分辨大腦知識的事實和假象。坊間有許多「以開發大腦為基礎」的課程，並且有很多家長願意花錢消費，因為他們想給孩子最好的。我們的文化中充斥著許多關於大腦的假說，做為一名家長，你要能對這些說法予以評鑑。例如，如何為學業有困難的孩子，選擇最好的課後輔導？如何獲得某項課程的資訊？提供課程那家公司的網站是個起點，但是因為網站很可能加入了行銷，所以家長需要自行找到課程有效的證據。如果聲稱的背後有科學佐證，那麼證明應可以在有同儕審核的期刊資料庫的搜尋引擎中找到。在這些資料庫中，你可以看見科學家的想法。

在為孩子購買任何有大腦科學基礎的課程之前，請嘗試以下的方法：

- 將你的主題輸入到谷歌學術搜索（Google Scholar）的搜索引擎中，該搜索引擎會自動查詢經過同儕審閱的期刊論文，這表示在該特定領域的專家，已經閱讀過該項研究，認定其內容正確並值得信賴。

這很重要，因為這表示你不必單方採信公司的話。有時候谷歌學術搜索可以找到其它資料庫無法免費提供的論文完整版本。[4]

● 由教育科學研究所（Institute of Education Sciences）負責的「績效資料交換中心」（What Works Clearinghouse）檢視教育課程與實務的同儕審議實證。這個網站提供了很棒的實證要點。[5]

● 嘗試在《公眾醫藥網》（PubMed），搜索你的主題中有關生物學和醫學為基礎的論文，這個網站使用美國國立衛生研究院（National Institutes of Health）國立醫學圖書館（National Library of Medicine）的檔案。[6]

● 搜索美國心理學會（American Psychological Association）的心理學資料庫平台（PsycNET），找尋心理學和行為學的相關論文。可以以新用戶的身分進行搜索，無需登錄帳號。[7]

你可以從上述兩個資料庫中論文的摘要（論文概要）得到你所需要的資訊。如果想知道更多內容，但上述網站沒有免費提供完整的論文，你可以複製論文的標題，然後到谷歌學術搜索網站搜尋，看看能不能找到完整的論文。

你也可以使用以下的資源來尋找與神經科學相關的訊息：

- 美國國家生物技術資訊中心（National Center for Biotechnology Information）每日更新《在線人類孟德爾遺傳》（The Online Mendelian Inheritance in Man，簡稱OMIM）的資料，這些資料都是經同儕審核過的遺傳學論文的結果。這個網站可以根據個人外觀或行為來搜索基因遺傳的條件。這個網站主要是供醫生和研究基因遺傳的研究人員使用，但也供一般民眾使用。[8]

Notes

第一章　創造力、同理心、與自制力

1. Elizabeth Dias, "Creativity Conference," *Time*, April 26, 2013, business.time.com/2013/04/26/the-time-creativity-poll.
2. Lev Semenovich Vygotsky, "Imagination and Creativity in Childhood," *Journal of Russian & East European Psychology* 42, no. 1 (2004): 7–97, DOI: 10.1080/10610405.2004.11059210.
3. Dias, "Creativity Conference."
4. Robert J. Sternberg, ed., *Handbook of Creativity* (Cambridge: Cambridge University Press, 1998).
5. Robert Franken, *Human Motivation* (Pacific Grove, CA: Brooks/Cole, 1993), 396.
6. Alfred F. Carlozzi, Kay S. Bull, Gregory T. Eells, and John D. Hurlburt, "Empathy as Related to Creativity, Dogmatism, and Expressiveness," *Journal of Psychology* 129, no. 4 (1994): 365–373, DOI: 10.1080/00223980.1995.9914974.
7. Jean Decety and Philip L. Jackson, "The Functional Architecture of Human Empathy," *Behavioral and Cognitive Neuroscience Reviews* 3, no. 2 (2004): 71–100, DOI: 10.1177/1534582304267187.
8. Henry C. Evrard, Thomas Forro, and Nikos K. Logothetis, "Von Economo Neurons in the Anterior Insula of the Macaque Monkey," *Neuron* 74, no. 3 (2012): 482–489, DOI: 10.1016/j.neuron.2012.03.003.
9. Micaela Santos et al., "Von Economo Neurons in Autism: A Stereologic Study of the Frontoinsular Cortex in Children," *Brain Research* 1380 (2011): 206–217, DOI: 10.1016/j.brainres.2010.08.067.
10. Jaime Craig and Simon Baron-Cohen, "Creativity and Imagination in Autism and Asperger Syndrome," *Journal of Autism and Developmental Disorders* 29, no. 4 (1999): 319–326, DOI: 10.1023/a:1022163403479.
11. Jason Low, Elizabeth Goddard, and Joseph Melser, "Generativity and Imagination in Autism Spectrum Disorder: Evidence from Individual Differences in Children's Impossible Entity Drawings," *British Journal of Developmental Psychology* 27, no. 2 (2009): 425–444, DOI: 10.1348/026151008x334728.
12. Luigi F. Agnati et al., "The Neurobiology of Imagination: Possible Role of Interaction-Dominant Dynamics and Default Mode Network," *Frontiers in Psychology* 4 (2013): 296, DOI: 10.3389/fpsyg.2013.00296.
13. Jean Decety and Julie Grèzes, "The Power of Simulation: Imagining One's Own and Other's Behavior," *Brain Research* 1079, no. 1 (2006): 4–14, DOI: 10.1016/j.brainres.2005.12.115.
14. David B. Hay et al., "Using Drawings of the Brain Cell to Exhibit Expertise in Neuroscience: Exploring the Boundaries of Experimental Culture," *Science Education* 97, no. 3 (2013): 468–491, DOI: 10.1002/sce.21055.
15. Mark H. Davis and H. Alan Oathout, "Maintenance of Satisfaction in Romantic Relationships: Empathy and Relational Competence," *Journal of Personality and Social Psychology* 53, no. 2 (1987): 397, DOI: 10.1037/0022-3514.53.2.397.
16. F. Giorgia Paleari, Camillo Regalia, and Frank Fincham, "Marital Quality, Forgiveness, Empathy, and Rumination: A Longitudinal Analysis," *Personality and Social Psychology Bulletin* 31, no. 3 (2005): 368–378, DOI: 10.1177/0146167204271597.
17. Janet B. Kellett, Ronald H. Humphrey, and Randall G. Sleeth, "Empathy and the Emergence of Task and Relations Leaders," *Leadership Quarterly* 17, no. 2 (2006): 146–162 DOI: 10.1016/j.leaqua.2005.12.003.
18. Thomas J. Long and Edward W. Schultz, "Empathy: A Quality of an Effective Group Leader," *Psychological Reports* 32, no. 3 (1973): 699–705.
19. Rebecca P. Ang and Dion H. Goh, "Cyberbullying among Adolescents: The Role of Affective and Cognitive Empathy, and Gender," *Child*

Psychiatry & Human Development 41, no. 4 (2010): 387–397, DOI: 10.1007/s10578-010-0176-3.
20. Gianluca Gini et al., "Determinants of Adolescents' Active Defending and Passive Bystanding Behavior in Bullying," *Journal of Adolescence* 31, no. 1 (2008): 93–105, DOI: 10.1016/j.adolescence.2007.05.002.
21. Minet de Wied, Susan J. T. Branje, and Wim H. J. Meeus, "Empathy and Conflict Resolution in Friendship Relations among Adolescents," *Aggressive Behavior* 33, no. 1 (2007): 48–55, DOI: 10.1002/ab.20166.
22. L. Melita Prati et al., "Emotional Intelligence, Leadership Effectiveness, and Team Outcomes," *International Journal of Organizational Analysis* 11, no. 1 (2003): 21–40, DOI: 10.1108/eb028961.
23. Elizabeth W. Dunn, Lara B. Aknin, and Michael I. Norton, "Prosocial Spending and Happiness: Using Money to Benefit Others Pays Off," *Current Directions in Psychological Science* 23, no. 1 (2014): 41–47, DOI: 10.1177/0963721413512503.
24. Cassie Mogilner, Zoë Chance, and Michael I. Norton, "Giving Time Gives You Time," *Psychological Science* 23, no. 10 (2012): 1233–1238, DOI: 10.1177/0956797612442551.
25. Loren Toussaint and Jon R. Webb, "Theoretical and Empirical Connections Between Forgiveness, Mental Health, and Well-Being," in *Handbook of Forgiveness*, ed. Everett L. Worthington Jr. (New York: Routledge, 2005), 349–362.
26. Dean M. Busby and Brandt C. Gardner, "How Do I Analyze Thee? Let Me Count the Ways: Considering Empathy in Couple Relationships Using Self and Partner Ratings," *Family Process* 47, no. 2 (2008): 229–242, DOI: 10.1111/j.1545-5300.2008.00250.x.
27. Duncan Cramer and Sophia Jowett, "Perceived Empathy, Accurate Empathy and Relationship Satisfaction in Heterosexual Couples," *Journal of Social and Personal Relationships* 27, no. 3 (2010): 327–349, DOI: 10.1177/0265407509348384.
28. Davis and Oathout, "Maintenance of Satisfaction," 397–410.
29. Tess Byrd O'Brien et al., "Couples Coping with Stress: The Role of Empathic Responding," *European Psychologist* 14, no. 1 (2009): 18–28, DOI: 10.1027/1016-9040.14.1.18.
30. Hui Liu and Debra J. Umberson, "The Times They Are a Changin': Marital Status and Health Differentials from 1972 to 2003," *Journal of Health and Social Behavior* 49, no. 3 (2008): 239–253, DOI: 10.1177/002214650804900301.
31. Phillip T. Marucha, Janice K. Kiecolt-Glaser, and Mehrdad Favagehi, "Mucosal Wound Healing Is Impaired by Examination Stress," *Psychosomatic Medicine* 60, no. 3 (1998): 362–365, DOI: 10.1097/00006842-199805000-00025.
32. Janice K. Kiecolt-Glaser, Jean-Philippe Gouin, and Liisa Hantsoo, "Close Relationships, Inflammation, and Health," *Neuroscience & Biobehavioral Reviews* 35, no. 1 (2010): 33–38, DOI: 10.1016/j.neubiorev.2009.09.003.
33. Sara Konrath et al., "Motives for Volunteering Are Associated with Mortality Risk in Older Adults," *Health Psychology* 31, no. 1 (2012): 87, DOI: 10.1037/a0025226.
34. Michael J. Poulin et al., "Giving to Others and the Association Between Stress and Mortality," *American Journal of Public Health* 103, no. 9 (2013): 1649–1655, DOI: 10.2105/ajph.2012.300876.
35. Andrew Steptoe and Jane Wardle, "Positive Affect Measured Using Ecological Momentary Assessment and Survival in Older Men and Women," *Proceedings of the National Academy of Sciences* 108, no. 45 (2011): 18244–18248, DOI: 10.1073/pnas.1110892108.
36. Sara H. Konrath, Edward H. O'Brien, and Courtney Hsing, "Changes in Dispositional Empathy in American College Students over Time: A Meta-Analysis," *Personality and Social Psychology Review* 15, no. 2 (2011): 180–198, DOI: 10.1177/1088868310377395.
37. Vanessa Vega, "Social and Emotional Learning Research Review: Evidence-Based Programs," Edutopia, November 7, 2012, edutopia.org/sel-research-evidence-based-programs.
38. Joseph A. Durlak et al., "The Impact of Enhancing Students' Social and Emotional Learning: A Meta-Analysis of School-Based Universal Interventions," *Child Development* 82, no. 1 (2011): 405–432, DOI: 10.1111/j.1467-8624.2010.01564.x.
39. T. Darlene Bonner and David N. Aspy, "A Study of the Relationship Between Student Empathy and GPA," *Journal of Humanistic Coun-*

seling 22, no. 4 (1984): 149–154, DOI: 10.1002/j.2164-4683.1984.tb00252.x.

40. Norma Deitch Feshbach and Seymour Feshbach, "Empathy and Education," in *The Social Neuroscience of Empathy*, ed. Jean Decety and William Ickes (Cambridge, MA: The MIT Press, 2011), 85–98.
41. Delores Gallo, "Educating for Empathy, Reason and Imagination," *Journal of Creative Behavior* 23, no. 2 (1989): 98–115, DOI: 10.1002/j.2162-6057.1989.tb00680.x.
42. William T. Harbaugh, Ulrich Mayr, and Daniel R. Burghart, "Neural Responses to Taxation and Voluntary Giving Reveal Motives for Charitable Donations," *Science* 316, no. 5831 (2007): 1622–1625, DOI: 10.1126/science.1140738.
43. Terrie E. Moffitt et al., "A Gradient of Childhood Self-Control Predicts Health, Wealth, and Public Safety," *Proceedings of the National Academy of Sciences* 108, no. 7 (2011): 2693–2698, DOI: 10.1073/pnas.1010076108.
44. Angela L. Duckworth and Martin E. P. Seligman, "Self-Discipline Outdoes IQ in Predicting Academic Performance of Adolescents," *Psychological Science* 16, no. 12 (2005): 939–944, DOI: 10.1111/j.1467-9280.2005.01641.x.
45. June P. Tangney, Roy F. Baumeister, and Angie Luzio Boone, "High Self-Control Predicts Good Adjustment, Less Pathology, Better Grades, and Interpersonal Success," *Journal of Personality* 72, no. 2 (2004): 271–324, DOI: 10.1111/j.0022-3506.2004.00263.x.
46. Sally Pearce Cox, "Leader Character: A Model of Personality and Moral Development" (PhD diss., University of Tulsa, 2000).
47. Wilhelm Hofmann et al., "Yes, but Are They Happy? Effects of Trait Self-Control on Affective Well-Being and Life Satisfaction," *Journal of Personality* 82, no. 4 (2014): 265–277, DOI: 10.1111/jopy.12050.
48. Terrie E. Moffitt et al., "A Gradient of Childhood Self-Control," 2693–2698.
49. Mark Muraven, Dikla Shmueli, and Edward Burkley, "Conserving Self-Control Strength," *Journal of Personality and Social Psychology* 91, no. 3 (2006): 524.
50. Kathleen D. Vohs and Natalie J. Ciarocco, "Interpersonal Functioning Requires Self-Regulation," in *Handbook of Self- Regulation: Research, Theory, and Applications*, ed. Roy. F. Baumeister and Kathleen. D. Vohs (New York: Guilford Press, 2004), 392–407.
51. Kevin M. Beaver et al., "Genetic and Environmental Influences on Levels of Self-Control and Delinquent Peer Affiliation: Results from a Longitudinal Sample of Adolescent Twins," *Criminal Justice and Behavior* 36, no. 1 (2009): 41–60, DOI: 10.1177/0093854808326992.
52. Sheldon Wagner et al., "'Metaphorical' Mapping in Human Infants," *Child Development* 52, no. 2 (1981): 728–731, DOI: 10.1111/j.1467-8624.1981.tb03106.x.
53. Howard Gardner, "Metaphors and Modalities: How Children Project Polar Adjectives onto Diverse Domains," *Child Development* 45, no.1 (1974): 84–91.
54. William James, "Attention," chap. 11 in *The Principles of Psychology* (New York: Henry Holt and Company, 1890).

第11章　給家長的實用神經科學

1. Timothy G. Moore et al., "Early Childhood Development and the Social Determinants of Health Inequities," *Health Promotion International* 30, no. S2 (2015): ii102–ii115, DOI: 10.1093/heapro/dav031.
2. Jack P. Shonkoff and Deborah A. Phillips, eds., "The Developing Brain," in *From Neurons to Neighborhoods: The Science of Early Childhood Development* (Washington, DC: National Academies Press, 2000), 183–219.
3. David A. Drachman, "Do We Have Brain to Spare?,"*Neurology* 64, no. 12 (2005): 2004–2005, DOI: 10.1212/01.wnl.0000166914.38327.bb.
4. Drachman, "Do We Have Brain to Spare?," 2004–2005.
5. Peter R. Huttenlocher, "Synaptic Density in Human Frontal Cortex— Developmental Changes and Effects of Aging," *Brain Research*

163, no. 2 (1979): 195–205, DOI: 10.1016/0006-8993(79)90349-4.
6. Todd F. Roberts et al., "Rapid Spine Stabilization and Synaptic Enhancement at the Onset of Behavioural Learning," *Nature* 463, no. 7283 (2010): 948, DOI: 10.1038/nature08759.
7. Tonghui Xu et al., "Rapid Formation and Selective Stabilization of Synapses for Enduring Motor Memories," *Nature* 462, no. 7275 (2009): 915, DOI: 10.1038/nature08389.
8. Michael A. Sutton and Erin M. Schuman, "Dendritic Protein Synthesis, Synaptic Plasticity, and Memory," *Cell* 127, no. 1 (2006): 49–58, DOI: 10.1016/j.cell.2006.09.014.
9. James D. Fix, *High-Yield Neuroanatomy*, Board Review Series (Philadelphia: Williams & Wilkins, 1995).
10. Bernard Zalc, Daniel Goujet, and David Colman, "The Origin of the Myelination Program in Vertebrates," *Current Biology* 18, no. 12 (2008): R511–R512, DOI: 10.1016/j.cub.2008.04.010.
11. Daniel K. Hartline, "What Is Myelin?" *Neuron Glia Biology* 4, no. 2 (2008): 153–163, DOI: 10.1017/s1740925x09990263.
12. Gregory Z. Tau and Bradley S. Peterson, "Normal Development of Brain Circuits," *Neuropsychopharmacology* 35, no. 1 (2009): 147, DOI: 10.1038/npp.2009.115.
13. Nicole Baumann and Danielle Pham-Dinh, "Biology of Oligodendrocyte and Myelin in the Mammalian Central Nervous System," *Physiological Reviews* 81, no. 2 (2001): 871–927, DOI: 10.1152/physrev.2001.81.2.871.
14. Catherine Lebel et al., "Microstructural Maturation of the Human Brain from Childhood to Adulthood," *NeuroImage* 40, no. 3 (2008): 1044–1055, DOI: 10.1016/j.neuroimage.2007.12.053.
15. Catherine Lebel and Christian Beaulieu, "Longitudinal Development of Human Brain Wiring Continues from Childhood into Adulthood," *Journal of Neuroscience* 31, no. 30 (2011): 10937–10947, DOI: 10.1523/jneurosci.5302-10.2011.
16. R. Douglas Fields, "A New Mechanism of Nervous System Plasticity: Activity-Dependent Myelination," *Nature Reviews Neuroscience* 16, no. 12 (2015): 756, DOI: 10.1038/nrn4023.
17. Sara L. Bengtsson, "Extensive Piano Practicing Has Regionally Specific Effects on White Matter Development," *Nature Neuroscience* 8, no. 9 (2005): 1148, DOI: 10.1038/nn1516.
18. Manuel Carreiras et al., "An Anatomical Signature for Literacy," *Nature* 461, no. 7266 (2009): 983, DOI: 10.1038/nature08461.
19. Jan Scholz et al., "Training Induces Changes in White-Matter Architecture," *Nature Neuroscience* 12, no. 11 (2009): 1370, DOI: 10.1038/nn.2412.
20. Erin M. Gibson et al., "Neuronal Activity Promotes Oligodendrogenesis and Adaptive Myelination in the Mammalian Brain," *Science* 344, no. 6183 (2014): 1252304, DOI: 10.1126/science.1252304.
21. Fields, "Nervous System Plasticity," 756.
22. James E. Swain et al., "Parenting and Beyond: Common Neurocircuits Underlying Parental and Altruistic Caregiving," *Parenting* 12, no. 2–3 (2012): 115–123, DOI: 10.1080/15295192.2012.680409.
23. Malcolm Gladwell, *Outliers: The Story of Success* (New York: Little, Brown & Co., 2008).
24. Brooke N. Macnamara, David Z. Hambrick, and Frederick L. Oswald, "Deliberate Practice and Performance in Music, Games, Sports, Education, and Professions: A Meta-Analysis," *Psychological Science* 25, no. 8 (2014): 1608–1618, DOI: 10.1177/0956797614535810.
25. Adapted from BrainU: The Neuroscience Teacher Institute. Available at http://brainu.org/sites/brainu.org/files/movies/synapseschange_pc.html.
26. Denis Larrivee and Adriana Gini, "Is the Philosophical Construct of 'Habitus Operativus Bonus' Compatible with the Modern Neuroscience Concept of Human Flourishing Through Neuroplasticity? A Consideration of Prudence as a Multidimensional Regulator of Virtue," *Frontiers in Human Neuroscience* 8 (2014): 731, DOI: 10.3389/fnhum.2014.00731.

27. Javier Bernacer and Jose Ignacio Murillo, "The Aristotelian Conception of Habit and Its Contribution to Human Neuroscience," *Frontiers in Human Neuroscience* 10 (2014): 883, DOI: 10.3389/fnhum.2014.00590.
28. Catherine L'Ecuyer, "The Wonder Approach to Learning," *Frontiers in Human Neuroscience* 8 (2014): 764, DOI: 10.3389/fnhum.2014.00764.
29. Michael C. Corballis, "Left Brain, Right Brain: Facts and Fantasies," *PLOS Biology* 12, no. 1 (2014): e1001767, DOI: 10.1371/journal.pbio.1001767.
30. Jared A. Nielsen et al., "An Evaluation of the Left-Brain vs. Right- Brain Hypothesis with Resting State Functional Connectivity Magnetic Resonance Imaging," *PLOS One* 8, no. 8 (2013): e71275, DOI: 10.1371/journal.pone.0071275.

第三章 教養第一天性

1. D. Tranel, S. W. Anderson, and A. Benton, "Development of the Concept of Executive Function and Its Relationship to the Frontal Lobes," in *Handbook of Neuropsychology*, vol. 8, ed. F. Boller and J. Grafman (Amsterdam: Elsevier, 1994), 125–48.
2. Fabio Del Missier, Timo Mäntylä, and Wändi Bruine de Bruin, "Executive Functions in Decision Making: An Individual Differences Approach," *Thinking & Reasoning* 16, no. 2 (2010): 69–97, DOI: 10.1080/13546781003630117.
3. Dietsje Jolles and Eveline A. Crone, "Training the Developing Brain: A Neurocognitive Perspective," *Frontiers in Human Neuroscience* 6 (2012): 76, DOI: 10.3389/fnhum.2012.00076.
4. Dietsje D. Jolles et al., "Practice Effects in the Developing Brain: A Pilot Study," *Developmental Cognitive Neuroscience* 2, S1 (2012): S180–S191, DOI: 10.1016/j.dcn.2011.09.001.
5. Joni Holmes, Susan E. Gathercole, and Darren L. Dunning, "Adaptive Training Leads to Sustained Enhancement of Poor Working Memory in Children," *Developmental Science* 12, no. 4 (2009): F9–15, DOI: 10.1111/j.1467-7687.2009.00848.x.
6. Mariët J. van der Molen et al., "Effectiveness of a Computerised Working Memory Training in Adolescents with Mild to Borderline Intellectual Disabilities," *Journal of Intellectual Disability Research* 54, no. 5 (2010): 433–447, DOI: 10.1111/j.1365-2788.2010.01285.x.
7. Max Owens, Ernst H. W. Koster, and Nazanin Derakshan, "Improving Attention Control in Dysphoria Through Cognitive Training: Transfer Effects on Working Memory Capacity and Filtering Efficiency," *Psychophysiology* 50, no. 3 (2013): 297–307, DOI: 10.1111/psyp.12010.
8. Adam D. Galinsky, Deborah H. Gruenfeld, and Joe C. Magee, "From Power to Action," *Journal of Personality and Social Psychology* 85, no. 3 (2003): 453.
9. Yi-Yuan Tang, Britta K. Hölzel, and Michael I. Posner, "The Neuroscience of Mindfulness Meditation," *Nature Reviews Neuroscience* 16, no. 4 (2015): 213, DOI: 10.1038/nrn3916.
10. Ivana Buric et al., "What Is the Molecular Signature of Mind– Body Interventions? A Systematic Review of Gene Expression Changes Induced by Meditation and Related Practices," *Frontiers in Immunology* 8 (2017): 670, DOI: 10.3389/fimmu.2017.00670.
11. Center for Wellness and Achievement in Education, "Research," cwae. org/research_intro.php (accessed March 17, 2018).
12. Catherine A. Haden, Rachel A. Haine, and Robyn Fivush, "Developing Narrative Structure in Parent-Child Reminiscing Across the Preschool Years," *Developmental Psychology* 33, no. 2 (1997): 295, DOI: 10.1037/0012-1649.33.2.295.
13. Amy M. Boland, Catherine A. Haden, and Peter A. Ornstein, "Boosting Children's Memory by Training Mothers in the Use of an Elaborative Conversational Style as an Event Unfolds," *Journal of Cognition and Development* 4, no. 1 (2003): 39–65, DOI: 10.1080/15248372.2003.9669682.
14. Larry R. Squire, "The Legacy of Patient H.M. for Neuroscience," *Neuron* 61, no. 1 (2009): 6–9, DOI: 10.1016/j.neuron.2008.12.023.

15. David A. Drachman, "Do We Have Brain to Spare?" *Neurology* 64, no. 12 (2005): 2004–2005, DOI: 10.1212/01.WNL.0000166914.38327.BB.
16. Karen Chan Barrett et al., "Art and Science: How Musical Training Shapes the Brain," *Frontiers in Psychology* 4 (2013): 713, DOI: 10.3389/fpsyg.2013.00713.
17. Ana Luísa Pinho et al., "Connecting to Create: Expertise in Musical Improvisation Is Associated with Increased Functional Connectivity Between Premotor and Prefrontal Areas," *Journal of Neuroscience* 34, no. 18 (2014): 6156–6163, DOI: 10.1523/JNEUROSCI.4769-13.2014.
18. Francisco J. Novo, "Habit Acquisition in the Context of Neuronal Genomic and Epigenomic Mosaicism," *Frontiers in Human Neuroscience* 8 (2014): 255, DOI: 10.3389/fnhum.2014.00255.
19. St. Thomas Aquinas, *Truth: Questions X–XX*, vol.2, trans. James V. McGlynn (Indianapolis, IN: Hackett Publishing, 1995), 82.

第四章　創造力的神經科學

1. Graham Wallas, *The Art of Thought* (London: Jonathan Cape, 1926), 10.
2. Annukka K. Lindell and Evan Kidd, "Why Right-Brain Teaching Is Half-Witted: A Critique of the Misapplication of Neuroscience to Education," *Mind, Brain, and Education* 5, no. 3 (2011): 121–127, DOI: 10.1111/j.1751-228X.2011.01120.x.
3. Dahlia W. Zaidel, "Creativity, Brain, and Art: Biological and Neurological Considerations," *Frontiers in Human Neuroscience* 8 (2014): 389, DOI: 10.3389/fnhum.2014.00389.
4. Maddalena Boccia et al., "Where Do Bright Ideas Occur in Our Brain? Meta-Analytic Evidence from Neuroimaging Studies of Domain-Specific Creativity," *Frontiers in Psychology* 6 (2015): 1195, DOI: 10.3389/fpsyg.2015.01195.
5. Ambar Chakravarty. "The Creative Brain–Revisiting Concepts." *Medical hypotheses* 74, no. 3 (2010): 606-612.
6. R. A. Chavez et al., "Neurobiology of Creativity: Preliminary Results from a Brain Activation Study," *Salud Mental* 27, no. 3 (2004): 38–46.
7. Suddendorf, Thomas, and Claire M. Fletcher-Flinn. "Theory of Mind and the Origin of Divergent Thinking." *The Journal of Creative Behavior* 31, no. 3 (1997): 169-179.
8. Hikaru Takeuchi et al., "White Matter Structures Associated with Creativity: Evidence from Diffusion Tensor Imaging," *NeuroImage* 51, no. 1 (2010): 11–18, DOI: 10.1016/j.neuroimage.2010.02.035.
9. Erin M. Gibson et al., "Neuronal Activity Promotes Oligodendrogenesis and Adaptive Myelination in the Mammalian Brain," *Science* 344, no. 6183 (2014): 1252304, DOI: 10.1126/science.1252304.
10. Hikaru Takeuchi et al., "White Matter Structures Associated with Creativity: Evidence from Diffusion Tensor Imaging," *NeuroImage* 51, no.1 (2010): 11–18, DOI: 10.1016/j.neuroimage.2010.02.035.
11. Robin J. M. Franklin and Charles Ffrench-Constant, "Remyelination in the CNS: From Biology to Therapy," *Nature Reviews Neuroscience* 9, no. 11 (2008): 839, DOI: 10.1038/nrn2480.
12. Robin J. M. Franklin and Charles Ffrench-Constant, "Remyelination in the CNS," 839.
13. Heidrun Karlic and Pia Baurek, "Epigenetics and the Power of Art," *Clinical Epigenetics* 2, no. 2 (2011): 279, DOI: 10.1007/s13148-011-0033-7.
14. Allison B. Kaufman et al., "Towards a Neurobiology of Creativity in Nonhuman Animals," *Journal of Comparative Psychology* 125, no. 3 (2011): 255, DOI: 10.1037/a0023147.
15. Kaufman et al., "Neurobiology of Creativity in Nonhuman Animals," 255.

16. Martin Reuter et al., "Identification of First Candidate Genes for Creativity: A Pilot Study," *Brain Research* 1069, no. 1 (2006): 190–197, DOI: 10.1016/j.brainres.2005.11.046.
17. Elena Shumay, Joanna S. Fowler, and Nora D. Volkow, "Genomic Features of the Human Dopamine Transporter Gene and Its Potential Epigenetic States: Implications for Phenotypic Diversity," *PLOS One* 5, no. 6 (2010): e11067, DOI: 10.1371/journal.pone.0011067.
18. Brad E. Sheese et al., "Parenting Quality Interacts with Genetic Variation in Dopamine Receptor DRD4 to Influence Temperament in Early Childhood," *Development and Psychopathology* 19, no. 4 (2007): 1039–1046, DOI: 10.1017/S0954579407000521.
19. Drake Morgan et al., "Social Dominance in Monkeys: Dopamine D2 Receptors and Cocaine Self-Administration," *Nature Neuroscience* 5, no. 2 (2002): 169–174, DOI: 10.1038/nn798.
20. Ambar Chakravarty, "The Creative Brain–Revisiting Concepts," *Medical Hypotheses* 74, no. 3 (2009): 606–612, DOI: 10.1016/j.mehy.2009.10.014.
21. Mathias Benedek and Aljoscha C. Neubauer, "Revisiting Mednick's Model on Creativity-Related Differences in Associative Hierarchies: Evidence for a Common Path to Uncommon Thought," *Journal of Creative Behavior* 47, no. 4 (2013): 273–289, DOI: 10.1002/jocb.35.
22. Benedek and Neubauer, "Revisiting Mednick's Model," 273–289.
23. E.P. Torrance, *Torrance Tests of Creative Thinking: Directions Manual and Scoring Guide* (Bensenville, IL: Scholastic Testing Service, 1990).
24. Torrance, *Torrance Tests*.
25. Gil Gonen-Yaacovi et al., "Rostral and Caudal Prefrontal Contribution to Creativity: A Meta-Analysis of Functional Imaging Data," *Frontiers in Human Neuroscience* 7 (2013) 465, DOI: 10.3389/fnhum.2013.00465.
26. James C. Kaufman, *Creativity 101* (New York: Springer, 2016).
27. Benedek and Neubauer, "Revisiting Mednick's Model," 273–289.
28. Society for Laboratory Automation and Screening, "Think About It: Nobel Prize Winner Sir Harold Kroto Throws Down the Gauntlet," *SLAS Electronic Laboratory Neighborhood*, September 7, 2012, eln.slas.org/story/1/74-think-about-it-nobel-prize-winner-sir-harold-kroto-throws-down-the-gauntlet-/.
29. Mathilda Marie Joubert, "The Art of Creative Teaching: NACCCE and Beyond," in *Creativity in Education*, ed. Anna Craft, Bob Jeffrey, and Mike Liebling (London: Continuum, 2001), 17–34.
30. Milica Cerovic et al., "Molecular and Cellular Mechanisms of Dopamine-Mediated Behavioral Plasticity in the Striatum," *Neurobiology of Learning and Memory* 105 (2013): 63–80, DOI: 10.1016/j.nlm.2013.06.013.

第五章　如何教養富有創造力的孩子

1. Zuyeon Kim, "The Creativity Crisis: The Decrease in Creative Thinking Scores on the Torrance Tests of Creative Thinking," *Creativity Research Journal* 23, no. 4 (2011): 285–295, DOI: 10.1080/10400419.2011.627805.
2. Yasuyuki Kowatari et al., "Neural Networks Involved in Artistic Creativity," *Human Brain Mapping* 30, no. 5 (2009): 1678–1690, DOI: 10.1002/hbm.20633.
3. Balder Onarheim and Morten Friis-Olivarius, "Applying the Neuroscience of Creativity to Creativity Training," *Frontiers in Human Neuroscience* 7 (2013): 656, DOI: 10.3389/fnhum.2013.00656.
4. Ronald A. Beghetto and James C. Kaufman, "Do We All Have Multicreative Potential?" *ZDM* 41, no. 1–2 (2009): 39–44, DOI: 10.1007/s11858-008-0143-7.
5. Ambar Chakravarty, "The Creative Brain—Revisiting Concepts," *Medical Hypotheses* 74, no. 3 (2009): 606–612, DOI: 10.1016/j.

mehy.2009.10.014.
6. Alice W. Flaherty, "Frontotemporal and Dopaminergic Control of Idea Generation and Creative Drive," *Journal of Comparative Neurology* 493, no. 1 (2005): 147–153, DOI: 10.1002/cne.20768.
7. Lev S. Vygotsky, *Mind in Society: The Development of Higher Psychological Processes*, rev. ed. (1930; repr., Cambridge, MA: Harvard University Press, 1978).
8. M. C. Chesimet, B. N. Githua, and J. K. Ng'eno, "Effects of Experiential Learning Approach on Students' Mathematical Creativity among Secondary School Students of Kericho East Sub-County, Kenya," *Journal of Education and Practice* 7, no. 23 (2016): 51–57.
9. Christine Charyton and John A. Merrill, "Assessing General Creativity and Creative Engineering Design in First Year Engineering Students," *Journal of Engineering Education* 98, no. 2 (2009): 145–156, DOI: 10.1002/j.2168-9830.2009.tb01013.x.
10. Afida Ayob et al., "Assessment of Creativity in Electrical Engineering," *Procedia—Social and Behavioral Sciences* 60 (2012): 463–467, DOI: 10.1016/j.sbspro.2012.09.407.
11. Mark Leikin, "The Effect of Bilingualism on Creativity: Developmental and Educational Perspectives," *International Journal of Bilingualism* 17, no. 4 (2013): 431–447, DOI: 10.1177/1367006912438300.
12. Anatoliy V. Kharkhurin, *Multilingualism and Creativity* (Bristol, UK: Multilingual Matters, 2012).
13. Angela Ka-yee Leung, "Multicultural Experience Enhances Creativity: The When and How," *American Psychologist* 63, no. 3 (2008): 169, DOI: 10.1037/0003-066X.63.3.169.
14. William W. Maddux and Adam D. Galinsky, "Cultural Borders and Mental Barriers: The Relationship Between Living Abroad and Creativity," *Journal of Personality and Social Psychology* 96, no. 5 (2009): 1047, DOI: 10.1037/a0014861.
15. Carmit T. Tadmor, Adam D. Galinsky, and William W. Maddux, "Getting the Most Out of Living Abroad: Biculturalism and Integrative Complexity as Key Drivers of Creative and Professional Success," *Journal of Personality and Social Psychology* 103, no. 3 (2012): 520, DOI: 10.1037/a0029360.
16. Karl Duncker, "On Problem-Solving," trans. Lynne S. Lees, *Psychological Monographs* 58, no. 5 (1945): i–113.
17. Terence L. Belcher, "Modeling Original Divergent Responses: An Initial Investigation," *Journal of Educational Psychology* 67, no. 3 (1975): 351.
18. Chinmay Kulkarni, Steven P. Dow, and Scott R. Klemmer, "Early and Repeated Exposure to Examples Improves Creative Work," in *Design Thinking Research* (Berlin: Springer International Publishing, 2014): 49–62, DOI: 10.1007/978-3-319-01303-9_4.
19. Ursula Debarnot et al., "Experts Bodies, Experts Minds: How Physical and Mental Training Shape the Brain," *Frontiers in Human Neuroscience* 8 (2014): 280, DOI: 10.3389/fnhum.2014.00280.
20. S. Akbari Chermahini and Bernhard Hommel, "More Creative Through Positive Mood? Not Everyone!" *Frontiers in Human Neuroscience* 6 (2012): 319, DOI: 10.3389/fnhum.2012.00319.
21. Kenneth R. Ginsburg et al., "The Importance of Play in Promoting Healthy Child Development and Maintaining Strong Parent-Child Bonds," *Pediatrics* 119, no. 1 (2007): 182–191, DOI: 10.1542/peds.2006-2697.
22. Maite Garaigordobil and Laura Berrueco, "Effects of a Play Program on Creative Thinking of Preschool Children," *Spanish Journal of Psychology* 14, no. 2 (2011): 608–618.
23. Deena Skolnick Weisberg, "Talking It Up: Play, Language Development, and the Role of Adult Support," *American Journal of Play* 6, no. 1 (2013): 39.
24. Kaomi Goetz, "How 3M Gave Everyone Days Off and Created an Innovation Dynamo," *Fast Company*, February 1, 2011, fastcodesign.com/1663137/how-3m-gave-everyone-days-off-and-created-an-innovation-dynamo.
25. Lampros Perogamvros et al., "Sleep and Dreaming Are for Important Matters," *Frontiers in Psychology* 4 (July 25, 2013): 474, DOI:

10.3389/fpsyg.2013.00474.
26. Denise J. Cai et al., "REM, Not Incubation, Improves Creativity by Priming Associative Networks," *Proceedings of the National Academy of Sciences* 106, no. 25 (2009): 10130–10134, DOI: 10.1073/pnas.0900271106.
27. Charles J. Limb and Allen R. Braun, "Neural Substrates of Spontaneous Musical Performance: An fMRI Study of Jazz Improvisation," *PLOS One* 3, no. 2 (2008), DOI: 10.1371/journal.pone.0001679.
28. Pierre Maquet et al., "Functional Neuroanatomy of Human Rapid-Eye-Movement Sleep and Dreaming," *Nature* 383, no. 6596 (1996): 163, DOI: 10.1038/383163a0.
29. Ruth Ann Atchley, David L. Strayer, and Paul Atchley, "Creativity in the Wild: Improving Creative Reasoning through Immersion in Natural Settings," *PLOS One* 7, no. 12 (2012): DOI: 10.1371/journal.pone.051474.
30. Francesca Gino and Dan Ariely, "The Dark Side of Creativity: Original Thinkers Can Be More Dishonest," *Journal of Personality and Social Psychology* 102, no. 3 (2011): 445 DOI: 10.1037/a0026406.

第六章　同理心的神經科學

1. Sara H. Konrath, Edward H. O'Brien, and Courtney Hsing, "Changes in Dispositional Empathy in American College Students Over Time: A Meta-Analysis," *Personality and Social Psychology Review* 15, no. 2 (2011): 180–198, DOI: 10.1177/1088868310377395.
2. Ariel Knafo-Noam et al., "The Developmental Origins of a Disposition Toward Empathy: Genetic and Environmental Contributions," *Emotion* 8, no. 6 (2008): 737, DOI: 10.1037/a0014179.
3. Ronald J. Iannotti, "Effect of Role-Taking Experiences on Role Taking, Empathy, Altruism, and Aggression," *Developmental Psychology* 14, no. 2 (1978): 119, DOI: 10.1037/0012-1649.14.2.119.
4. Mirja Kalliopuska, "Empathy in School Students" (Department of Psychology, University of Helsinki, 1983), files.eric.ed.gov/fulltext/ED240423.pdf.
5. Nancy Eisenberg-Berg and Paul Mussen, "Empathy and Moral Development in Adolescence," *Developmental Psychology* 14, no. 2 (1978): 185, DOI: 10.1037/0012-1649.14.2.185.
6. Lynda A. Haynes and Arthur W. Avery, "Training Adolescents in Self- Disclosure and Empathy Skills," *Journal of Counseling Psychology* 26, no. 6 (1979): 526, DOI: 10.1037/0022-0167.26.6.526.
7. Penney Clarke, "What Kind of Discipline Is Most Likely to Lead to Empathic Behaviour in Classrooms?" *History and Social Science Teacher* 19, no. 4 (1984): 240–241.
8. Mohammadreza Hojat et al., "Physicians' Empathy and Clinical Outcomes for Diabetic Patients," *Academic Medicine* 86, no. 3 (2011): 359–364, DOI: 10.1097/ACM.0b013e3182086fe1.
9. David P. Rakel et al., "Practitioner Empathy and the Duration of the Common Cold," *Family Medicine* 41, no. 7 (2009): 494.
10. Stefano Del Canale et al., "The Relationship Between Physician Empathy and Disease Complications: An Empirical Study of Primary Care Physicians and Their Diabetic Patients in Parma, Italy," *Academic Medicine* 87, no. 9 (2012): 1243–1249, DOI: 10.1097/ACM.0b013e3182628fbf.
11. John M. Kelley et al., "The Influence of the Patient-Clinician Relationship on Healthcare Outcomes: A Systematic Review and Meta-Analysis of Randomized Controlled Trials," *PLOS One* 9, no. 4 (2014): DOI: 10.1371/journal.pone.0094207.
12. Samantha A. Batt-Rawden et al., "Teaching Empathy to Medical Students: An Updated, Systematic Review," *Academic Medicine* 88, no. 8 (2013): 1171–1177, DOI: 10.1097/ACM.0b013e318299f3e3.
13. Heather Marie Higgins, "Empathy Training and Stress: Their Role in Medical Students' Responses to Emotional Patients" (PhD diss.,

University of British Columbia, 1990).
14. Jamil Zaki and Kevin N. Ochsner, "The Neuroscience of Empathy: Progress, Pitfalls and Promise," *Nature Neuroscience* 15, no. 5 (2012): 675, DOI: 10.1038/nn.3085.
15. Carolien Rieffe, Lizet Ketelaar, and Carin H. Wiefferink, "Assessing Empathy in Young Children: Construction and Validation of an Empathy Questionnaire (EmQue)," *Personality and Individual Differences* 49, no. 5 (2010): 362–367, DOI: 10.1016/j.paid.2010.03.046.
16. Carolyn Zahn-Waxler, Marian Radke-Yarrow, and Robert A. King, "Child Rearing and Children's Prosocial Initiations Toward Victims of Distress," *Child Development* 50, no. 2 (1979): 319–330, DOI: 10.1111/j.1467-8624.1979.tb04112.x.
17. Carolyn Zahn-Waxler et al., "Development of Concern for Others," *Developmental Psychology* 28, no. 1 (1992): 126, DOI: 10.1037/0012-1649.28.1.126.
18. Carolyn Zahn-Waxler, JoAnn L. Robinson, and Robert N. Emde, "The Development of Empathy in Twins," *Developmental Psychology* 28, no. 6 (1992): 1038, DOI: 10.1037/0012-1649.28.6.1038.
20.19. Matthew Aney, "'Babywise' Advice Linked to Dehydration, Failure to Thrive," *AAP News* 14, no. 4 (1998): 21.
David Elliman and Margaret A. Lynch, "The Physical Punishment of Children," *Archives of Disease in Childhood* 83, no. 3 (2000): 196–198, DOI: 10.1136/adc.83.3.196.
2221. Barbara A. Hotelling, "Styles of Parenting," *The Journal of Perinatal Education* 13, no. 1 (2005): 42, DOI: 10.1624/105812404826423.
Gianluca Esposito et al., "Infant Calming Responses During Maternal Carrying in Humans and Mice," *Current Biology* 23, no. 9 (2013): 739–745, DOI: 10.1016/j.cub.2013.03.041.
23. Ian C. G. Weaver et al., "Epigenetic Programming by Maternal Behavior," *Nature Neuroscience* 7, no. 8 (2004): 847, DOI: 10.1038/nn1276.
24. Andrea Guzzetta et al., "Massage Accelerates Brain Development and the Maturation of Visual Function," *Journal of Neuroscience* 29, no. 18 (2009): 6042–6051, DOI: 10.1523/JNEUROSCI.5548-08.2009.
25. Patrick O. McGowan, "Epigenetic Regulation of the Glucocorticoid Receptor in Human Brain Associates with Childhood Abuse," *Nature Neuroscience* 12, no. 3 (2009): 342, DOI: 10.1038/nn.2270.
26. Kathleen C. Light, Karen M. Grewen, and Janet A. Amico, "More Frequent Partner Hugs and Higher Oxytocin Levels Are Linked to Lower Blood Pressure and Heart Rate in Premenopausal Women," *Biological Psychology* 69, no. 1 (2005), 5–21, DOI: 10.1016/j.biopsycho.2004.11.002.
27. Sheldon Cohen et al., "Does Hugging Provide Stress-Buffering Social Support? A Study of Susceptibility to Upper Respiratory Infection and Illness," *Psychological Science* 26, no. 2 (2015): 135–147, DOI: 10.1177/0956797614559284.
28. Alberto Gallace and Charles Spence, "The Science of Interpersonal Touch: An Overview," *Neuroscience & Biobehavioral Reviews* 34, no. 2 (2008): 246–259, DOI: 10.1016/j.neubiorev.2008.10.004.
29. Ronald J. Iannotti, "Effect of Role-Taking Experiences on Role Taking, Empathy, Altruism, and Aggression," *Developmental Psychology* 14, no. 2 (1978): 119, DOI: 10.1037/0012-1649.14.2.119.
30. Craig K. Ewart et al., "High Blood Pressure and Marital Discord: Not Being Nasty Matters More Than Being Nice," *Health Psychology* 10, no. 3 (1991): 155, DOI: 10.1037//0278-6133.10.3.155.
31. Simon Baron-Cohen, Alan M. Leslie, and Uta Frith, "Does the Autistic Child Have a 'Theory of Mind'?" *Cognition* 21, no. 1 (1985): 37–46, DOI: 10.1016/0010-0277(85)90022-8.
32. Danielle Bons et al., "Motor, Emotional, and Cognitive Empathy in Children and Adolescents with Autism Spectrum Disorder and Conduct Disorder," *Journal of Abnormal Child Psychology* 41, no. 3 (2013): 425–443, DOI: 10.1007/s10802-012-9689-5.
33. Sidney L. Hahn, "Let's Try a Positive Approach," *Foreign Language Annals* 13, no. 5 (1980): 415–417, DOI: 10.1111/j.1944-9720.1980.

tb01368.x.

34. Hedda Black and Shelley Phillips, "An Intervention Program for the Development of Empathy in Student Teachers," *Journal of Psychology* 112, no. 2 (1982): 159–168, DOI: 10.1080/00223980.1982.9915373.
35. Lynda A. Haynes and Arthur W. Avery, "Training Adolescents in Self- Disclosure and Empathy Skills," *Journal of Counseling Psychology* 26, no. 6 (1979): 526, DOI: 10.1037/0022-0167.26.6.526.
3736. Mirja Kalliopuska, "Empathy in School Students" (Department of Psychology, University of Helsinki, 1983), eric.ed.gov/?id=ED240423.
John F. Kremer and Laura L. Dietzen, "Two Approaches to Teaching Accurate Empathy to Undergraduates: Teacher-Intensive and Self-Directed," *Journal of College Student Development* 32, no. 1 (1991), 69–75.
38. Edward V. Pecukonis, "A Cognitive/Affective Empathy Training Program as a Function of Ego Development in Aggressive Adolescent Females," *Adolescence* 25, no. 97 (1990): 59.
39. Claude M. Steele and Joshua Aronson, "Stereotype Threat and the Intellectual Test Performance of African Americans," *Journal of Personality and Social Psychology* 69, no. 5 (1995): 797.
40. Steven J. Spencer, Claude M. Steele, and Diane M. Quinn, "Stereotype Threat and Women's Math Performance," *Journal of Experimental Social Psychology* 35, no. 1 (1999): 4–28, DOI: 10.1006/jesp.1998.1373.
41. P. Matthijs Bal and Martijn Veltkamp, "How Does Fiction Reading Influence Empathy? An Experimental Investigation on the Role of Emotional Transportation," *PLOS One* 8, no. 1 (2013): DOI: 10.1371/journal.pone.0055341.
42. David Comer Kidd and Emanuele Castano, "Reading Literary Fiction Improves Theory of Mind," *Science* 342, no. 6156 (2013): 377–380, DOI: 10.1126/science.1239918.
43. Raymond A. Mar, Jennifer L. Tackett, and Chris Moore, "Exposure to Media and Theory-of-Mind Development in Preschoolers," *Cognitive Development* 25, no. 1 (2010): 69–78, DOI: 10.1016/j.cogdev.2009.11.002.
44. Helen Riess et al., "Empathy Training for Resident Physicians: A Randomized Controlled Trial of a Neuroscience-Informed Curriculum," *Journal of General Internal Medicine* 27, no. 10 (2012): 1280–1286, DOI: 10.1007/s11606-012-2063-z.
45. Laura L. Brock et al., "Children's Perceptions of the Classroom Environment and Social and Academic Performance: A Longitudinal Analysis of the Contribution of the *Responsive Classroom* Approach," *Journal of School Psychology* 46, no. 2 (2008): 129–149, DOI: 10.1016/j.jsp.2007.02.004.
46. L. Brook E. Sawyer and Sara E. Rimm-Kaufman, "Teacher Collaboration in the Context of the *Responsive Classroom* Approach," *Teachers and Teaching: Theory and Practice* 13, no. 3 (2007): 211–245, DOI: 10.1080/13540600701299767.
47. Sara E. Rimm-Kaufman and Yu-Jen I. Chiu, "Promoting Social and Academic Competence in the Classroom: An Intervention Study Examining the Contribution of the *Responsive Classroom* Approach," *Psychology in the Schools* 44, no. 4 (2007): 397–413, DOI: 10.1002/pits.20231.
48. Sara E. Rimm-Kaufman et al., "The Contribution of the *Responsive Classroom* Approach on Children's Academic Achievement: Results from a Three Year Longitudinal Study," *Journal of School Psychology* 45, no. 4 (2007): 401–421.

第七章　應用同理心就是同情心

1. Willa Litvack-Miller, Daniel McDougall, and David M. Romney, "The Structure of Empathy during Middle Childhood and Its Relationship to Prosocial Behavior," *Genetic, Social, and General Psychology Monographs* 123, no. 3 (1997): 303–325.
2. P. L. Lockwood, A. Seara-Cardoso, and E. Viding, "Emotion Regulation Moderates the Association Between Empathy and Prosocial Behavior," *PLOS One* 9, no. 5 (2014): DOI: 10.1371/journal.pone.0096555.

3. Harvard University Graduate School of Education, "Making Caring Common Project," mcc.gse.harvard.edu/ (accessed March 17, 2018).
4. Alfie Kohn, "Caring Kids: The Role of the Schools," *Phi Delta Kappan* 72, no. 7 (1991): 496–506.
5. Rosemary S. L. Mills and Joan E. Grusec, "Cognitive, Affective, and Behavioral Consequences of Praising Altruism," *Merrill-Palmer Quarterly* 35, no. 3 (1989): 299–326.
6. David G. Perry, Kay Bussey, and Kathryn Freiberg, "Impact of Adults' Appeals for Sharing on the Development of Altruistic Dispositions in Children," *Journal of Experimental Child Psychology* 32, no. 1 (1981): 127–138, DOI: 10.1016/0022-0965(81)90098-9.
7. Bill Underwood and Bert Moore, "Perspective-Taking and Altruism," *Psychological Bulletin* 91, no. 1 (1982): 143, DOI: 10.1037/0033-2909.91.1.143.
8. James H. Fowler and Nicholas A. Christakis, "Cooperative Behavior Cascades in Human Social Networks," *Proceedings of the National Academy of Sciences* 107, no. 12 (2010): 5334–5338, DOI: 10.1073/pnas.0913149107.
9. Louisa Pavey, Tobias Greitemeyer, and Paul Sparks, "Highlighting Relatedness Promotes Prosocial Motives and Behavior," *Personality and Social Psychology Bulletin* 37, no. 7 (2011): 905–917, DOI: 10.1177/0146167211405994.
10. Lara B. Aknin, J. Kiley Hamlin, and Elizabeth W. Dunn, "Giving Leads to Happiness in Young Children," *PLOS One* 7, no. 6 (2012): DOI: 10.1371/journal.pone.0039211.
11. Netta Weinstein and Richard M. Ryan, "When Helping Helps: Autonomous Motivation for Prosocial Behavior and Its Influence on Well-Being for the Helper and Recipient," *Journal of Personality and Social Psychology* 98, no. 2 (2010): 222, DOI: 10.1037/a0016984.
12. Elizabeth W. Dunn, Lara B. Aknin, and Michael I. Norton, "Prosocial Spending and Happiness: Using Money to Benefit Others Pays Off," *Current Directions in Psychological Science* 23, no. 1 (2014): 41–47, DOI: 10.1177/0963721413512503.
13. Lawrence W. Sherman et al., "Restorative Justice: The Evidence," The Smith Institute, 2007, iirp.edu/pdf/RJ_full_report.pdf.
14. Marguerite La Caze, "The Asymmetry Between Apology and Forgiveness," *Contemporary Political Theory* 5, no. 4 (2006): 447–468, DOI: 10.1057/palgrave.cpt.9300259.
15. Bernard Weiner et al., "Public Confession and Forgiveness," *Journal of Personality* 59, no. 2 (1991): 281–312, DOI: 10.1111/j.1467-6494.1991.tb00777.x.
16. Institute of Education Sciences National Center for Education Statistics, "Student Reports of Bullying and Cyber-Bullying: Results from the 2013 School Crime Supplement to the National Crime Victimization Survey," 2015, nces.ed.gov/pubs2015/2015056.pdf.
17. Jeff Latimer, Craig Dowden, and Danielle Muise, "The Effectiveness of Restorative Justice Practices: A Meta-Analysis," *Prison Journal* 85, no. 2 (2005): 127–144, DOI: 10.1177/0032885505276969.
18. ABC News, "Woman Ordered to Spend Night in Woods for Abandoning Kittens," November 23, 2005, abcnews.go.com/GMA/LegalCenter/story?id=1322751.
19. Jeremy Hogeveen, Michael Inzlicht, and Sukhvinder S. Obhi, "Power Changes How the Brain Responds to Others," *Journal of Experimental Psychology: General* 143, no. 2 (2013): 755, DOI: 10.1037/a0033477.
20. Emory-Tibet Partnership, "CBCT Compassion Training," Emory University, tibet.emory.edu/cognitively-based-compassion-training/ (accessed March 17, 2018).

第八章　自制力的神經科學

1. Richard H. Thaler and H. M. Shefrin, "An Economic Theory of Self-Control," *Journal of Political Economy* 89, no. 2 (1981): 392–406, DOI: 10.1086/260971.
2. Vicki Anderson, "Assessing Executive Functions in Children: Biological, Psychological, and Developmental Considerations," *Pediatric*

Rehabilitation 4, no. 3 (1998): 119–136, DOI: 10.1080/713755568.
3. Walter Mischel, Yuichi Shoda, and Monica I. Rodriguez, "Delay of Gratification in Children," *Science* 244, no. 4907 (1989): 933–938, DOI: 10.1126/science.2658056.
4. Walter Mischel and Ebbe B. Ebbesen, "Attention in Delay of Gratification," *Journal of Personality and Social Psychology* 16, no. 2 (1970): 329, DOI: 10.1037/h0029815.
5. B. J. Casey et al., "Behavioral and Neural Correlates of Delay of Gratification 40 Years Later," *Proceedings of the National Academy of Sciences* 108, no. 36 (2011): 14998–15003, DOI: 10.1073/pnas.1108561108.
6. Clancy Blair, "School Readiness: Integrating Cognition and Emotion in a Neurobiological Conceptualization of Children's Functioning at School Entry," *American Psychologist* 57, no. 2 (2002): 111, DOI: 10.1037/0003-066X.57.2.111.
7. Clancy Blair and Rachel Peters Razza, "Relating Effortful Control, Executive Function, and False Belief Understanding to Emerging Math and Literacy Ability in Kindergarten," *Child Development* 78, no. 2 (2007): 647–663, DOI: 10.1111/j.1467-8624.2007.01019.x.
8. C. Cybele Raver and Jane Knitzer, "Ready to Enter: What Research Tells Policymakers about Strategies to Promote Social and Emotional School Readiness Among Three- and Four-Year-Old Children," (policy paper no. 0205, Columbia University Academic Commons, 2002), DOI: 10.7916/d82v2qvx.
9. Sara E. Rimm-Kaufman, Robert C. Pianta, and Martha J. Cox, "Teachers' Judgments of Problems in the Transition to Kindergarten," *Early Childhood Research Quarterly* 15, no. 2 (2000): 147–166, DOI: 10.1016/s0885-2006(00)00049-1.
10. Alix Spiegel, "Old Fashioned Play Builds Serious Skills," Morning Edition, National Public Radio, February 21, 2008, npr.org/templates/story/story.php?storyId=19212514.
11. Bettina Lamm et al., "Waiting for the Second Treat: Developing Culture-Specific Modes of Self-Regulation," *Child Development* 89, no. 3 (2017): e261–e277, DOI: 10.111/cdev. 2847.
12. Adam Fine, Laurence Steinberg, Paul J. Frick, and Elizabeth Cauffman, "Self-Control Assessments and Implications for Predicting Adolescent Offending," *Journal of Youth and Adolescence* 45, no. 4 (2016): 701–712, DOI: 10.1007/s10964-016-0425-2.
13. Adam Fine et al., "Does the Effect of Self-Regulation on Adolescent Recidivism Vary by Youths' Attitudes?" *Criminal Justice and Behavior* 45, no. 2 (2017): 214–233, DOI: 10 1177/0093854817739046.
14. Daniel A. Weinberger and Gary E. Schwartz, "Distress and Restraint as Superordinate Dimensions of Self-Reported Adjustment: A Typological Perspective," *Journal of Personality* 58, no. 2 (1990): 381–417, DOI: 10.1111/j.1467-6494.1990.tb00235.x.
15. Adam Fine et al., "Predicting Adolescent Offending," 701–712.
16. Brady Reynolds et al., "Dimensions of Impulsive Behavior: Personality and Behavioral Measures," *Personality and Individual Differences* 40, no. 2 (2006): 305–315, DOI: 10.1016/j.paid.2005.03.024.
17. Grant L. Iverson, "Go/No-Go Testing," in *Encyclopedia of Clinical Neuropsychology*, ed. Jeffrey Kreutzer, John DeLuca, and Bruce Caplan (New York: Springer, 2011): 1162–1163.
18. Adam Fine et al., "Predicting Adolescent Offending," 701–712.
19. Alexander T. Vazsonyi and Gabriela Ksinan Jiskrova, "On the Development of Self-Control and Deviance from Preschool to Middle Adolescence," *Journal of Criminal Justice* 56 (2018): 60–69, DOI: 10.1016/j.jcrimjus.2017.08.005.
20. Tyler W. Watts, Greg J. Duncan, and Haonan Quan, "Revisiting the Marshmallow Test: A Conceptual Replication Investigating Links Between Early Delay of Gratification and Later Outcomes," *Psychological Science* 29, no. 7 (2018): 1159-1177, DOI: 10.1177/0956797618761661.
21. Katya Rubia, "Functional Brain Imaging Across Development," *European Child & Adolescent Psychiatry* 22, no. 12 (2013): 719–731, DOI: 10.1007/s00787-012-0291-8.

22. Allison C. Waters and Don M. Tucker, "Positive and Negative Affect in Adolescent Self-Evaluation: Psychometric Information in Single Trials Used to Generate Dimension-Specific ERPs and Neural Source Models," *Psychophysiology* 50, no. 6 (2013): 538–549, DOI: 10.1111/psyp.12035.
23. Koji Jimura, Maria S. Chushak, and Todd S. Braver, "Impulsivity and Self-Control During Intertemporal Decision Making Linked to the Neural Dynamics of Reward Value Representation," *Journal of Neuroscience* 33, no. 1 (2013): 344–357, DOI: 10.1523/JNEUROSCI.0919-12.2013.
24. Todd A. Hare, Colin F. Camerer, and Antonio Rangel, "Self- Control in Decision-Making Involves Modulation of the vmPFC Valuation System," *Science* 324, no. 5927 (2009): 646–648, DOI: 10.1126/science.1168450.
25. Hare et al., "Self-Control in Decision-Making," 646–648.

第九章　如何幫助孩子發展自制力

1. Mark Muraven and Roy F. Baumeister, "Self-Regulation and Depletion of Limited Resources: Does Self-Control Resemble a Muscle?" *Psychological Bulletin* 126, no. 2 (2000): 247, DOI: 10.1037/0033-2909.126.2.247.
2. Roy F. Baumeister et al., "Ego Depletion: Is the Active Self a Limited Resource?" *Journal of Personality and Social Psychology* 74, no. 5 (1998): 1252.
3. Roy F. Baumeister et al., "Self-Regulation and Personality: How Interventions Increase Regulatory Success, and How Depletion Moderates the Effects of Traits on Behavior," *Journal of Personality* 74, no. 6 (2006): 1773–1802, DOI: 10.1111/j.1467-6494.2006.00428.x.
4. Mark Muraven, Roy F. Baumeister, and Dianne M. Tice, "Longitudinal Improvement of Self-Regulation Through Practice: Building Self-Control Strength Through Repeated Exercise," *Journal of Social Psychology* 139, no. 4 (1999): 446–457, DOI: 10.1080/00224549909598404.
5. Megan Oaten and Ken Cheng, "Improvements in Self-Control from Financial Monitoring," *Journal of Economic Psychology* 28, no. 4 (2007): 487–501, DOI: 10.1016/j.joep.2006.11.003.
6. Annie Bernier, Stephanie M. Carlson, and Natasha Whipple, "From External Regulation to Self-Regulation: Early Parenting Precursors of Young Children's Executive Functioning," *Child Development* 81, no. 1 (2010): 326–339, DOI: 10.1111/j.1467-8624.2009.01397.x.
7. Matthew T. Gailliot et al., "Self-Control Relies on Glucose as a Limited Energy Source: Willpower Is More Than a Metaphor," *Journal of Personality and Social Psychology* 92, no. 2 (2007): 325, DOI: 10.1037/0022-3514.92.2.325.
8. Holly C. Miller et al., "Self-Control Without a 'Self '? Common Self- Control Processes in Humans and Dogs," *Psychological Science* 21, no. 4 (2010): 534–538, DOI: 10.1177/0956797610364968.
9. Emer J. Masicampo and Roy F. Baumeister, "Toward a Physiology of Dual-Process Reasoning and Judgment: Lemonade, Willpower, and Expensive Rule-Based Analysis," *Psychological Science* 19, no. 3 (2008): 255–260, DOI: 10.1111/j.1467-9280.2008.02077.x.
10. Joshua J. Clarkson et al., "When Perception Is More Than Reality: The Effects of Perceived Versus Actual Resource Depletion on Self-Regulatory Behavior," *Journal of Personality and Social Psychology* 98, no. 1 (2010): 29, DOI: 10.1037/a0017539.
11. Katharina Bernecker et al., "Implicit Theories About Willpower Predict Subjective Well-Being," *Journal of Personality* 85, no. 2 (2017): 136–150, DOI: 10.1111/jopy.12225.
12. David Tod, James Hardy, and Emily Oliver, "Effects of Self-Talk: A Systematic Review," *Journal of Sport and Exercise Psychology* 33, no. 5 (2011): 666–687, DOI: 10.1123/jsep.33.5.666.
13. Adele Diamond et al., "Preschool Program Improves Cognitive Control," *Science* 318, no. 5855 (2007): 1387, DOI: 10.1126/science.1151148.

14. Dianne M. Tice et al., "Restoring the Self: Positive Affect Helps Improve Self-Regulation Following Ego Depletion," *Journal of Experimental Social Psychology* 43, no. 3 (2007): 379–384, DOI: 10.1016/j.jesp.2006.05.007.
15. Mark Muraven, Dianne M. Tice, and Roy F. Baumeister, "Self- Control as a Limited Resource: Regulatory Depletion Patterns," *Journal of Personality and Social Psychology* 74, no. 3 (1998): 774.
16. Diamond et al., "Preschool Program Improves Cognitive Control," 1387.
17. Diamond et al., "Preschool Program Improves Cognitive Control," 1387.
18. Kevin Rounding et al., "Religion Replenishes Self-Control," *Psychological Science* 23, no. 6 (2012): 635–642, DOI: 10.1177/0956797611431987.
19. Malte Friese and Michaela Wänke, "Personal Prayer Buffers Self- Control Depletion," *Journal of Experimental Social Psychology* 51 (2014): 56–59, DOI: 10.1016/j.jesp.2013.11.006.
20. Paul Karoly, "Mechanisms of Self-Regulation: A Systems View," *Annual Review of Psychology* 44 (1993): 23–52, DOI: 10.1146/annurev.ps.44.020193.000323.

第十章　什麼是自我調整？

1. Michel Audiffren and Nathalie André, "The Strength Model of Self- Control Revisited: Linking Acute and Chronic Effects of Exercise on Executive Functions," *Journal of Sport and Health Science* 4, no. 1 (2015): 30–46, DOI: 10.1016/j.jshs.2014.09.002.
2. Dale H. Schunk, and Barry J. Zimmerman, eds., *Self-Regulated Learning: From Teaching to Self-Reflective Practice* (New York: Guilford Press, 1998).
3. Daphna Bassock, Scott Latham, and Anna Rorem, "Is Kindergarten the New First Grade?" *AERA Open* 2, no. 1 (2016): DOI:10.1177/2332858415616358.
4. Thomas S. Dee and Hans Henrik Sievertsen, "The Gift of Time? School Starting Age and Mental Health," *Health Economics* 27, no. 5 (2018): 781–802, DOI: 10.3386/w21610.
5. Louisa Diffey and Sarah Steffes, "Age Requirements for Free and Compulsory Education," Education Commission of the States, November 7, 2017, ecs.org/age-requirements-for-free-and-compulsory-education/.
6. Adele Diamond and Kathleen Lee, "Interventions Shown to Aid Executive Function Development in Children 4 to 12 Years Old," *Science* 333, no. 6045 (2011): 959–964, DOI: 10.1126/science.1204529.
7. Lev S. Vygotsky, "The Role of Play in Development," in *Mind in Society*, trans. M. Cole (Cambridge, MA: Harvard University Press, 1978), 92–104.
8. D. J. Leong and E. Bodrova, "Self-Regulation in the Early Childhood Classroom," *Early Childhood Today* 18, no. 1 (2003): 16–19.
9. Victoria J. Molfese et al., "Executive Function Skills of 6–8 Year Olds: Brain and Behavioral Evidence and Implications for School Achievement," *Contemporary Educational Psychology* 35, no. 2 (2010): 116–125, DOI: 10.1016/j.cedpsych.2010.03.004.
10. Diamond et al., "Preschool Program Improves Cognitive Control," 1387.
11. Angeline Lillard and Nicole Else-Quest, "The Early Years: Evaluating Montessori," *Science* 313, no. 5795 (2006): 1893–1894, DOI: 10.1126/science.1132362.
12. Lillard and Else-Quest, "Evaluating Montessori," 1893–1894.
13. Rachel A. Razza, Dessa Bergen-Cico, and Kimberly Raymond, "Enhancing Preschoolers' Self-Regulation via Mindful Yoga," *Journal of Child and Family Studies* 24, no. 2 (2015): 372–385, DOI: 10.1007/s10826-013-9847-6.
14. Elena Bodrova, Carrie Germeroth, and Deborah J. Leong, "Play and Self-Regulation: Lessons from Vygotsky," *American Journal of Play*

6, no. 1 (2013): 111.
15. Diamond et al., "Preschool Program Improves Cognitive Control," 1387.
16. James E. Johnson, James F. Christie, and Francis Wardle, *Play, Development, and Early Education* (London: Pearson, 2004).
17. Yuriy V. Karpov, *The Neo-Vygotskian Approach to Child Development* (Cambridge University Press, 2005).
18. Sandra W. Russ and Jessica A. Dillon, "Changes in Children's Pretend Play over Two Decades," *Creativity Research Journal* 23, no. 4 (2011): 330–338, DOI: 10.1080/10400419.2011.621824.
19. Zinadia V. Manuilenko, "The Development of Voluntary Behavior in Preschool-Age Children," *Journal of Russian and East European Psychology* 13, no. 4 (1975): 65–116, DOI: 10.2753/RPO1061-0405130465.
20. Bodrova et al., "Play and Self-Regulation," 111.
21. Jerome L. Singer, "Imagination and Waiting Ability in Young Children," *Journal of Personality* 29, no. 4 (1961): 396–413, DOI: 10.1111/j.1467-6494.1961.tb01670.x.
22. Fa-Chung Chiu, "The Effects of Exercising Self-Control on Creativity," *Thinking Skills and Creativity* 14 (2014): 20–31, DOI: 10.1016/j.tsc.2014.06.003.
23. Brandon J. Schmeichel, Cindy Harmon-Jones, and Eddie Harmon- Jones, "Exercising Self-Control Increases Approach Motivation," *Journal of Personality and Social Psychology* 99, no. 1 (2010): 162, DOI: 10.1037/a0019797.
24. Clancy Blair, "School Readiness: Integrating Cognition and Emotion in a Neurobiological Conceptualization of Children's Functioning at School Entry," *American Psychologist* 57, no. 2 (2002): 111, DOI: 10.1037/0003-066X.57.2.111.
25. Blair, "School Readiness," 111.
26. Susanne A. Denham, "Social-Emotional Competence as Support for School Readiness: What Is It and How Do We Assess It?" *Early Education and Development* 17, no. 1 (2006): 57–89, DOI: 10.1207/s15566935eed1701_4.
27. Benjamin J. Levy and Michael C. Anderson, "Inhibitory Processes and the Control of Memory Retrieval," *Trends in Cognitive Sciences* 6, no. 7 (2002): 299–305, DOI: 10.1016/s1364-6613(02)01923-x.
28. B. Alan Wallace, *Genuine Happiness: Meditation as the Path to Fulfillment* (Hoboken, NJ: John Wiley & Sons, 2005).
29. Jon Kabat-Zinn, *Coming to Our Senses: Healing Ourselves and the World Through Mindfulness* (New York: Hyperion, 2005).

第十一章　教養的致勝之道

1. Zoltán Dörnyei and Ema Ushioda, *Teaching and Researching: Motivation* (Abingdon, UK: Routledge, 2014).
2. Linda M. Anderson and Richard S. Prawat, "Responsibility in the Classroom: A Synthesis of Research on Teaching Self-Control," *Educational Leadership* 40, no. 7 (1983): 62–66.
3. Jon L. Pierce, Michael P. O'Driscoll, and Anne-Marie Coghlan, "Work Environment Structure and Psychological Ownership: The Mediating Effects of Control," *Journal of Social Psychology* 144, no. 5 (2004): 507–534, DOI: 10.3200/socp.144.5.507-534.
4. Chantal Olckers and Yvonne Du Plessis, "The Role of Psychological Ownership in Retaining Talent: A Systematic Literature Review," *SA Journal of Human Resource Management* 10, no. 2 (2012): DOI: 10.4102/sajhrm.v10i2.415.
5. Ilona Buchem, "Psychological Ownership and Personal Learning Environments: Do Sense of Ownership and Control Really Matter?" *PLE Conference Proceedings* 1, no. 1 (2012).
6. Sheila J. Cunningham et al., "Yours or Mine? Ownership and Memory," *Consciousness and Cognition* 17, no. 1 (2008): 312–318, DOI: 10.1016/j.concog.2007.04.003.
7. Selen Turkay, "Setting Goals: Who, Why, How," (manuscript, Harvard University, 2014), hilt.harvard.edu/files/hilt/files/settinggoals.pdf.

8. Gary P. Latham and Edwin A. Locke, "New Developments in and Directions for Goal-Setting Research," *European Psychologist* 12, no. 4 (2007): 290–300, DOI: 10.1027/1016-9040.12.4.290.
9. Edwin A. Locke and Judith F. Bryan, "Cognitive Aspects of Psychomotor Performance: The Effects of Performance Goals on Level of Performance," *Journal of Applied Psychology* 50, no. 4 (1966): 286, DOI: 10.1037/h0023550.
10. Judith F. Bryan and Edwin A. Locke, "Goal Setting as a Means for Increasing Motivation," *Journal of Applied Psychology* 51, no. 3 (1967): 274, DOI: 10.1037/h0024566.
11. Edwin A. Locke and Gary P. Latham, Building a Practically Useful Theory of Goal Setting and Task Motivation: A 35-Year Odyssey," *American Psychologist* 57, no. 9 (2002): 705, DOI: 10.1037/0003-066x.57.9.705.
12. Edwin A. Locke et al., "Goal Setting and Task Performance: 1969–1980," *Psychological Bulletin* 90, no. 1 (1981): 125, DOI: 10.1037//0033-2909.90.1.125.
13. Laura Michaelson et al., "Delaying Gratification Depends on Social Trust," *Frontiers in Psychology* 4 (2013): 355, DOI: 10.3389/fpsyg.2013.00355.
14. *Oxford English Dictionary*, s.v. "discipline (*v.*)," en.oxforddictionaries. com/definition/discipline (accessed March 17, 2018).
15. David J. DeWit et al., "Age at First Alcohol Use: A Risk Factor for the Development of Alcohol Disorders," *American Journal of Psychiatry* 157, no. 5 (2000): 745–750, DOI: 10.1176/appi.ajp.157.5.745.
16. Harris Cooper, Jorgianne Civey Robinson, and Erika A. Patall, "Does Homework Improve Academic Achievement? A Synthesis of Research, 1987–2003," *Review of Educational Research* 76, no. 1 (2006): 1–62, DOI: 10.3102/00346543076001001.
17. Darshanand Ramdass and Barry J. Zimmerman, "Developing Self-Regulation Skills: The Important Role of Homework," *Journal of Advanced Academics* 22, no. 2 (2011): 194–218, DOI: 10.1177/1932202x1102200202.
18. Colin F. Camerer, "Behavioral Game Theory and the Neural Basis of Strategic Choice," in *Neuroeconomics: Decision Making and the Brain* (London: Elsevier, 2009): 193–206, DOI: 10.1016/b978-0-12-374176-9.00013-0.
19. Daeyeol Lee, "Game Theory and Neural Basis of Social Decision Making," *Nature Neuroscience* 11, no. 4 (2008): 404, DOI: 10.1038/nn2065.
20. Chris D. Frith and Tania Singer, "The Role of Social Cognition in Decision Making." *Philosophical Transactions of the Royal Society of London B: Biological Sciences* 363, no. 1511 (2008): 3875–3886.
21. Krueger, Frank, Jordan Grafman, and Kevin McCabe, "Neural Correlates of Economic Game Playing," *Philosophical Transactions of the Royal Society B: Biological Sciences* (2008): 3859-3874. DOI: 10.1098/rstb.2008.0165.
22. Kristin Hansen Lagattuta, Larry Nucci, and Sandra Leanne Bosacki, "Bridging Theory of Mind and the Personal Domain: Children's Reasoning about Resistance to Parental Control," *Child Development* 81, no. 2 (2010): 616–635, DOI: 10.1111/j.1467-8624.2009.01419.x.
23. Kathleen H. Corriveau et al., "To the Letter: Early Readers Trust Print-Based over Oral Instructions to Guide Their Actions," *British Journal of Developmental Psychology* 32, no. 3 (2014): 345–358, DOI: 10.1111/bjdp.12046.

結語　家長形塑孩子未來的自由意志

1. Kimberly D. Tanner, "Promoting Student Metacognition," *CBE-Life Sciences Education* 11, no. 2 (2012): 113–120, DOI: 10.1187/cbe.12-03-0033.
2. Manita van der Stel, "Development of Metacognitive Skills in Young Adolescents: A Bumpy Ride to the High Road" (thesis, Developmental and Educational Psychology, Faculty of Social and Behavioural Sciences, Leiden University, 2011), openaccess.leidenuniv.nl/bitstream/handle/1887/17910/07.pdf?sequence=8.

3. Robert O. Doyle, "Free Will: It's a Normal Biological Property, Not a Gift or a Mystery," *Nature* 459, no. 7250 (2009): 1052, DOI: 10.1038/4591052c.
4. Roy F. Baumeister, E. J. Masicampo, and C. Nathan DeWall, "Prosocial Benefits of Feeling Free: Disbelief in Free Will Increases Aggression and Reduces Helpfulness," *Personality and Social Psychology Bulletin* 35, no. 2 (2009): 260–268, DOI: 10.1177/0146167208327217.
5. Gilad Feldman, Subramanya Prasad Chandrashekar, and Kin Fai Ellick Wong, "The Freedom to Excel: Belief in Free Will Predicts Better Academic Performance," *Personality and Individual Differences* 90 (2016): 377–383, DOI: 10.1016/j.paid.2015.11.043.
6. John Piper, "What Is Freedom? Filling Out the Passion," *Desiring God*, January 7, 2012, desiringgod.org/articles/what-is-freedom-filling-out-the-passion-2012-message.

附錄一　簡易神經解剖學——人類大腦的十個構成要件

1. Philipp Mergenthaler et al., "Sugar for the Brain: The Role of Glucose in Physiological and Pathological Brain Function," *Trends in Neurosciences* 36, no. 10 (2013): 587–597, DOI: 10.1016/j.tins.2013.07.001.
2. Dheeraj S. Roy et al., "Distinct Neural Circuits for the Formation and Retrieval of Episodic Memories," *Cell* 170, no. 5 (2017): 1000–1012, DOI: 10.1016/j.cell.2017.07.013.
3. Jeremy D. Schmahmann and David Caplan, "Cognition, Emotion and the Cerebellum," *Brain* 129, no. 2 (2006): 290–292, DOI: 10.1093/brain/awh729.
4. American Association for Advancement in Science, "Selections from Science: The Nobel Prize in Physiology or Medicine," *Science*, sciencemag.org/site/feature/data/nobelprize/ (accessed March 17, 2018).
5. Michael Davis and Paul J. Whalen, "The Amygdala: Vigilance and Emotion," *Molecular Psychiatry* 6, no. 1 (2001): 13, DOI: 10.1038/sj.mp.4000812.

附錄二　表觀遺傳學——天性與教養的交互作用

1. Francis Galton, *Hereditary Genius: An Inquiry into Its Laws and Consequences* (London: Macmillan, 1869), 14, galton.org/books/hereditary-genius/text/pdf/galton-1869-genius-v3.pdf.
2. John Broadus Watson, *Behaviorism*, rev. ed. (Chicago: University of Chicago Press, 1930), 104.
3. Avijit Hazra and Santanu Kumar Tripathi, "Folic Acid Revisited," *Indian Journal of Pharmacology* 33, no. 5 (2001): 322–342.
4. Nicholas D. E. Greene, Philip Stanier, and Andrew J. Copp, "Genetics of Human Neural Tube Defects," *Human Molecular Genetics* 18, no. R2 (2009): R113–R129, DOI: 10.1093/hmg/ddp347.
5. National Institutes of Health Office of Dietary Supplements, "Folate: Dietary Supplement Fact Sheet," March 2, 2018, ods.od.nih.gov/factsheets/Folate-HealthProfessional/.
6. Aisling A. Geraghty et al., "Nutrition During Pregnancy Impacts Offspring's Epigenetic Status: Evidence from Human and Animal Studies," supplement, *Nutrition and Metabolic Insights* 8, no. S1 (2015): 41–47, DOI: 10.4137/nmi.s29527.
7. Keith M. Godfrey et al., "Epigenetic Gene Promoter Methylation at Birth Is Associated with Child's Later Adiposity," *Diabetes* 60, no. 5 (2011): 1528–1534, DOI: 10.2337/db10-0979.
8. Frederica Perera and Julie Herbstman, "Prenatal Environmental Exposures, Epigenetics, and Disease," *Reproductive Toxicology* 31, no. 3 (2011): 363–373, DOI: 10.1016/j.reprotox.2010.12.055.

9. Qingying Meng et al., "Systems Nutrigenomics Reveals Brain Gene Networks Linking Metabolic and Brain Disorders," *EBioMedicine* 7 (2016): 157–166, DOI: 10.1016/j.ebiom.2016.04.008.
10. Jennifer T. Wolstenholme, Emilie F. Rissman, and Jessica J. Connelly, "The Role of Bisphenol A in Shaping the Brain, Epigenome and Behavior," *Hormones and Behavior* 59, no. 3 (2011): 296–305, DOI: 10.1016/j.yhbeh.2010.10.001.
11. Antonia M. Calafat et al., "Urinary Concentrations of Bisphenol A and 4-Nonylphenol in a Human Reference Population," *Environmental Health Perspectives* 113, no. 4 (2005): 391, DOI: 10.1289/ehp.7534.
12. Danielle Simmons, "Epigenetic Influences and Disease," *Nature Education* 1, no. 1 (2008): 6.

附錄三　大腦迷思對照大腦真相

1. Frances H. Rauscher, Gordon L. Shaw, and Catherine N. Ky, "Music and Spatial Task Performance," *Nature* 365, no. 6447 (1993): 611, DOI: 10.1038/365611a0.
2. Frances H. Rauscher and Sean C. Hinton, "The Mozart Effect: Music Listening Is Not Music Instruction," *Educational Psychologist* 41, no. 4 (2006): 233–238, DOI: 10.1207/s15326985ep4104_3.
3. Deena Skolnick Weisberg et al., "The Seductive Allure of Neuroscience Explanations," *Journal of Cognitive Neuroscience* 20, no. 3 (2008): 470–477, DOI: 10.1162/jocn.2008.20040.
4. Google Scholar (database), scholar.google.com/.
5. What Works Clearinghouse (database) National Center for Education Evaluation and Regional Assistance, ies.ed.gov/ncee/wwc/.
6. PubMed (database), US National Library of Medicine and the National Institutes of Health, ncbi.nlm.nih.gov/pubmed/.
7. APA PsycNET (database), American Psychological Association, psycnet.apa.org/search.
8. Online Mendelian Inheritance in Man (database), National Center for Biotechnology Information, www.omim.org/.

國家圖書館出版品預行編目 (CIP) 資料

孩子的第二天性 / 愛琳・柯拉博 (Erin Clabough)
著 ; 游綉雯譯 . -- 初版 .
-- 臺北市 : 遠流 , 2019.11
面 ; 公分 . -- (親子館 ; A5048)
譯自 : Second Nature

ISBN 978-957-32-8663-9 (平裝)

1. 親職教育 2. 育兒 3. 兒童發展

528.2 108016582

親子館 A5048

孩子的第二天性

作　　者／Erin Clabough 愛琳・柯拉博
譯　　者／游綉雯
副總編輯／陳莉苓
特約編輯／袁中美
封面設計／江儀玲
行　　銷／陳苑如
排　　版／陳佩君

發行人／王榮文
出版發行／遠流出版事業股份有限公司
100 臺北市南昌路二段 81 號 6 樓
郵撥／0189456-1
電話／2392-6899　傳真／2392-6658
著作權顧問／蕭雄淋律師

2019 年 11 月 1 日 初版一刷
售價新台幣 350 元（缺頁或破損的書，請寄回更換）

YLib.com 遠流博識網
http://www.ylib.com
e-mail:ylib@ylib.com
